懂管理

看这本就够了

要想成为一名合格的管理者，首先要克服心理障碍，不能因为自己是“外行”就畏惧管理“内行”，否则很容易被懂行的下属抓住弱点。

管理是一门真正的科学，是一个系统的工程。一名出色的管理者除了要有严谨务实的心态，还要具备良好的职业素质。既要有做事的力度，又要保持对员工的敏感；既要能把握大局，又要能关注细节；既要决策果断，又要行事审慎。

能不能成为一名称职的企业管理者，不在于“官架子”端得大不大，而在于对制度的执行，只有敢于大义灭亲，才能维护制度的威严，才能赢得无私公正的美名。

懂管理

看这本就够了

李世化◎著

企业管理出版社
EMPH ENTERPRISE MANAGEMENT PUBLISHING HOUSE

图书在版编目（CIP）数据

懂管理看这本就够了/李世化著. --北京：企业管理出版社，2014.6

ISBN 978-7-5164-0882-7

Ⅰ.①懂… Ⅱ.①李… Ⅲ.①管理学-基本知识 Ⅳ.①C93

中国版本图书馆 CIP 数据核字(2014)第 124227 号

书　　名:懂管理看这本就够了
作　　者:李世化
责任编辑:杨苏敏
书　　号:ISBN 978-7-5164-0882-7
出版发行:企业管理出版社
地　　址:北京市海淀区紫竹院南路 17 号　　邮编:100048
网　　址:http://www.emph.cn
电　　话:总编室 68701719　　发行部 68467871　　编辑部 68701408
电子信箱:80147@sina.com　zbs@emph.cn
印　　刷:天津旭丰源印刷有限公司
经　　销:新华书店
规　　格:170×240 毫米　　16 开本　　18 印张　　260 千字
版　　次:2014 年 7 月第 1 版　　2019 年 1 月第 3 次印刷
定　　价:48.00 元

前言

如果世界上有一千个企业，那么就有一千种管理办法。正如世界上没有两片完全相同的树叶，不同企业间的实际情况千差万别，这就要求管理上要求新求异，下工夫、找突破。

今天的企业再也没有“铁饭碗”保障了，大家共同面对的是一个残酷的大市场，物竞天择，适者生存，成者王侯败者寇，没有任何情面可讲。身处这样的环境中，企业就像是风雨飘摇中珍贵的瓷器，任何管理上的闪失，都有可能会在顷刻间土崩瓦解。

管理需要激情，需要创新，需要与众不同。时至今日，粗放式的、盲目的管理模式再也没有用武之地了。员工管理、组织管理、战略管理、企业文化管理、市场营销、创新管理、危机管理、管理者的自我管理……哪个环节上出了问题，都会给企业带来致命的伤害。

管理是一门真正的科学，是一个系统的工程。一名出色的管理者除了要有严谨务实的心态，还要具备多方面的职业素质。既要有做事的力度，又要保持对员工的敏感；既要能把握大局，又要能关注细节；既要决策果断，又要行事审慎。

本书将众多管理法则一一分类列举，供管理者们参考，以实现管理观念上的深刻转变。

目录 Contents

第六章 管理必须学会的12种方法

第七章 管理必须注意的12个细节

第一章

管理必须知道的 12 项原则

行政组织定理：
法定权力是行政组织体系的基础

这是一个居官为耀、官僚泛滥的时代。国内许多企业内部的各种官僚称谓层出不穷、名目繁多，时髦的企业内部通常有一串是 x 未知数，不是乘号名单，包括 CEO、COO、CTO、CFO、CRO、CMO 等，估计很少有人能明确区分彼此的关系。传统的企业都习惯将管理者尊称为“某总”，要准确识别也颇为费劲，一不小心就会犯晕。

实际上，以上绝非个别现象，官僚文化已经成为我国大部分企业的一种特殊文化。

逐步向现代企业制度转化，建立以法定权力为基础的企业组织内部权力体系，才是企业长久稳定发展的保证。以法定权力作为行政组织体系的基础，这正是行政组织定理的核心内容。行政组织定理是被誉为“组织理论之父”的德国社会学家马克斯·韦伯提出的，他认为，任何组织都必须以某种形式的权力作为基础，没有某种形式的权力，任何组织都不能达到自己的目标。而只有法定权力才能作为行政组织体系的基础，其最根本的特征在于它提供了慎重的公正。原因在于：（1）管理的连续性使管理活动必须有秩序地进行。（2）以“能力”为本的择人方式提供了理性基础。（3）领导者的权力并非无限，应受到约束。

韦伯认为，官僚组织模式具有下列特征：

1. 组织中的人员应有固定和正式的职责并依法行使职权。组织是根据合法程序制定其应有的明确目标，并靠着这一套完整的法规制度，组织与规范成员的行为，以期有效地追求与达到组织的目标。

2. 组织的结构是一层层控制的体系。在组织中，按照地位的高低规定成员间命令与服从的关系。

3. 人与工作的关系。成员间的关系只有对事的关系而无对人的关系。

4. 成员的选用与保障。每一职位根据其资格限制（资历或学历），按自由契约原则，经公开考试合格予以使用，务求人尽其才。

5. 专业分工与技术训练。对成员进行合理分工并明确每人的工作范围及权责，然后通过技术培训来提高工作效率。

6. 成员的工资及升迁。按职位支付薪金，并建立奖励与升迁制度，使成员安心工作，培养事业心。

韦伯认为，凡具有上述6项特征的组织，可使组织表现出高度的理性化，其成员的工作行为也能达到预期的效果，组织目标也能顺利达到。

尽管管理机制的逻辑如此简单，但随着企业的成长、业务的增加，企业这个官僚机构经常会变得越来越庞大，组织的运行效率却越来越低下。这不是“官僚制”本身的错，究其根本原因是由于组织内部机制障碍所致。对于目前的中国企业而言，这一机制障碍更多的则是表现在各类组织中传统权力和超凡权力的影响远比法定权力要大。很多中国企业的一个显著特点是，企业就是企业家，企业家就是企业。企业家或因卓越的远识、杰出的才能、非凡的人格魅力，或因“时势造英雄”而成为企业的绝对主宰和精神领袖，企业也乐于渲染个人权威、塑造个人英雄主义。这样企业家的传统权力和超凡权力就彰显于众。

与传统权力一样，超凡权力过于带有感情色彩并且是非理性的，超凡权力的合法性不是依据规章制度，而是完全依靠对于领袖人物的信仰，领袖必须以不断的奇迹和英雄之举赢得追随者，因而难以有效提高组织的效率。企业官僚机制最基本的法定权力一旦让位于传统权力和超凡权力，官僚机制本身的优势就会逐渐消失，“官僚”一词从技术意义上的“行政组织”演变为“效率低下”的代名词就不足为怪了。

官僚机制对很多企业的影响是致命的。官僚机制建立在“官本位”的基础和意识上，管理者过分重视自己的权力和表现自己的权力，事务的运行不是以事务本身的效率效能为依据，而是以自己的权力是否行使、被尊

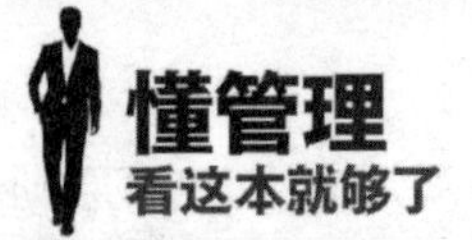

重、被重视为依据，实际上就是个人凌驾于企业之上。最终整个企业靠权力体系来运行，运行的内容也是权力，而不再是企业的产品和市场。这就不可避免地会造成企业内部近亲繁殖，裙带关系盛行，最终导致个体与体系自身职业能力的整体降低或丧失，组织腐败、低效、无能就在所难免。

管理实践

对于管理者而言，应注意以下几个方面，从而更好地应用组织理论：

1. 应注重组织的动态层面。作为一个开放系统的组织，在协作过程中成员之间会产生一种互动关系，交流人的观念、信心、忠诚及其他情感，于是在彼此交流过程中产生友谊和亲密之感，结果形成团体意识，对工作起着推动与阻碍作用。这就是非正式组织对正式组织的影响作用。

2. 重视应有的弹性和应变能力，避免组织与个人的行为趋于僵化。法规仅是组织完成目标的辅助工具，过分地重视，势必会转换目标，让人产生一种错觉，即认为服从和遵循法规典则就是目的。应注意到组织系统的动态管理以及制度与人员之间的平衡。

3. 重视才干，避免按照资历进行升迁。年资晋升法因为论资排辈，减少了组织竞争，这样势必要压抑优秀的年轻人才。无竞争生态的组织无异于一潭死水，难起波澜。

管理心得

◆企业的长生不老绝不仅仅依赖于其英雄人物的“超凡卓识”，应在更大程度上依赖于规章制度、原则体系——公正地识人、用人和提拔人的体系。

◆管理者的权力应受到约束。

奥卡姆剃刀法则：
万事万物应该尽量简单，而不是更简单

有这样一个有奖征答活动，题目是：在一个充气不足的热气球上，载着三位关系着人类命运的科学家。

第一位是环保专家，他可以拯救人类免于因环境污染而面临死亡的厄运。

第二位是核子专家，他有能力防止全球性的核子战争，使地球免于遭受灭亡的绝境。

第三位是粮食专家，他能在不毛之地种植粮食，使几千万人脱离饥荒而亡的命运。

此刻热气球即将坠毁，必须丢出一个人以减轻载重，使其余的两人得以存活，请问该丢下哪一位科学家？

因为奖金数额庞大，征答的回信如雪片般飞来。每个人都竭尽所能地阐述他们认为必须丢下哪位科学家的见解。

最后，结果揭晓，巨额奖金的得主是一个小男孩。他的答案是：将最胖的那位丢出去。

英国物理学家胡克比牛顿更早提出引力观念，但在他那里，引力是无法证明的庞杂的“多”，而牛顿把这一切都简化了，只留下了“一个苹果掉在地上”这样一个最简单的事实，并以此作为科学推动的初始点，发现了万有引力定律。

牛顿以后一个个伟大的科学家沿着这条思维之路前进。200 多年后，爱因斯坦剃掉了长在牛顿头上的“荒草”，用单纯的演绎法建立了新的科学体系。他们的共同特点是：将复杂的对象剃成最简单的对象，然后再着手解决问题。

由此，我们可以看出：复杂的事情往往可从最简单的途径解决，能以较少的假定去解释的事，用较多的假定去解释是徒劳的。这就是奥卡姆剃刀法则的核心内容。这一法则是600多年前英国奥卡姆郡的威廉博士提出的，它的原意是：如无必要，勿增实体；两个类似的解决方案，选择最简单的。

“奥卡姆剃刀”以结果为导向，始终追寻高效简洁的思维方式。“当你有两个处于竞争地位的理论能得出同样的结论，那么简单的那个更好。”

一个企业的组织是由人际网络构成的，因此就具有陷入混乱的倾向。企业的生产技术越来越复杂，各项活动之间的配合难度越来越大，准确度需求越来越高；更为重要的是现代企业所处的环境越来越复杂多变，管理的难度和复杂性也越来越高。但是，竞争的压力却要求管理者将管理的重心放在如何更简单快捷地对环境作出反应。优秀公司的制度一般都具有简洁的特征，比如宝洁公司。

人员精简、结构简单是宝洁公司制度的最大特点，该制度与宝洁公司雷厉风行的行政风格相吻合。

宝洁公司有一条标语，他们称之为“一页备忘录”，它是宝洁多年来管理经验的结晶。事实上，任何建议或方案多于一页都是浪费的，甚至会产生不良的后果。

这一风格要追溯到宝洁公司的前任总经理理查德·德普雷时代，他对任何超过一页的备忘录都深恶痛绝。他通常会在退回的冗长的备忘录上加一条命令：“把它简化成我所需要的东西!”

如果该备忘录过于复杂，他还会加一句：“我不理解复杂的问题，我只理解简单明了的!”他还说：“我工作的一部分就是教会他人如何把一个复杂的问题简化为一系列简单的问题。只有这样，我们才可以更好地进行下面的工作。”

曾任该公司总裁的爱德华·哈尼斯在谈到这个传统时说：“从众多意见中筛选出有关事实的一页报告，正是宝洁公司作出正确决策的基础。”

大量雇员之间无休止的较量，导致了解决问题过程的“政治化”和复杂化，而这些又进一步变成了增加不稳定性的因素。因此，一页备忘录就能解决很大的问题。

首先，实际上只有少量的问题是值得讨论的，大多数问题都没有那个必要，一页纸的备忘录能使人们的头脑明朗化。其次，建议条目按顺序展开，使之变得简洁、易懂。总之，模糊凌乱的备忘录与简洁高效无缘。

“奥卡姆剃刀”法则要求我们用效率来节省时间，当我们把几页纸的文件变成一页纸，把一页纸变成几句话，企业的效率就会大大提高，这是企业实现赢利的最简单的办法。

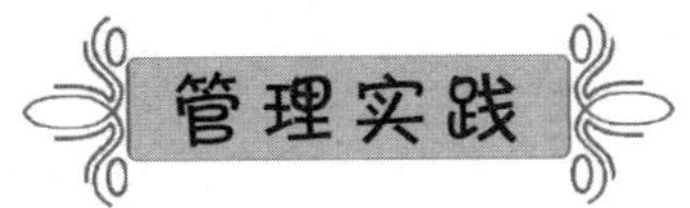

为了简化工作和个人生活，你每天可以采取以下做法，这些做法可以减少步骤，以难以想象的高速度和低成本来实现目标。

1. 突出重点。你在明确目标和实现目标的最佳方法上花费的时间越长，就会越快越容易地实现该目标。因此，管理者应当在开始前投入必要的时间，这将节约此后修正或重新执行该任务的大量时间。

2. 改善技能。应当改善自己在关键任务上的表现。对所从事的事情掌握的知识和技能越多，完成任务的速度就越快，也越容易。

3. 授权。将工作交给别人做，使管理者从实际操作者变成领导者，从自己动手变成控制其他人的活动。授权是管理中的一个关键要素。如果管理者既希望减少自己工作的复杂性，又希望同时完成更多的工作，授权是一项完全必需的技能。

4. 外包。把自己公司中可以由专业公司做的每一项工作和业务都外包出去。

5. 舍弃。每一家公司都有一些过时而没有必要的工作，这些工作可以在减少损失的情况下取消。

◆简单化是最有效的行事法则。

◆选择人才时要择优汰劣。

◆及时在组织中精兵简政。

钱德勒法则：战略制胜

可口可乐公司虽于2001年才确立其全方位饮料公司的定位，但其从进入中国开始，一直不遗余力地在中国一步一步地推进其本土化策略。无论在区域开发、建装瓶厂、与几大合作伙伴进行无隙合作，还是新产品推广、本土管理人员聘用、广告内容民俗化和本土化等方面都为国际品牌企业做出了表率。

无论是阳光茶还是绿茶出来以前的雀巢西式红茶，很明显，都是因为没有实施本土化而注定不会在“茶文化最浓厚、茶饮料是最本土的好”的中国消费者面前取得成功。2001年在与统一中国公司市场部的策划人员交流时，曾经听他们说他们的领导特别关注红茶的发展，但最终市场表现却还是统一绿茶抢了先，占了更高的份额，而从市场调查来看，中国消费者也是更喜欢绿茶的口味。随后可口可乐公司在原来雀巢红茶、冰极的基础上，推出绿茶，是地地道道的本土化实施和推广。

这一举措就是迎合市场、迎合消费者。无论你的产品在国际上多么畅销，多么有影响力，离开了本土的市场现状与消费者的喜好，想成功，很难!

可口可乐提出的战略管理理念就是钱德勒法则的精髓，这一法则是由美国企业经营学家钱德勒提出的，其主要观点是：企业在市场经济的条件下，为了求得生存与发展，对于实现的总体目标及根本对策需要作出全局性的、长远的谋划。

钱德勒法则具有如下特性：

1. 全局性：企业战略是在研究与把握企业生存与发展的全局性指导规

律的基础上，对企业的总体发展及其相应的目标与对策进行谋划，现代企业家应该善于审时度势，胸怀全局，深谋远虑，运筹帷幄之中，决胜千里之外。

2. 长远性：企业战略是企业谋取长远发展要求的反映，是关系企业今后一个较长时期的奋斗目标和前进方向的通盘筹划，注重的是企业长远的根本利益，而不是暂时的眼前利益。鼠目寸光、急功近利、短期行为都是与企业战略要求相违背的。

3. 竞争性：企业战略是企业为了在市场经济环境下的日益激烈的竞争中求得生存与发展而定的。企业战略的正确与否，是企业胜败兴衰的关键。

4. 稳定性：企业战略一经制定，必须保持相对的稳定性，不能朝令夕改。这就要求企业在制定战略时，必须准确把握外部环境和内部条件，正确决策。

管理实践

1. 审时度势，因势利导，灵活运用各种战略，应对不同情况，解决不同问题。在经济景气，市场状况良好时，以雄厚的资源、优良的素质为后盾，实施攻势战略，不断开发新市场，扩大投资规模，掌握市场竞争的主动权，在现有水平的基础上向更高的目标发展；在经济不景气，财政紧缩，市场疲软等情况下采取守势战略，维持已有的经济利益，安全经营，不冒风险，或者采取撤退战略，局部撤退，适度降低经济指标，并进行适当的内部调整或技术改造，保存实力，待机而起；如果企业在产品销售、质量、成本等方面遇到竞争对手的巨大挑战，很难维持，还可以大规模减产，甚至改变经营领域，退出某些市场。

2. 敏锐把握市场的风向，根据市场需求组织生产，灵活运用单一产品战略、主导产品战略和多种经营战略。

3. 加强战略管理，既综观全局又把握细部，建立起高效、精简、稳定的组织管理系统，让每一个员工各司其职、各当其位、权责分明，保证企业的正常运转。

4. 建立动态的人才引进、培养机制，利用“鲶鱼效应”，既在企业外部，也在企业内部树立公平、公正的人才竞争机制，保持企业的活力和创造力。

◆善用兵者，能度主客情势，移多寡之势，翻劳逸之机，迁利害之势，挽顺逆之状，反骄厉之情。

◆实施战略管理需要建立精干高效的组织管理系统。

◆企业要实行海纳百川的国际化人才竞争战略。

布里斯定理：好的计划是成功的开始

美国的几位心理学家曾做过这样一个实验：把学生分成三组进行不同方式的投篮技巧训练。第一组学生在 20 天内每天练习实际投篮，把第一天和最后一天的成绩记录下来。第二组学生也记录下第一天和最后一天的成绩，但在此期间不做任何练习。第三组学生记录下第一天的成绩，然后每天进行实际练习，并花 20 分钟做想象中的投篮；如果投篮不中时，他们便在想象中做出相应的纠正。实验结果表明：第二组没有丝毫长进；第一组进球增加了 24%；第三组进球增加了 26%。由此，他们得出结论：行动前进行头脑热身，构想要做之事的每个细节，梳理心路，然后把它深深铭刻在脑海中，当你行动的时候，就会得心应手。

这个实验告诉我们的就是计划的重要性。做管理工作更是如此。做事没有计划，行动起来就必然会是一盘散沙。只有事前拟定好了行动的计划，梳理通畅了做事的步骤，做起事来才会应付自如。

布里斯定理说的就是这个原理，它是由美国行为科学家艾德·布里斯提出的，其主要观点是：用较多的时间为一次工作做好事前计划，做这项工作所用的总时间就会减少。在管理实践中，这两个时间存在着极大的相关性和互补性，而你的工作质量则与你做计划的时间成正比。你是愿意多花一些时间在计划上以保证工作的正确和顺利进行，还是愿意多花一些时间去盲目地摸索而最终一无所获？这一问题的答案是十分清楚的。

计划是什么呢？计划是设定目标，以及决定如何达成目标的过程。这个过程包含信息的收集整理、分析归纳，目标的思考与设定，执行方案的构想、比较与决策，组织内外的沟通协调，必要资源的分析、统计与组合以及过程中所遇到问题的解决等。计划的过程本身充满挑战，对思维能力是极大的考验，当然要成为好的管理者，擅长制定计划是必要的第一步。

国内知名的金蝶财务软件公司强调“凡事预则立，不预则废”。这是一句古话，但用在现代管理中仍然非常有效。MRPⅡ/ERP（制造资源计划/企业资源计划）讲究“以计划管理为核心”，比方说，预计下月有多少订单，要生产多少产品，根据这些需求再来考虑物料和生产安排等事项。以计划管理为核心是一个非常重要的管理思想。企业首先要有战略目标，其次要有战略计划，乃至战略的实施，才能保证战略的完成。如果没有目标，就成了无头苍蝇。

在金蝶的发展过程中，每一年都会预订下一年的经营目标。有了目标，工作就有了方向。1998 年以后，公司规模开始变大，在全国有很多分支机构，产品也不止一个，对外的合作也越来越多。每个季度公司都会评估计划的执行情况，以及在计划上该做怎样的调整。“凡事预则立，不预则废”的理念给公司带来了很多管理成效。

做一件事，只有美好的设想是远远不够的。计划可以对你的设想进行科学的设计，让你知道你的设想是否可以实现。计划可以作为你实现设想过程的指导，大大节省你的时间，减轻压力。有了好的计划，就有了好的开始。

在生活中，我们所需要的不只是要拥有可预见性，更重要的是如何使我们的预见成为现实。这就要求一个管理者必须使那些聚在周围的人和你有同样的追求，和你一起努力了解未来。同时，谋划发展的战略必须具有一定的前瞻性，预示未来的方向，保持整体性，不可让偏见支配了发展战略。

当然，不对内外环境进行仔细分析，不对可能变化的主要因素做出预测并制定出预备方案，而是不切实际地制定计划，简单地为计划而计划，则会带来更大的危害。因此，管理者必须认清形势，集思广益，对可能发生重大变化的主要因素做出应有的预测，相应地制订多个方案，选择我们最为满意的方案及备选方案。只有这样，企业才能在激烈的市场竞争中立于不败之地。

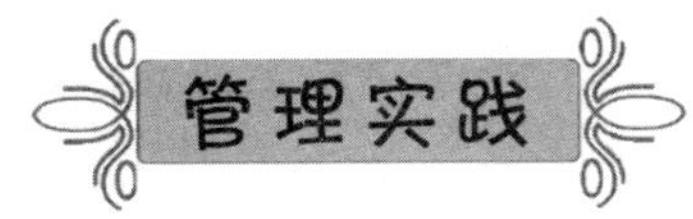

制定一项计划时必须包含以下要素：

1. 清晰的目标。成功的管理者最明显的特征就是，在做事之前就有一个清晰的目标，清楚为了达到这样的目标，哪些事是必需的，哪些事往往看起来必不可少，其实是无足轻重的。

2. 明确的方法与步骤。确定了管理目标后，达到和完成这个目标要经过一个比较长的过程，为了更好地完成任务，必须明确完成这一目标需要哪些主要步骤，怎样合理分配每个步骤需要的财力、物力、人力，怎样对员工进行明确的分工。

3. 必要的资源。必要的资源包括人、财、物、技术、信息等多方面。在资源的分配上，必须保证职权与资源相统一。

4. 可能的问题与成功的关键。计划的优势在于可以预见可能出现的问题，从而可以避免一些灾难性的损失。成功的关键是目标的指向性，在计划中一步步走近目标，最终必然成功。

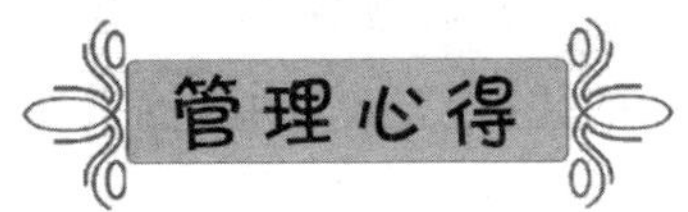

◆凡事预则立，不预则废。

◆以预见创造未来。

◆认清形势，集思广益，相应地制订多个方案。

公平法则：公平、合理的工资分配

亚当斯是美国行为科学家，他提出的公平理论，又称社会比较理论，它侧重于研究工资报酬分配的合理性、公平性及其对员工生产积极性的影响。

亚当斯认为，当一个人做出了成绩并取得了报酬以后，他不仅关心自己所得报酬的绝对量，而且关心自己所得报酬的相对量。因此，他要进行种种比较来确定自己所获报酬是否合理，比较的结果将直接影响今后工作的积极性。

一种比较称为横向比较，即他要将自己获得的“报偿”（包括金钱、工作安排以及获得的赏识等）与自己的“投入”（包括教育程度、所作努力、用于工作的时间、精力和其他无形损耗等）的比值与组织内其他人作社会比较，只有相等时，他才认为公平。

另一种比较是纵向比较，就是把自己目前投入的努力与目前所获得报偿的比值，同自己过去投入的努力与过去所获报偿的比值进行比较。只有相等时他才认为公平。

诺基亚原是一个以造纸起家的芬兰小公司，历经130多年，非但没有为时代所淘汰，反而一举走出世界，从摩托罗拉和爱立信等老牌电信巨头手中夺过了手机老大的宝座。解读诺基亚公司的成功，公司内部富有竞争力的薪酬激励机制起了重大作用。诺基亚认为，优秀的薪酬体系，不但要求有一个与企业相配的公平合理的绩效评估体系，更要在行内企业间表现出良好的竞争力。为了确保自己的薪酬体系具备行内竞争力而又不会带来过高的运营成本，诺基亚在薪酬体系中引入了一个重要的参数——比较率，计算公式为：诺基亚员工的平均薪酬水平；行业同层次员工的平均薪酬水平。例如：当比较率大于 1，意味着诺基亚员工的平均薪酬水平超过了行业同层次员工的平均薪酬水平，比较率小于 1，则说明前者低于后者；等于 1，两者相等。诺基亚根据每年的市场调查得出的数据，对企业内部不同层次的员工薪酬水平进行适当调整，务求每一个层次的比较率都能保持在 1～1.2 的区间内。诺基亚的薪酬体系注意重酬精英员工，其薪酬比较率明显地随级别升高而递增：在 3～5 级员工中，其薪酬比较率为 1.05；而在更高一级的 6 级员工中，其薪酬比较率为 1.11；到了 7 级员工，这个数字提高到了 1.17。也就是说，每一级员工的薪酬水平都以其对企业的贡献为依据，级别越高的员工，其薪酬就越有行业竞争力。这样，就在确保富有竞争力的薪酬体制能吸引住企业的重要员工的同时，实现了薪酬管理的公平、公正，能够激发各级员工为企业发展竭尽所能以求得更高级别薪酬的积极性。

充分利用激励制度就可极大地调动企业员工的积极性，保证企业各项工作的顺利进行。

公平理论对我们有着重要的启示：

1. 影响激励效果的不仅有报酬的绝对值，还有报酬的相对值。

2. 激励时应力求公平，使等式在客观上成立，尽管有主观判断的误差，也不致造成严重的不公平感。

3. 在激励过程中应注意对被激励者公平心理的引导，使其树立正确的公平观，要认识到绝对的公平是不存在的，不要盲目攀比。

◆组织的薪酬管理在实现自己的竞争优势和战略目标的过程中，具有十分重要的作用。

◆薪酬设计：内部公平性，外部竞争性。

◆薪酬的透明易于改善组织的人际关系。

刺猬法则：疏者密之，密者疏之

有两只困倦至极的刺猬，由于寒冷而拥在一起，可因为各自身上都长着刺，刺得对方怎么也睡不舒服。于是，它们离开了一段距离，但又冷得受不了，于是又凑到一起。几经折腾，两只刺猬终于找到了一个合适的距离，既能互相获得对方的体温又不致被扎伤。这就是形象而又闻名的“刺猬法则”。“刺猬”法则就是人际交往中的“心理距离效应”。

人与人之间相处也要讲究距离，距离太近或太远都不适合彼此间的交往。管理者和员工交往时更要掌握好适度的距离，因为这对于企业的发展十分重要。

那么，企业管理者和员工之间适度的距离以什么为标准呢？只要符合企业的客观实际，利于企业各层之间的沟通和合作，就是合适的距离。真正的适度就是符合企业的客观发展规律，如果无视企业自身的客观实际，一味地追求“适度”甚至“最佳”，只能导致企业内部的各种人际关系流于形式，这样一来反而不利于企业内部人员之间的精诚合作，管理者也就无法实现预期的管理目标。

斯通是通用电气公司前任总裁，他自上任以来就一直努力在通用内部培养一种“大家庭感情”的企业文化，公司领导和员工都要对该企业文化身体力行。从公司的最高领导到各级领导都实行“门户开放”政策，欢迎本公司员工随时进入他们的办公室反映情况，对于员工的来信来访能积极妥善地处理。

通用电气公司规定，公司的最高首脑与全体员工每年至少举办一次生动活泼的“自由讨论”。通用公司像一个和睦奋进的大家庭，从上到下直呼其名，无尊卑之分，互相尊重，彼此信赖，人与人之间关系融洽、亲切。

斯通也主张“人际关系应保持适度的距离”，他对“适度距离”身体力行，率先垂范，密者疏之，疏者密之。斯通自知与公司高层管理人员工作接触较多，在工余时间就有意拉大距离，从不邀公司同僚到家做客，也从不接受邀请。相反，对普通工人、出纳员和推销员，他主动亲近，微笑问候，甚至偶尔“家访”。

1980年1月，在美国旧金山一家医院里的一间隔离病房外面，一位身体硬朗、步履生风、声若洪钟的老人，正在与护士死磨硬缠地要探望一名因痢疾住院治疗的女士。但是，护士却严守规章制度毫不退让。

这位护士真是“有眼不识泰山”，她怎么也不会想到，这位衣着朴素的老者，竟是通用电气公司总裁，一位曾被世界电气业权威杂志——美国《电信》月刊选为“世界最佳经营家”的世界企业巨子斯通先生。护士也根本无从知晓，斯通探望的女士，并非他的家人，而是加利福尼亚州销售员哈桑的妻子。

哈桑后来知道了这件事，感激不已，每天工作达16小时，为的是以此报答斯通的关怀，加州的销售业绩一度在全美各地区评比中名列前茅。正是这种适度距离的管理，使得通用电气公司的事业蒸蒸日上。

通用电气公司的“大家庭式管理”方式的运用大大拉近了管理者与下属及员工之间的心理距离，增强了彼此之间的感情，也大大提升了企业的凝聚力和向心力，从而使企业获得了更强的竞争优势。

许多世界知名企业都提倡“近距离管理”，并且还把这种方式成功运用到了管理当中。麦当劳的“走动式管理”就是其中的典型。

美国麦当劳快餐店创始人雷·克罗克，是美国有影响的大企业家之一，他不喜欢整天坐在办公室里，大部分时间都用在“走动式”管理上，即到所属各公司、各部门走走、看看、听听、问问。公司曾有一段时间面临严重亏损的危机，克罗克发现其中一个重要原因是，公司各职能部门的经理官僚主义突出，习惯靠在舒适的椅背上指手画脚，把许多宝贵的时间耗费在抽烟和闲聊上。于是克罗克想出一个“奇招”，要求将所有经理的椅子靠背锯掉，经理们只得照办。开始很多人骂克罗克是个疯子，不久大家悟出了他的一番“苦心”，纷纷走出办公室，开展“走动式”管理，及时了解情况，现场解决问题，终于使公司扭亏为盈，有力地促进了公司的生存和发展。

目前这种管理方式已经在全球流行，其主要特点是企业管理者或主管体察民意，了解实情，在工作上与员工打成一片，在生活中与员工保持一定距离。这种管理风格，已显示其不可替代的优越性。

优秀的企业管理者要常到职位比其低几层的员工中去体察民意，了解实情。多听一些“不对”，不是只听“好”的。不仅要关心员工的工作，叫得出他们的名字，而且关心他们的衣食住行。这样，员工觉得主管重视他们，工作自然十分卖力。企业有了员工的支持和努力，自然就会昌盛。

“走动式管理”是一种十分有效的管理方式，它洋溢着浓厚的人情味。其内容外延广泛，内涵丰富，富于应变性、创造性，以因人因地因时制宜取胜。实践证明，高技术企业竞争激烈，风险大，更需要这种“近距离”管理。它是医治企业官僚主义顽症的“良药”，也是减少内耗、理顺人际关系的“润滑剂”。

企业的组织机构是一个层级关系分明的“金字塔”，在日常管理行为中，客观上存在着一定的“距离效应”，能否把握最佳的人际距离、处理好各级人员之间的关系，直接影响着管理力度等管理效能的发挥。因此企业管理者应善于调节好与下属的距离，约束和控制管理者自身的行为，正确处理与员工的关系，发挥最佳管理效能。

如何应用“刺猬法则”：

1. 要是关系到业绩，上级就有权监督员工的工作。但工作之外做什么，就是员工自己的事了。在企业内他们必须是成熟的业务伙伴，并明白公司对他们的期望是出于合理的业务原因。

2. 企业需要员工对自己的行为担负更多的责任，以便成为企业的活跃伙伴。同时，管理者必须在效率管理上担负更多职责，这也意味着他们不得不更加留意与员工的关系。

3. 管理者和员工之间应该保持若即若离、欲疏还密的距离。疏者密之，主动关心员工，增加同员工接触的机会，帮助解决员工困难，有利于保持员工的认同感、责任感和积极性；密者疏之，注意与员工保持恰当距离，防止过分亲近，能够避免丧失权威和尊严，不至于碍于情面而对某些违纪行为下不了手。

◆不远不近的合作关系最有利于工作。

◆管理要以人为本，移情于法。

◆敢于授权，只干预涉及业绩的工作。

金鱼缸法则：为管理营造透明空间

什么是金鱼缸法则？它有两种解释。但最普遍的一种解释是：金鱼缸是玻璃做的，透明度很高，不论从哪个角度观察，里面的情况都一清二楚。它是一种比喻，也就是极高透明度的民主管理模式。“金鱼缸法则”是由日本最佳电器株式会社社长北田光男先生始创的。北田光男先生强调，把增强透明度的重点放在各级经营管理者的经济收入上，要求企业各级管理者的经济收入和费用报销要如实地向员工公开，接受员工的批评建议，并根据员工们的意见，对经营管理者进行奖赏。

“金鱼缸法则”很明确地向人们展示了营造透明化的管理机制对于企业生存和发展的必要性，而现在营造透明化管理的企业机构已经成了全球企业管理创新的一项重要内容。

最近几年，我国企业通过公司改制，股份制企业迅速发展。然而，调查显示，在这些新兴企业中，单一股东或一股独大现象十分普遍，家族式的企业文化占据管理上层，对外阻碍着公司经营信息的及时披露，对内则阻碍着管理透明化，这已成为完善公司治理机制、提升企业管理效益的最大障碍。在这方面，许多国家的企业已将透明化管理视为竞争力与资源环境的重要组成部分，纷纷采取措施促进企业提高管理透明度。据英国ACCA独立调查机构对亚洲的国家和地区的最新调查显示，新加坡企业在亚洲地区“透明度”管理最高，因此也最具引资与市场竞争力。

企业管理的透明化有助于提升企业的市场竞争优势，这已成为一个不争的事实，加强透明化管理现在也越来越受到企业管理者们的重视。透明化管理，不仅给企业带来高效益和高效率，而且还在树立和创建企业形象、防止企业重大经营决策与重要经营业务暗箱操作、防止企业经营管理中的权力过分集中、导致腐败产生等方面产生重要作用。我国企业只有充分认识这一点，学会运用信息化手段加速管理创新，营造透明化管理新优势，才能跟上时代潮流，实现企业管理的不断创新和竞争力的迅速提升。

另一种“金鱼缸法则”是全球全面质量管理（TQM）的先驱者和推广活动家、日本TQM专家司马正次提出的“金鱼缸法则”。司马正次的“金鱼缸法则”说，金鱼缸就象征着企业所面对的经营环境，而鱼就是目标客户。经营者要做的就是先跳进金鱼缸，实际深入到用户所处的环境，接触那些用户，学着和“金鱼”一起游泳，了解他们所处的环境和真正体验作为一个客户对产品的要求，重新审视和分析客户状况，以发现他们最本质的需求。

目前，企业界常采用“开诚布公管理法”，其哲学基础与“金鱼缸法则”一样，就是“开诚布公”。

史塔克是业界施行“开诚布公管理法”的先驱之一，他因道德表现杰出而获得“企业信用奖”，堪为众人表率。史塔克接掌“春田重整公司”（SRC）时，公司刚从母公司“国际丰收公司”脱离出来，整个公司的经营状况可以说是摇摇欲坠。

史塔克认为，惟一能使公司长久维持正常经营的方法，就是以真相为基础。他决定让公司里的每一位员工都了解公司整体的经营状况。他亲自教员工看懂、了解公司的财务报表，而且定期公布公司的账册与各项财务资料，让全公司上上下下都知道公司目前的状况及未来的目标。

开诚布公管理法将“金鱼缸法则”运用到管理中，就是要求领导者增加企业各项工作的透明度。只有企业的各项工作有了透明度，领导者的行为才会置于全体员工的监督之下，也才会有效地防止领导者享受特权、滥用权力，从而强化领导者的自我约束机制，增强企业的向心力和凝聚力。

管理实践

要建立透明化的管理机制，使企业更具责任感，管理人员必须实行以下四项管理实践：

1. 积极、自主的管理。企业董事必须是独立的。必须评估他们的业绩，他们也必须对企业的业绩负责。

2. 测量非财务信息。信息公开的企业采用一套更宽泛的测量标准，包括领先指标、落后指标及财务、运作和社会标准等。

3. 整合管理体系。信息公开的企业努力将企业战略规划、企业单元规划、年度预算、业绩评估及薪酬等系统联结起来。通过在管理系统内各自为政的环节之间建立联系，就可以将最高层的测量标准进一步分解成部门和团队的业绩标准，使更多的员工能识别事关企业成败的指标。

4. 扩大报告范围。通过制定日益公开的企业交流策略，管理者可以取悦股东、潜在员工、商业伙伴及顾客们，向他们提供硬性数据和深中肯綮的信息。这样做的回报就是让所有利益关系人共同努力，汇聚成一股永不止息的洪流，不断献计献谋，激发创新，使企业的发展更上一层楼。

管理心得

◆管理者要防止权力过分集中，营造透明的管理机制。

◆尽早地施行监控，减少危机发生的频率。

◆企业经营活动要以顾客需求为中心，和顾客一起“游泳”。

墨菲定律：危机无处不在

墨菲定律源于美国空军 1949 年进行的关于“急剧减速对飞行员的影响”的研究。实验的志愿者们被绑在火箭驱动的雪橇上，当飞速行驶的雪橇突然停止时，实验人员会监控他们的状况。监控器具是一种由空军上尉工程师爱德华·墨菲所设计的甲胄，甲胄里面装有电极。有一天，在通常认为无误的测试过程中，甲胄却没有记录任何数据，技术人员感到非常吃惊。墨菲后来发现甲胄里面的电极每一个都放错了，于是他即席说道：如果一件事情可以有两种或者两种以上的方法来实现，而其中有一种会导致灾难性的错误，而这一错误往往就会发生。墨菲的这一说法后来得到广泛的流传并被总结成墨菲定律：如果坏事有可能发生，不管这种可能性多么小，它总会发生，并可能引起更大的损失。

人的认识会存在很多盲点，这些盲点是管理者在作出决策的时候应当克服的，如：盲目乐观，过度自信；自以为心中有数；保持现状倾向；观念的惯性；凭一时直觉；错误估计未来；忽略错误共识等等。而墨菲定律就是要矫正人们的观念，提醒人们不要忽略了认识上的盲点。在激烈的市场竞争中，企业犹如在大风大浪的海上航行。要保持前行途中的安全，企业管理人员就必须对各种问题保持清晰的洞察力，发现问题，及时防范，不要等到最坏的时候再抱怨“为什么问题要在这个时候出现”，此时处理问题的代价是高昂的，甚至往往会带来毁灭性的结果。

现代社会，技术革新的速度远远超出了人们的想象。一个新技术的诞生往往就有可能预示着一个新时代的来临和一些缺乏远见的企业即将退出历史舞台。

来看看数码技术对宝丽来意味着什么。在美国消费者的心中，宝丽来的地位并不次于可口可乐和福特汽车，对普通的美术教师来说，用宝丽来相机创作的许多经典作品具有极大的艺术价值；同时，科学家因为其对科学研究的贡献而尊敬宝丽来。1926 年，对光偏振现象充满了极大兴趣的哈佛大学物理系学生爱德温·赫伯特·兰德离开了学校，并最终于 1932 年发明了被他命名为 polaroid 的光偏振片。到了 20 世纪 60 年代，宝丽来的事业发展速度更是惊人。这一时期，宝丽来在海外建立了许多分支机构，并且推出了彩色的拍立得胶卷。公司的收益从 1965 年的 2.04 亿美元跃升至 1969 年的 5.36 亿美元。1971 年，兰德制成了更具创新性的 sx－70 型相机，它可以让拍摄者亲眼见到彩色相片在相机内的洗印过程。其后，宝丽来新推出的 one－step 型相机和好莱坞演员一同出现在电视广告中，其拍立得相机成为了 20 世纪 70 年代美国家庭的必备品。1978 年，宝丽来的销售收入飚升到 14 亿美元。

到了 20 世纪 90 年代初，宝丽来却犯下了一个战略错误。面对渐渐发展起来的数字技术，宝丽来从未加以正确应对。在打印机大张旗鼓地进入家庭时，宝丽来也无动于衷。这时的宝丽来将大量的资金投入到了一项被称为“太阳神”的医用成像技术中。但是问题多多的“太阳神”计划就如泥潭一样，宝丽来的大量人力和财力被深陷其中。等到宝丽来丢掉幻想，从“太阳神”中抽身而出时，柯达公司的成熟技术已占据了医用成像市场，宝丽来最终忍痛割弃了这一业务。然而，即时成像的市场却在一天天地萎缩，一小时洗印店的兴起夺走了宝丽来的不少消费者，后来的数字相机又加剧了宝丽来的衰败势头。

2001 年上半年，宝丽来的销售额是 6.64 亿美元，比上年同期下滑了 25%，但利润却从上年的 2520 万美元一路降到 2001 年上半年亏损 2 亿美元。2001 年 10 月 12 日，宝丽来及其美国子公司因举债过多而向设于特拉华州威尔明顿的美国破产法院申请破产保护。曾经因新技术而给世人留下美好记忆的宝丽来同样因为新技术而从人们身边消失。

墨菲定律让我们看到了一个不可避免的现实——“危机”无处不在。事实就是这样的，任何人都不能避免，无论你多么伟大或者多么渺小，在工作和生活中都难免会遇到一些或大或小的危机事件。因此，企业必须建立自己的危机预警系统，不断地对自身的生存环境进行预测与警报，密切关注其具体状况及变化趋势，并及时作出反应。应该让各级管理人员切实加强具体的管理，改善对危机的监测和预控功能，从根本上遏制危机的产生，最大限度地减少危机所固有的危害。

避免危机的7项检查原则：

1. 句号原则

正像每个句子都要有句号，不写句号，句子就没完。这里强调的是：对任何工作检查是一道必不可少的工序，没有检查，工作就没完。

2. 分立原则

自检是非常必要的，但还有不足，还要有与之平行的、完全客观的、由他人独立进行的检查。对任何产品，企业为保证质量都要建立一套完整的检验机构与制度，这是一条宝贵的经验。

3. 连锁原则

自检、互检和他检都要有良好的组织，以确保一旦漏检能有补救的机会。换句话说，检查本身也要接受检查，这就是连锁。

4. 闪烁原则

人的视觉有一种时间迟钝现象，即较长时间看一种颜色或一件东西，会越来越迟钝。因此，警车、航行灯等都广泛运用闪烁原则。经常变换颜色与标记，能够使工作者有常改常新之感，也会克服迟钝，起提醒的作用。与人的差错做斗争，从某种意义上说，是与人的松懈惯性做斗争。

5. 公正原则

企业中的一切经营管理活动都要遵循公正的原则，检查这一重要活动更要如此。可以说检查是评价，也可以说是裁判，因此，要像法官一样公正。检查要以条令条例、规程和规范为标准尺度，任何考虑私利、私情的做法都会酿成严重后果。当然，检验手段的科学化与数量化，将会促使公正原则制度化，避免人为因素的干扰。这一原则尤其值得企业管理者注意，如果破坏了这一原则，那么检查活动的实施就失去任何实际意义了。

6. 编码原则

人类记忆的心理特点之一是程序性。如：诗歌或口诀都能帮助记忆。因此，如果对容易出错的部位，根据以往的经验，对应该重点检查的部位进行顺序编码，依次检查，将会提高效率，防止漏检。

7. 醒目原则

许多心理学专家的研究表明，人接受信息90%靠视觉。所以，对那些易出差错的部位，最好加上醒目的标记，使人注意。根据这一原则开展检查活动，有助于防止由人为疏忽造成的重大危机。

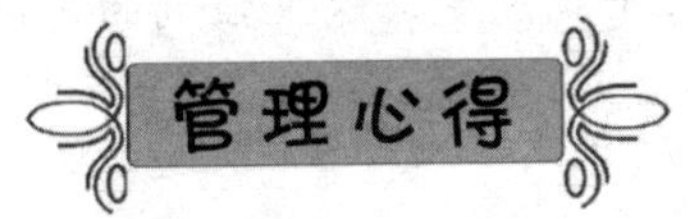

◆凡是可能出错的都会出错。

◆每次出错的时候，总是在最不可能出错的地方。

◆不论估算多少时间，计划的完成都会超出期限。

◆不论估算多少的开销，计划的花费都会超出预算。

◆做任何事情之前，都必须先做一些准备工作。

手表定律：标准应该是惟一的

黛安娜·波兰斯基给医院院长戴维斯博士打来电话，要求立即作出一项新的人事安排。黛安娜的声音很急切，戴维斯院长让黛安娜马上过来见他。黛安娜走进了戴维斯院长的办公室，递给他一封辞职信。

“戴维斯博士，我再也干不下去了。”她开始申述，“在产科当了四个月的护士长，我简直干不下去了。我有两个上司，每个人都有不同的要求，都要求优先处理。我已经尽最大的努力适应这种工作，但看来这是不可能的。比如说，昨天早上 7:45，我来到办公室就发现桌上留了张纸条，是达纳·杰克逊医院的护士主任给我的。她告诉我，她上午 10 点钟需要一份床位利用情况报告，供她下午在向董事会作汇报时用。我知道，这样一份报告至少要花一个半小时才能写出来。30 分钟以后，乔伊斯（黛安娜的直接主管，基层护士监督员）走进来质问我为什么我的两位护士不在班上。我告诉她雷诺兹医生（外科主任）从我这要走了她们两位，说是急诊外科手术正缺人手，需要借用一下。我告诉她，我也反对过，但雷诺兹坚持说只能这么办。你猜，乔伊斯说什么？”

“她叫我立即让这些护士回到产科部。她还说，一个小时以后，她会回来检查我是否把这事办好了！我跟你说，这样的事情每天都发生好几次的。一家医院就只能这样运作吗？”

只有一块手表，可以知道时间；拥有两块或两块以上的手表并不能告诉一个人更准确的时间，反而会让看表的人失去对准确时间的信心。这就是著名的“手表定律”。你要做的就是选择其中值得信赖的一只，尽力校准它，并以此作为你的标准，听从它的指引行事。

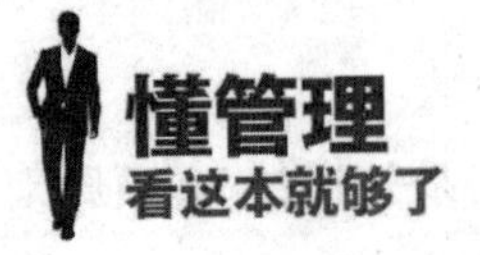

如果每个人都“选择自己所爱，爱自己所选择”，无论成败都可以心安理得。然而，困扰很多人的是：他们被“两只表”弄得无所适从，心力交瘁，不知自己该信哪一个。还有人在环境、他人的压力下，违心选择了自己并不喜欢的道路，为此而郁郁终生，即使取得了令人瞩目的成就，也体会不到成功的快乐。

对于企业或其他组织也是这样，两个或两个以上的领导同时发出指令不但提高不了组织的工作效率，反而会带来管理的混乱，导致员工不知如何工作，因而降低了工作效率。

手表定理在企业经营管理方面给我们一种非常直观的启发：对于任何一件事情，不能同时设置两个不同的目标，否则将使人无所适从；而一个人不能同时选择两种不同的价值观，否则，他的行为将陷入混乱。那么对于一个企业，更是不能同时采用两种不同的管理方法，否则将使这个企业无法发展。

企业文化的核心是共同愿景。管理大师彼得·圣吉引入了“共同愿景”的概念。彼得·圣吉认为，共同愿景是一个组织中各个成员发自内心的共同目标，是蕴藏在人们心中一股令人深受感召的力量。这个共同愿景便可作为企业的原动力，是企业的灵魂，也是衡量员工行为的最高标准。

2000 年 1 月 10 日，美国在线宣布以 1810 亿美元收购时代华纳公司，成为美国乃至世界历史上最大一宗兼并案。人们普遍认为，这代表了传媒业未来的发展方向：渠道服务商和内容供应商的结合意味着传统与现代产业相融合的可能。美国在线前董事长史蒂夫·凯斯更是一语中的：“这是真正具有历史意义的时刻，我们将从根本上改变人们获取信息、与他人联系、购买商品和娱乐的方式。”然而，看似光明的前景却被曲折的合并之路所取代。

首先，由于此番合并涉及新老行业前所未有的整合，欧盟和美国联邦贸易委员会审批程序持续了一年。漫长的等待侵蚀了投资者和公众的高涨情绪，而合并后的整合更加举步维艰，将美国式的公司政治上演到了极致。作为传统内容服务商的时代华纳公司，尽管拥有成熟的运营模式，但要在短时间内获得较大发展很困难，和当时正处在全球资本市场追捧之中的美国在线相比，形成“老派贵族 vs 美式经济新贵”的地位差异。况且，主张分散管理的时代华纳和主张集中化管理的美国在线能否顺利实现整合，也在人们的质疑当中。然而，紧随其后的是互联网泡沫彻底破灭后，美国在线业务的迅速萎缩。

美国在线业绩的剧烈变化使得原本就不平衡的公司内部马上出现了裂痕。时代华纳的员工认为网络并不是一个新世界，而只是一个新市场，如果开发得好，可以为现有的媒体业务增加收入；但现在美国在线拖累了整个公司的业绩，却仍占据着公司的主导地位，甚至连公司名称上，美国在线也放在前面，这让华纳的老员工多少觉得有些心有不甘。而美国在线一方的员工依旧认为，时代华纳有线电视、电影公司、音乐集团等创造的产品只是先进的、迅猛发展的网络的传统饲料而已。这两种观念的冲突以对峙的形式表现出来。时代华纳的员工看不惯美国在线的同事放荡不羁的IT作风，美国在线也瞧不起时代华纳员工的刻板保守。就是说，一次大胆的“实验”过后，双方发觉这并不是两种不同颜色的水的混合，而是油和水的混合。换言之，根本就无法混合。

“美国在线”与“时代华纳”的合并就是“手表定律”的一个典型的失败案例。“美国在线”是一个年轻的互联网公司，企业文化强调操作灵活、决策迅速，要求一切为快速抢占市场的目标服务。而“时代华纳”在长期的发展过程中建立起强调诚信之道和创新精神的企业文化。两家企业合并后，企业高级管理层并没有很好地解决两种价值标准的冲突，导致员工完全搞不清企业未来的发展方向。最终，“时代华纳”与“美国在线”的“世纪联姻”以失败告终。这也充分说明，要搞清楚时间，一块走时准确的表就已足够。

建立共同愿景的目的是要团结众人、鼓舞众人、引导众人，以此来提升企业的竞争力和发展力，要想实现这个目的，企业管理者必须掌握建立共同愿景的技巧。

1. 彼此信赖。信赖是一切工作顺利开展的基础，只有企业团队中的各成员之间彼此信赖，相互支持，大家才能齐心协力地为共同愿景奋斗。

2. 鼓励个人愿景。企业建立共同愿景时必须鼓励个人愿景，平等对待每个人，彼此尊重。

3. 营造自由、开放、互助的团结气氛，实现真诚的双向沟通。

4. 彼此倾听，互相学习；多鼓励，少批评。

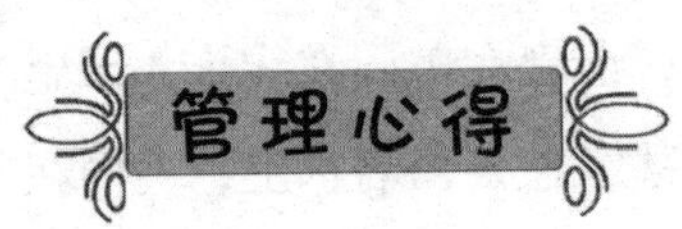

◆企业只需要构建一种企业文化，所谓共同愿景——保持一个共同目标，多不如精。

◆衡量员工的标准一个就够了，所以要尽量校准这个标准。

适者生存法则：物竞天择，适者生存

设制一个非常复杂的迷宫，在迷宫的尽头有一块非常丰厚的乳酪，把小白鼠放在迷宫入口。起初，小白鼠以特有的嗅觉与灵性，很快在迷宫中找到了通往迷宫的最佳路线。后来，科学家在这条路线中设置了障碍，小白鼠按记住的路线跑来跑去，当确信这个路线无法找到乳酪时，它们又开始勘察其他的路径，直到最终发现乳酪。

放几只蜜蜂在一个开口的瓶子底部，并将瓶底朝向一个光源，这几只蜜蜂会拼命朝有光的瓶底飞去，它们永远不会改变方向或尝试其他方向。

适者生存法则是生物学家达尔文提出的著名论断，达尔文认为：生物在生存竞争中，对生存有利的变异个体被保留下来，而对生存不利的变异个体则被淘汰，也就是说，凡是生存下来的生物都是适应环境的，而被淘汰的生物都是对环境不适应的，这就是自然选择或适者生存。适应是自然选择的结果。在自然选择过程中，只有适者才能生存，但适应对生存也只有相对的意义，一旦生活环境改变，原来的适应就可能变为不适应。

上面两则心理范畴的动物实验说明了什么？有人一定会说小白鼠比蜜蜂聪明多了，没错，但不仅仅如此。这两则实验不是来验证白鼠是不是比蜜蜂聪明，而是说明一个我们都耳熟能详的道理：“物竞天择，适者生存。”人的适应能力远远超过了蜜蜂和小白鼠，人们绝不会像蜜蜂那样永远飞不出那个开口的瓶子，但在瞬息万变的环境中，人的意识、人的追求、人的精神状况、人与他人的关系不一定能跟上这个世界变化的节拍。人必须学会适应：适应所处的环境、适应所面对的压力、适应所面对的竞争、适应他人的风言风语、适应领导的批评。否则，任何人不仅不会成功反而会被淘汰。

生物界如此，商场亦是如此。在这无休止的厮杀当中，企业要想生存下来，就必须学会适应周围的环境，找到适合自己的生存法门。

好的经验固然美妙，但要适合自己才好。只有理性地分析市场形势，才能看准市场需求，化先进的经验为自己的东西，从而找到自己的生存之道。要是盲目照搬，把别人的经验当教科书，用别人的经验来经营自己的企业，结果怎样，不证自明。

我们从达尔文的进化论中可以得到这样的启示：企业必须理解市场的固有法则，认识只有历经艰苦竞争才能最终生存的道理，懂得创新和差异化的力量，只有这样，企业才能更优秀、更聪明，才能击败竞争对手，为客户创造出更多价值。

中国入世谈判首席专家龙永图用“适者生存”来强调企业加入世贸组织以后适应新形势的重要性和紧迫性。中国在2001年正式加入世贸组织。到2006年，我们将完成服务贸易业的开放。整个中国大幅度向世界市场开放将会带来国内商业业态更深层次的变化，这种变化不是谁愿不愿意的问题，而是一定要变，因为不变就意味着被市场淘汰。例如中国的物流体系，它的平均成本比世界市场高出两个百分点，差距达上千亿人民币。陈旧、落后、小规模的物流模式在第三方物流进入市场之时将难以维生。所以，面临WTO的考验，我们只有快速改变一条道。

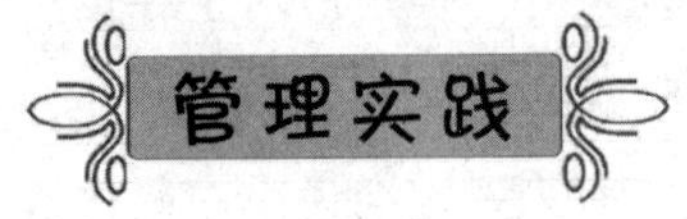

对于不同规模的企业而言，“适者生存”要采取不同的方法。

1. 垄断型企业：自上而下管理。

对这类企业而言，要想经营成功，必须要有自上而下的严格管理。具备这样的架构，管理层才能确保产品准时到达顾客手中，确保有足够的创新并得到合理的资金支持，确保不出意外地击败或收购竞争对手。

2. 上升型企业：尽力改善效率。

这类企业必须尽力改善效率，这是提高利润的一条途径。它们往往还千方百计争取获得超过竞争对手的优势，使自己能够增加销量（如果可能也可以提高价格）。营销部门寻找新的办法，让自己的产品更受欢迎。

3. 竞争型企业：关照顾客需求。

企业要关照顾客的每一种要求，才能够在激烈的竞争中吸引并挽留住顾客。通常与之相伴随的是同样毫不手软地降低供应链的成本。同时，消除传统的层级制思维；让决策权尽可能贴近顾客；让产品尽可能快地通过供应链；创建高度敬业、高度灵活的团队组织。

4. 新生型企业：营造创新氛围。

这类企业首要明确界定业务，包括提供的产品和服务是什么，谁来服务，希望新产品或服务对周围产生什么影响；积累必需的资源，如资金、房地产、人员和技术，以创造出能够在前沿市场生存的产品和服务；创造优质、需求旺盛的产品或服务；开发能够最方便有效地分销企业产品或服务的市场渠道。

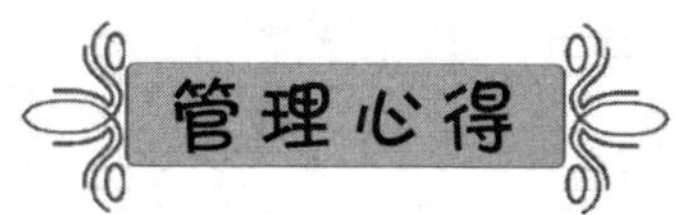

◆正确定位自己的企业，从而在市场上取得成功。

◆对市场理性而冷静地分析，学会如何在市场中生存发展。

◆整个企业必须拥有符合市场环境的架构、文化和一整套内部体系。

零和游戏原理：改变有输有赢的游戏规则

零和游戏源于博弈理论。一个游戏无论几个人来玩，总有输家和赢家，赢家所赢的都是输家所输的，所以无论输赢多少，正负相抵，最后游戏的总和都为零，这就是“零和游戏”。如果我们认真观察、思考一下就能发现，无论在竞技游戏中，还是在生存竞争中，策略在其中有着举足轻重的影响和作用。特别是在竞争双方的实力等各方面相差无几的情况下，策略就转化为可以左右竞争结果的重要因素。事实上，许多人类活动都具有类似的特点，如经济活动中的经营决策、市场竞争，政治以及军事活动中的竞选、谈判、战争等都与竞技游戏有着异曲同工之处。也就是说，每一种较量都有输赢、高下之分。

零和游戏之所以受人关注，是因为人们在社会生活中处处都能找到与零和游戏类似的现象。胜利者的光荣后面往往隐藏着失败者的辛酸和苦涩。但20世纪以来，“零和游戏”观念正逐渐被“非零和游戏”即“负和”或“正和”观念所取代。“负和游戏”是指一方虽赢但付出了惨重的代价，得不偿失，可谓没有赢家。赢家所得比输家所失多，或者没有输家，结果为“双赢”或“多赢”，称为“正和”。人们逐渐认识到“利己”而不“损人”才是最美好的结局。实践证明，通过有效合作，实现皆大欢喜的结局是可能的。但从“零和游戏”走向“双赢”或“多赢”，要求各方面要有真诚合作的精神和勇气，在合作中不要耍小聪明，不要总想占别人便宜，要遵守游戏规则，否则“双赢”的局面就不可能出现，最终吃亏的还是合作者自己。

NBA 就是一个充分认识到“零和游戏原理”的弊端，力争从“零和游戏”走向“双赢”的职业体育联盟。

NBA 比赛被认为是当今世界上发展最完备、职业化程度最高的篮球联赛，公平、公正、公开是它一贯的原则，它的很多项规章制度都自觉或不自觉地打破了“零和游戏原理”。

比如 NBA 的选秀制度。为了使 NBA 各队的实力水平不至于太悬殊，从而增加比赛的精彩和激烈程度，NBA 都要在每年度的总决赛之后的 6 月下旬举行一年一度的“选秀大会”。参加选秀的一般是全美各大学的学生，均为 NCAA 全美大学生篮球联赛中的佼佼者。当然，最近几年里，高中生和国际球员有增多的趋势。NBA 根据他们的综合实力给他们打分排名，然后，各球队依照该年度在常规赛中的胜率排名，按由弱到强的顺序依次挑选。为了公平起见，NBA 后来采取在选秀前，先分发 1000 个乒乓球，上面注明挑选的顺序号，列常规赛成绩最差的球队可挑 250 个号，他们挑中首选权的几率是 25%。以下依次类推。

NBA 的选秀制度是制衡各队强弱的杠杆，弱队每年总能得到一些能量补充，而强队得到好球员的几率则相对较小，这样就使得 NBA 各队之间的实力差距不至于太悬殊，保证了比赛的水平和质量，进而也就保证了 NBA 的活力。这项制度实质上是 NBA 的经营手段，它的最终目的是使联盟能获得最大的利益。它不仅仅要求联盟获利，而且力争使所有的球队（无论强弱）都获利，只是获利的多少有所区别而已。这是一种“多赢”的局面，而这种“多赢”正是“双赢”的延伸和发展，是“双赢”的最大化体现。

NBA 球队之间的球员交换，也表明了这些球队希望“双赢”或者“多赢”的愿望。

任何行业都是有起有落的，这是客观规律。当别人的生意跌入低谷时，不要趁势“斩客”，把别人逼入死胡同，而要留有余地。

1971 年，世界航运业发生周期性不振，与包玉刚合作的日本造船厂开始亏损，但包玉刚宁愿自己吃亏也要订购船只，他向老主顾订购了 6 艘船，总吨位达 150 万吨，令日商大为感激。不久，船运市场好转，船主们争得头破血流希望在这家日本造船厂造船，船厂忙不过来，只能推单。但只要包玉刚订造，工厂没有二话，立即动工。日本船商称包玉刚为“最宝贵的主顾”。

有这种融洽的商业关系，焉有不富的道理?

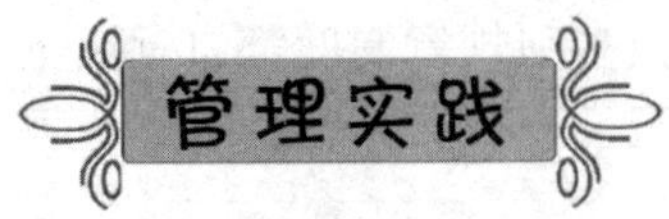

管理实践

企业要想实现双赢，必须遵循以下两点原则：

1. 长期积累。企业经营是一个永无终点的长期过程，巨额利润不是一天、一月、一年就能获得的，而是靠持续不断的长期积累而得到的。短期发胖，绝对是一种不正常的病态的“虚胖”。对于经营者来说，重要的不是靠一笔两笔生意赚取巨额利润，而是要争取“笔笔都赚钱”。

2. 胜不骄，败不馁。在激烈的市场竞争中，企业有输就有赢，既然投身到市场竞争中了，企业管理者就要有承担失败的勇气和取得成功的雄心，有一点成就就洋洋自得，遇到一点挫折就垂头丧气，这是企业家的大忌。

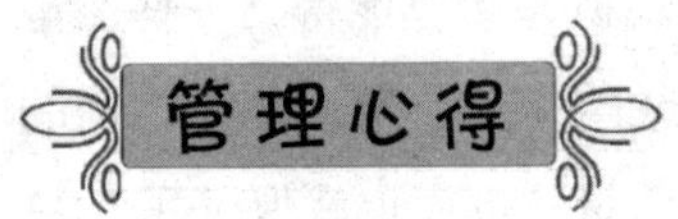

管理心得

◆寻求与他人合作是最好的战略，走出“零和”，达到双赢。

◆在企业内部，和员工共存共荣，与员工分享企业利益。

◆合作中双方要保持真诚的态度。

鲦鱼效应：组织需要变革

鲦鱼因个体弱小而常常群居，并以强健者为自然首领。有科学家做了一个试验，将一只领头的鲦鱼脑后控制行为的神经割除后，此鱼便会失去自制力，行动也会变得紊乱，但其他鲦鱼却仍像从前一样盲目追随。

这就是现代企业管理中经常提到的“鲦鱼效应”，鲦鱼效应说明一个组织内的群体具有思维定性和行为惯性的特征。

从某种意义上说，具有“鲦鱼效应”的群体并不全是坏事，反而有利于组织的稳定性和行为的可预测性。然而，作为被管理学认定的有负面影响的“鲦鱼效应”，恰恰又是由于定性思维和惯性行为会产生对变革的抵制。在企业里，抵制变革就等于拒绝创新和妨碍进步，而群体的随大流现象无疑是保守主义的一贯作风。像鲦鱼一样盲目和无所适从的群体，从来都不承认自己就是“鲦鱼”，他们更相信经验和自觉。这种固执的态度和行为在组织中会经常存在，但通常不会引起注意，结果却成为变革最顽抗的敌人。

组织内群体的思维定性和行为惯性源自于内心的习惯性防卫。作为人类根深蒂固的一种习性，习惯性防卫犹如我们穿在身上的看不见的防护眼，在保卫自己免受外界的威胁和影响外，也遮蔽了自己的眼界和真正想法。

组织内对变革的抵制，一般都是从个别到群体的。习惯性防卫与“鲦鱼效应”的区别在于抵制变革的表现形式不同。前者是隐形的不合作，后者是公开的墨守成规。在当今这个高速发展的社会，惟一不变的就是变，而变化必然要引发一些新的问题。特别是在当今科技日新月异、竞争日益激烈的环境中，企业惟有保持高度弹性、充满创新与活力，才能在市场上继续生存。从这个意义上说，企业最大的问题不在于外部环境的变化，而在于企业自身能否根据这种变化采取相应的变革行动。

据相关资料统计，我国中、小企业的平均寿命只有3.5岁，集团公司的寿命7~8岁；世界上，30年前跻身于财富500强的企业今天有三分之一被淘汰出局。为什么有的企业能够长盛不衰，有的企业却举步维艰？

目前，有许多企业普遍对管理变革存在着认识误区和困惑。多数企业认为，企业有了问题才需要进行管理变革，更多的人则是把管理变革当成一剂扭亏为盈的药方。事实上，管理变革的最终目的，并不仅限于扭亏为盈等短期行为，更重要的是通过变革，使企业对变化万千的外部环境作出快速的反应，以确保企业能在激烈的竞争中保持优势。因此，每个企业，不论其效益显著，或者在行业中成绩斐然，都需要持续性地作出变革的行动。

然而，面临市场的竞争及快速变迁的科技，一些企业尤其是一些历史悠久的企业，在成长阶段往往重视业绩而忽视管理，为了客户而忘了管理，造成一些诸如以下的组织问题：采取无效的管理策略，以致无法达成组织目标；组织规范与员工行为形态不一致；组织结构不适，员工权责不清；部门间协调不良；缺乏团队合作等。于是公司被迫进行变革，然而成功的少，而失败者居多。有调查表明，166家欧美公司实施了变革，只有三分之一获得了成功。因此，组织变革对于企业界而言是必需的、困难的、可能的。关系到企业组织变革的成功与否，仅仅不变为群居的鲦鱼是不够的，管理者还要学会如何降低习惯性防卫，作为人力资源管理者在此过程中必将承担着重要角色。

任何一个企业的活动都是通过人类具体完成的，因而如何使企业的人力资源活动符合企业的需要，与企业战略保持一致，就成为人力资源管理的最基本要求。企业中的人力资源活动都应当共同构成一个系统并与企业战略保持一致。

在组织变革中，人们需要知道的是信息、行为准则与新的人际关系。在变革的过程中，人力资源管理者如何变成有效的变革推动者呢？首先，人力资源管理者的职责就是要为企业的未来塑造愿景，将为何需要变革、变革的成本效益与员工们沟通。此外，积极参与、说服是必要的行动，要使其能了解与检视整个变革管理的规划与执行。

组织变革的范畴，已从单纯的训练、发展方案，融入组织文化改造的管理理念。在不断改造的过程中，需要从个人的改造做起，改变员工的价值观与营造支持变革的态度。因此如何塑造支持组织、变革的气候与文化，成为变革推动者的首要任务。此外，组织变革除了针对组织成功关键因素的结构面、文化面进行改造，还进一步提供给员工工作态度改善和学习成长的机会。在营造弹性适应的变革管理上，应致力于核心智能发展为导向的管理改善活动，主要在领导与管理的能力再开发，而其最终目的是形成一个学习型组织，让员工拥有充分的弹性适应能力。

变革需要勇气，更需要技巧。一个勇于变革的群体并非没有防卫，而在于面对防卫。习惯性防卫就像一个魔瓶，过去我们把能量和洞察力藏在里面，现在释放出来，则可以建立共识并推进变革。

◆管理者要学会如何降低习惯性防卫。

◆抵制变革就等于拒绝创新和妨碍进步。

第二章
管理必须用到的 12 种手段

格雷欣法则：建立有效的薪酬制度

400多年前，英国经济学家格雷欣发现了一个有趣现象，两种实际价值不同而名义价值相同的货币同时流通时，实际价值较高的货币，即“良币”必然退出流通——它们被收藏、熔化或被输出国外；实际价值较低的货币，即“劣币”则充斥市场。人们把这种现象称之为“格雷欣法则”，亦称之为“劣币驱逐良币规律”。

所有企业在薪酬或人力资源管理方面均可能发生与格雷欣所见类似的情形，实际生活中的例子亦屡见不鲜。由于企业在薪酬管理方面没有充分体现“优质优价”原则，高素质员工的绝对量尤其是相对量下降——这一方面表现为对自己薪酬心怀不满的高素质员工另谋高就；另一方面亦表现为企业外高素质人力资源对企业吸纳诉求消极回应，这一般会导致企业低素质员工绝对量尤其是相对量上升——一定数量的高素质员工留下的工作岗位需有更多低素质员工填补时尤其是这样。这还只是薪酬管理“格雷欣法则”刚启动时的情形。

我们当然不能将所有高素质员工的流失都归结为“格雷欣法则”惹的祸。有时，高素质员工流失是由于用非所学；有时则由于个人的价值取向与企业主流文化存在难以弥合的差异等等。但确有相当一部分高素质员工的流失，是由于薪酬或人力资源管理“格雷欣法则”的作用。

在薪酬上，一方面人力资源本身千差万别；另一方面薪酬更为丰富多彩。因而，企业在员工的薪酬管理方面的“格雷欣法则”有诸多具体表现：

1. 在同一企业，由于旧人事与薪酬制度惯性等，一些低素质员工的薪酬超出高素质员工，从而导致低素质员工对高素质员工的“驱逐”。

2. 在同一企业，由于旧人事与薪酬制度惯性等，一些低素质员工与高素质员工薪酬大体相当，从而导致低素质员工对高素质员工的“驱逐”。此种情形可看作是上述第一种情形的特例。

3. 在同一企业，由于旧的人事与薪酬制度惯性等，虽然高素质员工的薪酬超出了低素质员工，但与员工对企业的相对价值不成比例。现阶段，这是低素质员工对高素质员工“驱逐”的一般情形。

面对激烈的市场竞争，山东东阿阿胶股份有限公司（以下简称“东阿阿胶”）视人力资源为企业的“第一资源”，实施“人才强企”战略。以人为本，改革内部薪酬分配制度，完善人才激励机制，建立与企业发展战略相适应、对外竞争力强、对内激励充分的薪酬分配体系，使人力资源成为企业参与市场竞争、企业发展的战略性力量，人力资本不断增量，人才层次不断提高，企业综合竞争实力不断增强。

（一）确立与企业发展相适应的薪酬策略。为建立与公司现状相适应并能推动公司持续发展的收入分配机制，体现岗酬结合、技酬结合、劳酬结合，形成了责权利相结合、工效紧密挂钩的薪酬分配体系，实现个人利益与企业长远发展的有机统一，最大限度地调动员工积极性，增强企业竞争力。2000年10月，公司对薪酬分配制度改革进行了系统规划，确立了薪酬制度改革的方向、目标和原则。公司薪酬制度改革的目标是以市场、行业差别确定工资差别和标准，并根据企业经济效益，以员工岗位为对象，以点数为标准，按照员工个人的实际能力确定点数，以单位经济效益获取的工资定点值，确定劳动报酬的一种弹性等级薪点工资分配制度，克服现行工资制按固定数额支付工资等不足，使企业的工资分配与市场对企业工资的决定机制相适应。薪酬制度改革遵循四大原则：公平、客观分配的原则；在职业劳动力市场保持优势的原则；依责、依绩分配的原则；有效激励的原则，根据员工业绩评估周期，把员工的薪酬与当前业绩和未来发展紧密地联系的原则。

（二）深入开展职务调查和工作分析，优化组织职能。公司成立了以总经理为组长的工作分析领导小组和工作分析小组，开展了高管及一线操作工以外人员248个职位的职务调查和工作写实分析，对职位、部门职能、组织机构进行了重新理顺、全面整合，减少5个岗位，优化职能8项，杜绝了职能交叉、职责不清的现象，加速了信息流传，提高了人力资源利用效率和管理绩效。

（三）科学设定职位要素，合理确定薪酬水平。自1993年以来，东阿阿胶就实施了岗位测评，经过十几年的积累和逐步完善，已形成了较成熟的测评体系。2000年底，公司对职位（岗位）评价要素进行了重新设计，设置职位（岗位）评价要素包括责任要素、知识经验与技能要素、努力程度要素、工作环境要素四个大类和风险控制责任、成本控制责任等27个细类，组成以总经理为组长、由高中层管理人员参加的工作评价小组，对重新整合的243个职位进行了科学、公正、客观的评价，结合市场薪酬调查结果，确定了在市场竞争环境中具有高竞争力的、与公司业绩相适应的薪酬水平，以市场变化和公司业绩变化来调整薪酬点值，将员工的短期利益、中期利益与长远利益有效地结合起来。

（四）推行新型薪酬制度，增强企业竞争力。公司确定的新型薪酬制度，充分考虑了企业的发展战略，保证公司战略的实现。新型薪酬制度，以岗位设置为基础，按各类人员对公司经营发展的作用、贡献不同，分层次确定薪酬分配侧重点，加大了核心层、管理层的分配力度，向科研、营销、技术岗位倾斜，合理确定普通层员工的收入水平。高中层实行年薪制，考核年薪、效益年薪与公司年度目标完成情况、工作业绩挂钩，增强了高中层管理人员的风险责任，提高了企业防御风险的能力。一般员工实行等级工资制，划分主管、技术、营销、文秘、生产、工勤六个系列，合理拉开工资差距，结构组成灵活，易于操作，易岗易薪，能升能降，同工同酬，这种科学的阶梯工资形式、弹性工资分配制度，充分体现了员工对公司发展的重要价值和作用。

由上例可以看出，要想遏制“格雷欣法则”，企业确实需要建立灵活的薪酬体系，其核心是：管理者必须运用薪酬规则，针对不同的情形进行灵活处理。要想切实激发优秀员工的积极性，管理者必须按照如下方式行事：（1）付给员工突破企业规定的上限的薪酬；（2）给予被聘员工超过企业薪酬平均值的薪酬；（3）给予薪酬超过企业平均值的员工的加薪幅度高于平均值以下的员工；（4）聘用那些薪酬高于其上司的明星员工。

人力资源素质是决定企业核心竞争力的关键性因素。企业要遏制“格雷欣法则”需要做到：

1. 须有新的薪酬观。对所有企业来说，均须将员工薪酬的提升看作是员工素质提高、企业兴旺发达的重要标志，这是因为，如果处理得当，薪酬提升可以启动员工素质提升与企业效益提高的良性循环。

2. 判定员工薪酬水平高于或是低于市场观念。将市场薪酬水平作为员工薪酬水平判定的参照数。

3. 将薪酬调查作为企业薪酬管理的不可忽视的环节。尤其注重对企业核心员工的薪酬调查。不仅要了解竞争性企业核心员工的薪酬水平，其他行业核心员工的薪酬水平亦应有较为广泛的了解。

4. 采用具有战略意义的人力资源管理策略，从提高核心员工薪酬水平出发，不断提高企业核心员工素质。

5. 为核心员工建立薪酬水平无上限的薪酬特区。这一点在国有企业内，对有力地冲击旧的人事与薪酬制度惯性，可能最为有效。

6. 为员工提供有竞争力的薪酬，使他们一进企业便珍惜这份工作，竭尽全力，把自己的本领都使出来。支付最高工资的企业最能吸引并且留住人才，尤其是那些出类拔萃的员工。这对于行业内的领先企业，尤其必要。

7. 重视内在报酬。除了工资、福利、津贴和晋升机会等外在报酬外，还有基于工作任务本身的内在报酬，如对工作的胜任感、成就感、责任感、受重视、有影响力、个人成长和富有价值的贡献等。内在报酬和员工的工作满意度密切相关，对那些知识型员工来说，尤其如此。因此，企业组织可以通过工作制度、员工影响力、人力资源流动政策来执行内在报酬，让员工从工作本身得到最大的满足。

8. 收入和技能挂钩。建立个人技能评估制度，以雇员的能力为基础确定其薪酬，工资标准由技能最低到最高划分出不同等级。这种评估制度的最大好处在于，员工会因此较多地关注自身的发展。

9. 让员工参与薪酬制度的设计和管理，以形成一个更能使员工满意，更符合企业实际的绩效薪酬制度。

◆薪酬设计要以组织战略、组织结构、职位体系为基础，要考虑内部一致性和外部竞争力。

◆明确公司发展战略，科学组织结构设置，规范职位体系。

◆从公司战略出发，为公司取得竞争优势提供支持，吸纳、维系和激励优秀员工是现代人力资源管理的战略性任务。

彼得原理：晋升激励，适得其反

杰克在汽车维修公司是一名热忱又聪明的学徒，不久他被聘为正式的机械师。在这个职位上他表现突出，不但能诊断汽车的疑难毛病，还能不厌其烦地加以修复，于是他又被提升为该维修厂的领班。然而，在担任领班之后，他原先对机械的热爱和追求完美的性格反而成了他的缺点。因为不管维修厂的业务多么忙碌，他还是承揽任何他觉得看起来有趣的工作。

他总是说："我们总得把事情做好嘛。而他一旦工作起来，干不到完全满意绝不轻易罢手。"他事事干预，极少坐在他的办公室。他常常亲自动手修理拆卸下来的引擎，而让原本从事那件工作的人呆站在一旁，并且不会给他指派新的任务。

结果维修厂里总是堆着做不完的工作，总是显得一团糟，交货时间也经常延误。

杰克完全不了解，一般顾客并不在乎车子是否修得尽善尽美，他们希望能如期取回车子。杰克也不了解，大部分工人对薪资比对引擎的兴趣还要浓。

因此，杰克对他的顾客和部属都不能应付得宜。从前他是一位能干的机械师，现在却成为不胜任的领班了。

每一个组织都是由各种不同的职位、等级或阶层的排列所组成。管理学家劳伦斯·彼得研究了千百个有关组织中不能胜任的失败实例后，分析归纳出著名的"彼得原理"。即："在一个等级制度中，每个员工趋向于上升到他所不能胜任的地位"。具体是：每一个员工由于在原有职位上工作成绩表现好（胜任），就将被提升到更高一级职位；其后，如果继续胜任则将进一步被提升，直至到达他所不能胜任的职位。由此的推导是：每一个职位最终都将被一个不能胜任其工作的员工所占据，层级组织的工作任务多半是由尚未达到的不能胜任阶层的员工完成的。彼得原理有时也被称为“向上爬”原理。

由于企业实行的也是层级制度，也存在同样的隐患。如果简单地将企业的人分成两类，那么将存在两类人：第一类，能胜任现在的工作，但基本已“定型”，不具备自我提升的素质，永远只能做好现在的工作，再向上升一级就是错误。第二类，不但能胜任现在的工作，也具备自我学习、自我总结、自我提高的素质和能力，能不断提高自己的能力，从而胜任所有的职位。由此可见，企业的用人之道可简单地概括为：发现并培养第二种人。由此推导的结论是：必须充分认识到人力资源部的重要性，成立人力资源部并有效运作，发现并培养企业每一职位的接班人，在人力资源上形成可持续发展的潜力。

汤姆斯是市公共工程部的维修领班，他为人亲切和气，深获市政府高级官员的赏识和称赞。

一名工程部的监工说：“我喜欢汤姆斯，因为他有判断力，又总能保持愉悦开朗。”

汤姆斯的这种性格恰恰适合他的职位：因为他不必做任何决策，自然也没有和上司意见分歧的必要。

后来那位监工退休了，汤姆斯接替了监工的职务。

和以前一样，他依然附和大家的意见，上司给他的每个建议，他不经选择就全部下达给领班，结果造成政策上的互相矛盾，计划朝令夕改。不久整个部门的士气便大为低落，接二连三地接到来自市长、其他官员、纳税人以及工会工人的抱怨。

至于汤姆斯，他依旧对每个人唯唯诺诺，仍旧在他的上司和部属之间来回传送讯息。名义上是一名监工，实际上他做的却是信差的工作。

他所负责的维修部门经常预算超支，而原定的工作计划也无法完成。

汤姆斯以前是一名称职的领班，现在却变成不能胜任的监工了。

组织上似乎合理的晋升不仅使晋升后的员工无所适从，而且还对组织的整体效率产生了严重的负面影响，这说明这种看似合情合理的晋升机制实际上是不科学的，表面的“合情合理”只是一种假象，假象背后隐藏的很可能是一连串的祸患。

由此可见，在企业中要建立科学、合理的人员选聘机制，客观评价每一位员工的能力和水平，将员工安排到其可以胜任的岗位。不要把岗位晋升当成对员工的主要奖励方式。应建立更有效的奖励机制，更多地以加薪、休假等方式作为奖励手段。对个人而言，虽然每个人都期待着升职，但不要将往上爬作为自己的惟一动力。与其在一个无法完全胜任的岗位勉强支撑、无所适从，还不如找一个自己能游刃有余的岗位好好发挥自己的专长。

各种晋升，须参考综合使用：

1. 工作表现晋升。在这种情况下，能力的定义是：能够产生预期表现的工作业绩。这种评估制度未被广泛采用，因为制定标准与评估业绩，都是相当艰巨的工程。

2. 按投入程度晋升。在这种情况下，能力的定义是：为组织内部流畅运作贡献己力。

3. 按资历晋升。当资历成为升迁的惟一条件时，员工的进取心不足，满足感却很高，因为按照制度和惯例，每个人总有熬成部门经理的一天。

4. 按公司偏好晋升。在这种情况下，能力的定义是：服从公司样板或发觉并迎合上司个人偏好的能力。

5. 按参与性的选择晋升。在参与性选择的制度下，能力的定义是：有希望的晋升者需要具备客观评估自己工作表现的能力。

◆合理使用人的能力，避免人才浪费。

◆确立科学的人才选拔提升依据。

◆建立不断完善的激励机制。

◆加强各岗位职能研究。

蘑菇管理法则：从最简单的事情做起

从斯坦福法学院毕业后，卡莉·费奥利娜（惠普前任CEO）找的第一份工作是在一家房地产投资经纪公司任职。她有个职务，但不是“副总裁”，而是“接线生”。她接电话、打字、复印……尽管她的父母给予她一切关心与谅解，尽管这并非他们所希望看到的、一个斯坦福毕业生的事业。

但费奥利娜发现，任何事情都能让你学到不少东西，关键在于你是否选择了学习。

有一天，几个经纪人认为她不应该被那些繁琐的接线生工作耽误前程，他们问费奥利娜是否愿意做些别的什么。于是，她得到了一次撰写文稿的机会。就是那一刻，就是那一举措，因为她认为自己能行，所以她得到了一次改变人生的机会。

很多刚刚走出校园的年轻人，总是觉得自己一开始工作就应该得到重用，就应该得到相当丰厚的报酬。但事实上，刚刚踏入社会的年轻人由于缺乏工作经验，管理者无法委以重任，薪水不高是很自然的事情，于是这些年轻人就有了许多抱怨。

一旦得不到重用，工资当然也就不在他们预期的范围之内，曾经在校园编织的梦想也就逐渐破灭了。没有了信心，没有了热情，于是工作时就采取一种应付的态度，能少做就少做，能躲避就躲避，敷衍了事。

因此，对于初出校园的大学生来说，参加第一份工作时必须消除不现实的幻想，他们应该懂得，没有任何工作是卑微的。

在每一次单调的工作实践中都会蕴藏着很多事业机会的，如果你一开始就不想从事单调的工作，那么你永远也不会得到提升的机会！只有投身到社会生活中去，才会知道你所遇到的机会是无穷无尽的。

从最简单的事情做起，这也正是“蘑菇管理法则”的内涵所在。众所周知，蘑菇生长的环境一般较少见到阳光，人们不常去，因而不易被发现，只有当其成熟了，才会被人们采摘、利用。因此，许多组织对待初出茅庐者的管理方法也称之为蘑菇管理，这种方法一般是：初学者被置于阴暗的角落（不受重视的部门，或打杂跑腿的工作），浇上一头大粪（无端的批评、指责、代人受过），任其自生自灭（得不到必要的指导和提携）。

相信很多人都有这样一段当“蘑菇”的经历，但这不一定是什么坏事，尤其是当一切都刚刚开始的时候，当上几天“蘑菇”，能够消除我们很多不切实际的幻想，让我们更加接近现实，看问题也更加实际。

查理曾去某家大公司应聘部门经理，公司老板告诉他说先要试用三个月。但是，使他意想不到的是，老板竟把他放到商店做销售员。一开始，查理不能接受，但最终他还是熬过了试用期。后来，他搞清楚了老板把他调到基层去的原因：他开始时对行业不熟悉，不了解公司的内部情况，只有从最简单的事做起，才能全面了解公司，熟悉各种业务，而且，试用期拿的是部门经理的工资。

试用期后，他正式就任部门经理，领导员工作出了突出的业绩，为公司的发展作出了巨大贡献。六个月后，由于业绩出众，查理获得了升迁。查理在处理公司事务时游刃有余，一年之后，由于总经理调走了，他也自然而然地成了总经理。回首往事，查理十分感慨：“当初从销售员做起，我之所以没有抱怨，是我知道这是考验，他想以此观察我的忠诚。现在老板对我十分信任。”

让初入门者当上一段时间的“蘑菇”，可以消除他们不切实际的幻想，从而使他们更加接近现实，更实际、更理性地思考问题和处理问题。管理者应当注意的是，这一过程不可过长，因为时间太长便会使其消极退化乃至枯萎，须知不给阳光、不给关爱，不仅是任其自生自灭，而且更是对其成长的抑制。如何让他们成功地走过生命中的这一段，尽快吸取经验、成熟起来，这才是管理者应当考虑的。

把员工当作“蘑菇”时应当教会员工怎样做：

1. 要喜欢自己的这份工作。学会从工作中获得乐趣，而不仅仅是按照命令被动地工作。

2. 要注意礼貌问题。适当的礼仪十分必要，因为它里面包含了许多人类的智慧，这些有利于建立良好的人际关系。

3. 多做事，少抱怨。如果在开始的工作中就满腹牢骚、怨气冲天，那么就会对工作草率从事，从而有可能造成错误的出现；或者本可以做得更好的，而没有做到。这使你在以后的职务分配中很难得到合适的工作。

4. 做事要有计划。在处理事情的时候要随时记录重要信息，事情处理完毕后要及时主动地向领导汇报，并要做到报告时内容详细完整。

◆对于新进人员来说，成功的秘诀无他，惟有辛勤工作，不断地自我反思，不断地自我改进。

◆越是严酷的自然环境，越能激发一个人自下而上的能力，从而使自己能脱离逆境的困扰。

韦尔奇原则：
最合适人选，即是最佳人选

人才是立国之本，具有重要的战略地位。历史上由于知人善任，而拥有一支雄厚的人才队伍，使事业从无到有，从弱到强，不断发展壮大起来的不乏其人。比较典型的应该算刘邦了。刘邦出身于普通百姓，毫无政治背景，势单力孤，可就是因为他善于识人用人，任用了张良、韩信、萧何等一批文武人才，最后夺取了天下，建立了汉朝四百年江山。由此可以看出人才的重要性。相反，出身于贵族官宦之家的项羽，兵多将广、势力雄厚，但可惜他不会用人，最后只好演出了一场霸王别姬的悲剧。

韦尔奇原则说的正是人才的重要性。杰克·韦尔奇——原通用电气公司的首席执行官，被誉为全球第一 CEO。他在业界之所以声誉显赫，是因为他能生产“人才”。韦尔奇原则是他一生用人、培养人实践的总结。这一原则可以概括为：让合适的人做合适的事，远比开发一项新战略更重要。这个宗旨适合于任何一个企业。即使你的企业有世界上最好的策略，但是如果没有合适的人去发展、实现它，这些策略恐怕只能光开花，不结果。

与很多 CEO 不同，杰克·韦尔奇把 50% 以上的工作时间花在人事上，他的最大成就就是不断地关心和培养人才。韦尔奇认为，挑选最好的人才是领导者最重要的职责。他说：“我们所能做的是把赌注押在所选择的人身上。因此，我的全部工作就是选择适当的人。”所有这些，都可以包含在“韦尔奇原则”中，对我们有着巨大的参考价值。

国内外很多知名企业都在量才施用上做出了表率。例如，联想集团“用的人才都是适合联想的，但并不一定都是最优秀、最好的人才”。北京双鹤药业“敢于起用新人，不求最好，只要能胜任工作，合适的就提升”。日本东芝株式会社致力于推行“适才所用”的用人路线，在企业内部实行

“内部招聘”，让员工自己申报最能发挥自己专长的职位，公司以最大的努力实现员工的要求，使员工各得其所。松下公司也很注重招聘适用的人才，他们在雇用人员的时候，以适用公司的程度为好，认为程度过高不见得一定有用。

“适用”这两个字很重要，适用的公司，适用的企业，招聘适用的人才，程度过高，不见得就用，只要人品好、肯苦干，技术和经验是可以学到的，即所谓劳动成果＝能力×热忱（干劲）。在这样的企业里，人才能得到充分的尊重和认同，大家都在向“最好”努力，这样的企业能不欣欣向荣吗？

公司用人的四点忠告：

1. “活力曲线”。一个组织中，必有20%的人是最好的，70%的人是中间状态的，10%的人是最差的。这是一个动态的曲线，作为一名合格的领导者，必须随时掌握那20%和10%里边的人的姓名和职位，了解他们的工作状态，以便作出准确的奖惩。

2. 量才施用。即把最合适的人放在最合适的岗位。按照能力的大小给予相应的职能权力，使他们充分发挥自己的才干。如果违背这一法则，就是将一个障碍物放在企业成功的道路上。

3. 引入竞争机制。只有在竞争的环境中人才的潜力才会被激发出来，企业才会有不断的创新，才能拥有持久的竞争力。

4. 内部流动，合理安排。建立良性互动的内部人才流动机制，允许员工内部“跳槽”、申请调换岗位，择优重新录用，使员工都能得到合理的安排。

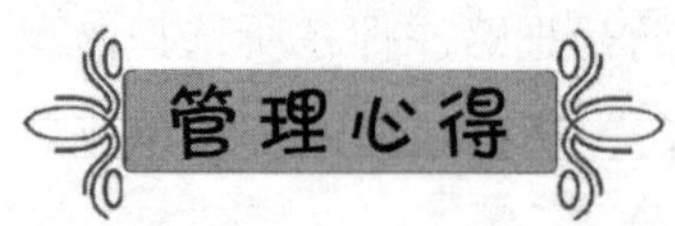

◆我的全部工作就是选择适当的人。

◆让合适的人做合适的事，远比开发一项新战略更重要。

◆晏子曰：国有三不祥：夫有贤而不知，一不祥；知而不用，二不祥；用而不任，三不祥。

全员决策法则：善用员工智慧

1981 年杰克·韦尔奇接任通用电气公司总裁后，认为公司管理得太多，而领导得太少，“工人们对自己的工作比老板清楚得多，经理们最好不要横加干涉。”为此，杰克·韦尔奇实行了“全员决策”制度，使那些平时没有机会互相交流的员工、中层管理人员都能出席决策讨论会。

“全员决策”的开展，打击了公司中官僚主义的弊端，减少了繁琐程序。实行了“全员决策”，使公司在经济不景气的情况下取得了巨大进展。他本人被誉为全美最优秀的企业家之一。

杰克·韦尔奇的“全员决策”有利于避免企业中的权力过分集中这一弊端。让每一个员工都体会到自己也是企业的主人从而真正为企业的发展着想，这绝对是一个优秀企业家的管理妙招。

如果你希望部属全力支持你，你就必须让他们参与决策，而且愈早愈好。

这就是通用公司著名的全员决策法则，其最主要特征是将所有能够下放到基层的管理权限全部下放。对员工报以信任的态度并不断征求他们的意见。这使管理者无论遇到什么困难，都可以得到员工的广泛支持。那种命令式的家长作风被完全排除。

同时，这种员工参与管理制度，在某种程度上缓和了劳资间的矛盾冲突，改变了管理阶层与工人阶层泾渭分明的局面，大大减轻了企业的内耗。

21 世纪，是企业分权、授权与自由的时代，我们应该紧握时代的脉搏，给员工权力，赋予其义务，获得更多的支持与帮助。

福特汽车公司在员工管理中也实行全员参与决策的方法。公司赋予了

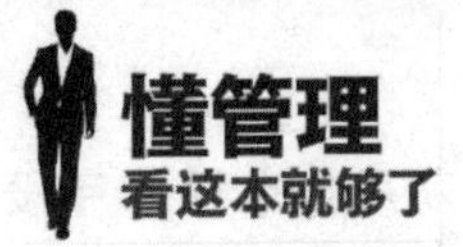

员工参与决策的权力，缩小了员工与管理者的距离，员工的独立性和自主性得到了尊重和发挥，积极性也随之高涨。

目前，福特公司内部已形成了一个“员工参与计划”。员工的投入感、合作性不断提高，福特现在一辆车的生产成本比以前减少了 195 美元，大大缩短了与日本汽车公司的差距，而这一切的改变就在于公司上下能够相互沟通，内部管理层、工人和职员改变了过去相互敌对的态度。领导者关心员工，也因此引发了员工对企业的“知遇之恩”，从而努力工作促进企业发展。“全员参与制度”的实施激发了员工潜力，为企业带来了巨大效益。

工人们有了发言权，不但解决了他们生活方面的问题，更重要的是对工厂的整个生产工作起到了积极的推动作用。兰吉尔载重汽车和布朗Ⅱ型轿车的空前成功就是其中突出的例子。投产前，公司大胆打破了那种“工人只能按图施工”的常规，而是把设计方案摆出来，请工人们“评头论足”，提出意见，工人们提出的各种合理化建议共达 749 项，经研究，采纳了其中 542 项，其中有两项意见的效果非常显著。

从以上对福特公司决策管理的分析中，我们可以看到能否采用正确的管理决策之道是一个企业成败的关键所在，管理不善是最大的浪费，即使拥有最先进的科学技术，也不能发挥作用，所以我们必须从人力资本的观点看问题，组织和调动好人才，只有这样，才能保证企业欣欣向荣。

现代企业管理的重大责任，就在于谋求企业目标与个人目标的一致，两者越一致，管理效果就越好。特别是在事关员工切身利益的情况下，管理者即使已经胸有成竹，也要与员工商量决定。如果员工感到自己在某个决策中有份参与，那么他们就会更加热心和有效地执行这个决策。

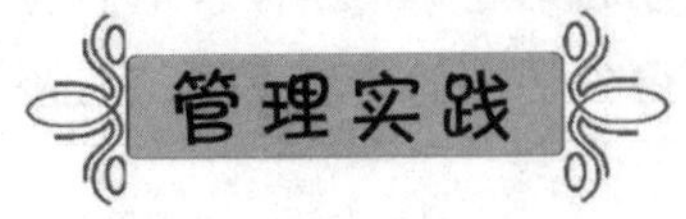

决策包括调查，分析，选择方案等一系列的活动。具体来说，它可以分为以下四个阶段：

1. 搜集情况阶段。

即搜集组织所处环境中有关经济、技术、社会各方面的信息以及组织内部的有关情况。通过收集情况，发现问题，并对问题的性质、发展趋势做出正确的评估，找出问题的关键。情报的收集应该尽可能全面，而且要真实，否则的话对以后的决策会有误导作用，并极有可能做出错误的决策。

2. 拟定计划阶段。

拟定计划即在确定目标的基础上，依据所搜集到的信息，编制可能采取的行动方案。这时可能会有几个备选方案，决策的根本在于选择，备选方案的数量和质量对于决策的合理化有很大的影响，因此要尽可能提出多种方案，避免漏掉好的方案。

3. 选定计划和实施阶段。

选定计划即从可供选用的方案中选定一个行动方案。这时要根据当时的情况和对未来的预测，从中选择最合适的一种方案。在选择方案时，首先要确定选择的标准，而且对各种方案应该保持清醒的估计，使决策保持一定的伸缩性和灵活性。

计划选好了以后就要制定实施方案，方案的实施也是很重要的一个环节，也要制定一个合理的实施计划，这个计划要清晰且具体。对时间有一个合理的分配，对人财物也要做一个清晰的分配。在执行决策中，还要做好决策的宣传工作，使组织成员能够正确理解决策，同时创造出一种有利于实现决策的气氛。

4. 评价计划阶段。

评价计划即在决策执行过程中，对过去所做的抉择进行评价。通过评估和审查，可以把决策的具体的实行情况反馈给决策者。如果出现了偏差，应及时地纠正，保证决策能够顺利实施，或是修改决策本身，以使决策更加科学合理。而且，通过执行决策的审查和使上级了解本组织、本部门的决策执行情况等问题，可以为以后做决策提供信息。

◆在企业规模越来越大的情况下，决策权集中在最高决策层甚至是个人决策，是不利于正确决策的，分权决策更加合理。

◆管理就是决策，管理的各层次，无论是高层，还是中层和下层，都是在进行决策。

◆员工们对自己的工作比管理者清楚得多，管理者最好不要横加干涉。

洛克定律：跳一跳，够得着

为了训练孩子双脚协调向上的弹跳能力，幼儿园老师把几只漂亮的纸蝴蝶悬挂在空中让孩子跳起来去抓。一开始，孩子看到颜色鲜艳的蝴蝶，兴致都很高，纷纷跳起来。一次，两次……几次以后，孩子们都转移注意力玩别的去了。课后，老师才领悟到，蝴蝶挂得太高，固定得太死，孩子们没有抓到蝴蝶的满足感，因此对游戏也失去了信心。第二次，老师改变了游戏方法，把蝴蝶系在一根竹竿上，老师拿住竹竿另一头，在孩子中间来回晃动，高度以孩子跳起来能抓得到为宜，抓到就送给他。这回，孩子们的兴趣明显高了许多，大家纷纷跳个不停。

父母对孩子的希望要符合孩子的实际能力，使他们“跳一跳，够得着”。若是“跳三跳也够不着”，或是“搭上板凳也够不着”，就会适得其反，就是揠苗助长。

管理之道重在育人。不管你订了多少措施，提了多少口号，目标脱离实际，只能是空中楼阁。目标的标准是让每个人跳一跳能够得着。

洛克定律说的正是这个道理，它是由美国管理学家埃得温·A·洛克提出的，其主要观点是：当目标既是指向未来的，又富有挑战性的时候，它便是最有效的。

众所周知，企业要想成功，就得制定一个奋斗目标。但是，目标并不是不切实际地越高越好。每个企业都有自己的特点，有别人无法模仿的一些优势。只有好好地利用这些特点和优势去制定适合自己企业的高目标和实施目标的步骤，企业才可能取得成功。对管理者来说，在实施目标时，只有当每个步骤既是指向未来的，又是富有挑战性的时候，它才是最有效的。

制定目标的标准一是力所能及，二是不断提高。也就是说，既要让人有机会体验到成功的欣慰，不至于望着高不可攀的“果子”而失望，又不要让人毫不费力地轻易摘到“果子”。“跳一跳，够得着”，就是最好的目标。

企业可以为自己制定一个总的高目标，但还要制定一个更重要的实施目标的步骤。将一个大的目标分解成几个小的目标，然后一个个地去克服和战胜它，千万别想着一步登天。久而久之，你就会发现，你已经站在了成功之巅。

在佛教经典《法华经·化城喻品》中讲了这样一个故事：很早很早的时候，有一位导师带着一群人去远方寻找珍宝。由于路途艰险，他们晓行夜宿，很是辛苦。当走到半途时，大家累的发慌，便七嘴八舌地议论开了：“我们走了这么多路，脚酸腿软，口干舌燥，还不知珍宝在什么地方。真的不知道要跑多么长的路才能找到。”“我们还是回去吧，这样下去怕是累死也找不到珍宝。”导师见众人大有半途而废、放弃目标的打算，便暗使法术，在险道上幻化出一座城市，说：“大家看，前面不就是一座大城！过城不远，就是宝藏所在地啦。”众人见眼前果然有座大城，便又重新鼓起劲头，振奋精神，继续前行。众人到了城里，感觉非常舒服，便又产生了不想再走的念头。导师见状便收起法术，灭掉化城，大声疾呼：“刚才的城市是我施展法术幻化出来，供大家暂时歇脚的。大家要继续努力，找到珍宝。”就这样，在导师的苦心诱导下，众人历尽千辛万苦，终于找到了珍宝，满载而归。

作为一个管理者，也应具有这种“化城”的艺术，给全体员工“化”出一个个看得见而且跳一跳够得着的目标，引导集体不断前进。

管理中的“化城”艺术体现在企业的长期目标、中期目标、短期目标的结合上。出色的企业或组织都有10年至15年的长期目标。管理人员时常反问自己：“我们希望公司在10年后是什么样呢？”然后根据这个来规划应做的各项努力。新的工厂并不是为了适合今天的需求，而是要满足5年、10年以后的需求。各研究部门也是在针对10年或10年以后的产品进行研究。

而中期目标和短期目标则会非常具体，将长期目标拆解开来，分成几个小事项。管理者可以采用长跑中的“分段法”，把很长的距离分成几个小段，每一段都有一个标志性的事物，它可以是一份报告的问世，也可以是设计图的完成，哪怕仅仅是为后花园增添了一种花，也是在成功路上留下了脚印。

目标分解是确保目标能够有效实现的工具，其步骤如下：

1. 准备一份主要目标的简短说明，要清晰、具体和具有可操作性。

2. 准备一份5～10年的战略规划，明确所有主要领域如市场营销，生产力的主要目标。

3. 准备一份来年的短期的战术规划，明确不同关键领域的目标。

4. 与每一个部门主管磋商，确定其管辖领域的目标，明确要达到目标的绩效标准。当制度运转良好时，下级经理人不仅参与制定目标，而且会提出他们自己的意见和建议。

5. 准备一份达到工作目标的改进计划。

6. 建立合适的组织结构，比如加强销售力量。

7. 及时向每一位部门主管提供必要的信息，使他可以评估工作进度，并采取必要的补救措施。这就是目标管理和自我控制。

8. 定期共同回顾部门主管的工作情况，如果有必要，就重新调整实现目标的工作方向。

管理心得

◆成功的秘诀是要热诚而且慢慢来。

◆你的目标必须是具体的，可以实现的。

◆小目标是大目标的分解，短步骤乃长步骤的展开。

危机管理思想：生于忧患，死于安乐

日本的企业管理顾问腾井定美认为，所谓危机管理就是针对那些事先无法预想何时发生，然而一旦发生却对企业经营造成极端危险的各种事件的事前事后的管理；美国著名咨询顾问史蒂文·芬克认为，危机管理就是最大限度地减少危机对企业的潜在伤害，帮助企业控制危机局面，尽最大可能地保护企业声誉。

2004年7月8日，美国环保署表示，由于杜邦公司20年来均未通报制造特氟隆的一种关键原料（全氟辛酸铵）可能会给人类健康带来潜在危害，拟对其处以数亿美元的重罚。随后，全球消费者谈“不粘锅而色变”。7月13日，中国国家质检总局正式就特氟隆事件发表声明，表示将迅速组织专家展开相关研究论证。直至10月13日，国家质检总局宣布调查结果：通过对占市场份额90%的18个品牌、28个品种不粘锅产品的检测，市场上销售的主要使用特氟隆涂料的不粘锅产品中，均未检出全氟辛酸铵及其盐类残留，“百日疑案”终于水落石出。

美国环境保护署的一项指控让杜邦在中国遭遇滑铁卢，这也算是墙外开花墙里“香”了。不过，危机管理经验丰富的杜邦公司并未因此而身败名裂。在备受质疑的三个多月里，杜邦中国公司的相关人士在所有对外信息发布活动中均坚称“特氟隆”产品安全可靠。对核心立场的坚持让外界有关杜邦产品的质疑指责之声逐渐平息，同时企业贯穿危机始终的坚决态度亦令部分消费者感觉安心。

任何一家企业，无论成功与否，在发展的道路上都可能遇到危机。美国《财富》杂志500强企业中，89%的管理者都同意：企业危机不可避免。但是，另外一项调查表明：50% 的企业没有处理危机的计划和准备。遇到危机就要处理，处理得好，企业不仅能够化险为夷，而且还能够跨上一个新高度；处理不好，企业就可能一蹶不振，甚至垮掉，这种现象在国内外企业界举不胜举。

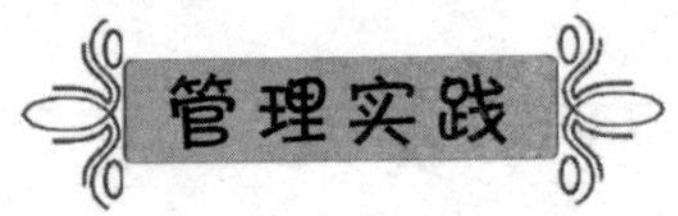

管理实践

企业危机事件管理的基本法则是：

1. “24 小时”法则

企业应在获悉危机发生后的 24 小时内启动危机管理机制，并做好准备工作，如各方言论的搜集、基本立场的确认、“官方”声明的拟定等，相关资源亦应协调到位。

2. “核心立场”法则

危机一旦爆发，企业便应在最短的时间内针对事件的起因、可能趋向及影响（显性和隐性）作出评估，并参照企业一贯秉承的价值观，明确自己的“核心立场”。而在危机事件管理的过程中，各发展阶段、各工作部门均不可偏离初期确定的这一立场。换句话说，对“核心立场”的坚持应贯穿危机事件处理的始终。

3. “绝对领导”法则

“绝对领导”的实质就是“集权管理”，事故处理者需要的是绝对的控制力。

4. “单一口径”法则

对于同一危机事件，企业内部传出不一样的声音，这是危机管理的大忌。所以对内，必须杜绝那种未经授权便擅自发表言论的情况；对外则根据事前的部署，由危机事件管理者指定的发言人发布信息。

5. “全面”法则

企业围绕危机事件所做的一切管理决策都应以企业、受众、危机波及者为决策之基准点，进行全方位的考虑和筹谋。

6. “最高利益”法则

最高利益是无论如何也不容侵犯，不计得失也必须捍卫企业的关键价值。

7. “信息对称”法则

在危机处理过程中，应努力避免信息不对称的情况。理想状态是，在对内、对外两个层面上，保持信息管道的双向畅通。

8. “余地”法则

在危机处理中，不能盲目封闭自己的生存空间，不能轻易放弃自己的回旋余地。

◆危机公关需要真诚沟通。

◆牢固树立危机意识，把危机意识落实在日常的管理工作中，形成一种警觉意识。

◆君子终日乾乾，夕惕若，历无咎——《周易》（释义：君子终日努力不懈，朝夕警惕，能够保持严谨，就不会造成灾难或过错）。

奥新顿法则：真正抓住顾客的心

奥新顿法则是由美国的奥新顿工业公司提出的，其主要内容是：照顾好自己的顾客，就会获得更大的市场。

学校旁有好几家豆浆店，大部分的店家生意起起落落、时好时坏，但有一家生意特别兴旺，每天客流不断。经过细心观察，人们发现了这其中的原因。

一般豆浆店卖的甜豆浆只能加白糖，但这一家却能提供三种不同的糖供顾客选择。

第一种是白糖，和其他几家并无不同。

第二种是具有滋养喉咙，保护声带功用的蔗糖，这是为在附近教学的老师所贴心准备的。

第三种更独特，由于学生群是该店的主力客户，而学生们喜欢新奇，店家针对他们的特性特别准备了黑糖，加上整碗黑黑的，别有一番滋味，学生们戏称为“巧克力豆浆”。除此之外，这家店对客户的姓名都能熟记，并亲切招呼，同时还为老顾客准备了一些赠品相送。例如，浮在豆浆上的豆皮层，店老板特地捞起来送给年纪较大的老客户，让他们带回去作为营养补品。轧豆浆剩下的豆渣则是送给老太太们的，并教她们带回去用酸菜煎炒，做成一道可口又下饭的佳肴。

正是由于这些，他们这家店的生意特别好，每天都忙得不亦乐乎，与其他家冷清的生意，形成强烈的对比，真是几家欢乐几家愁。

现在的顾客真正追求的是能够提供“超越顾客期望的产品和服务”，这家豆浆店成功地把握了这一点，在经营的创意上比别人多用了一份心。

不仅提供顾客需要和喜爱的产品，让顾客满意；同时用亲切、额外的服务，让老顾客产生了共鸣和感动，强化了“顾客忠诚度”。

早在20世纪60年代，当索尼公司崭露头角时，盛田昭夫就认为，通过宣传增进顾客对企业的了解，建立良好的顾客关系，提高公司的知名度，对于公司的成功是至关重要的。他深知，当产品的性能、质量和分销方式差不多相同时，企业与顾客的关系，即顾客对企业是否信赖，形象如何，就成为企业间的差异标志。因此，他花巨款在日本东京最繁华的银座开设了一个商品陈列馆。这是公司产品的大荟萃，它随时向公众展示公司的最新产品，并允许顾客们在陈列大厅任意操作，试用各种商品。这一举措，对树立企业形象、提高知名度、增加顾客对企业的了解，起到了很好的作用。

当索尼进军海外时，盛田昭夫还是首先投入巨额资金，在美国纽约开设了一家商品陈列馆，向陌生的消费者们介绍产品，传递企业信息，为建立良好的顾客关系、开辟新市场打下了良好基础。

到了20世纪80年代末，索尼进军中国市场，又是首先在北京燕莎商城开设了一家商品陈列馆，显示其产品的技术、质量、品种、价格，向消费者宣传企业的产品与形象。通过这些宣传，使中国消费者了解、认识了索尼，并在顾客心目中建立起良好的企业形象。

索尼公司的崛起证明重视宣传沟通使企业受益匪浅。通过全方位、多侧面的媒体宣传，它成功地使顾客了解并信赖索尼产品。

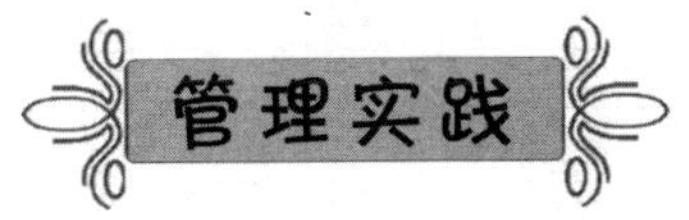

以更低廉的价格提供比竞争对手更为优质的商品和更好的服务，是企业赢得顾客的第一步，但现代商战获胜的关键是要抓住“顾客的心”，这就意味着市场也将从“围绕商品的战斗”转向“围绕感觉的战斗”，这种感觉的终点就是“感动顾客”。

1. 要研究顾客的需要。企业必须清楚顾客的愿望，站在他们的立场去思考、去发现问题，并在此基础上设计出合适的产品。顾客的需求是多样的，有物质的也有心理的。需求的程度也是不同的，这直接决定企业可以满足顾客的程度和让顾客满足的程度。

2. 生产超出顾客期望的产品——这就是企业的“货币”，也是实现向顾客“买”忠诚的前提。在这个过程中，企业不仅要优化自身产品结构，同时也要优化供应商的结构，从而让企业感动顾客的“货币”更“坚挺”。

3. 要“买”来顾客“欢心”，并保证自身利润的实现。在产品和供销渠道都差不多的情况下，诚恳的态度是赢得顾客青睐的制胜之道。

◆商战获胜的关键就是要抓住“顾客的心”。

◆高质量的产品和服务加上有效的公关等于成功。

◆宣传沟通是吸引顾客的前提。

◆用爱心吸引公众，用真诚招揽顾客。

加斯佩里定理：信任的下一步是成功

加斯佩里定理是由意大利前总理理德·加斯佩里提出的，他的名言是："一张信任票比一百句警言还要值钱。"

我们知道，企业的公关活动是协调企业同关键群体关系的活动，其中包括企业的员工、顾客、股东、媒体等具有影响力的机构、分销商等战略伙伴以及相关协作部门。企业公关活动可以分为外部公关和内部公关两个方面。企业外部的协调有助于企业赢得公众信任，在协调的基础上迅速解决冲突，树立良好的企业形象；企业内部的信任感则可以增强企业的凝聚力，维系良好的人际关系，避免和减少企业内部摩擦。

企业的组织机构是个复杂的结合体，由于目标的不同、利益的冲突，相互间亦可能产生隔阂、不信任甚至剧烈的矛盾冲突，导致许多负面效应，必须及时进行沟通调解，才能缓冲淡化冲突。

德国朗盛集团（LANXESS）是一个年销售额近70亿欧元、在全球25个国家拥有约2万名员工的化工业新巨头。朗盛对员工的业绩评估有一套特殊的方法，体现了朗盛对员工的信任。

该集团人力资源总监刘峥嵘说，在朗盛，员工不必担心因为工作目标没有实现而被扣奖金，因为刘峥嵘认为，单纯用数字的指标来衡量一个员工的业绩是非常不成功的模式。"绝大部分公司会在年初设立一个目标，年终会根据完成情况进行打分、算奖金。这看上去非常科学化，但一旦把指标和钱挂起钩来，对行为的误导就开始了。"刘峥嵘认为，目标和奖金挂钩会使员工形成一种防守心理，员工就不会开诚布公地把他能达到的目标说出来，这样恶性循环的结果就是，制定的目标会缩水，而这违反了当初树立这个目标的初衷。“我们制定工作目标，第一是要了解这个生意到底有多大的潜力，第二是要员工了解自己哪里做得好哪里做得不好。年终目标没达到，我们会坐下来分析原因，并找出解决的方法，但如果原因是员工主观能动性或者是他的能力方面的问题，那么就不是少发给他奖金的问题，而是他是否适合这个岗位的问题。”

基于这种认识，朗盛的人力资源体系在尝试走另外一条路，在全球范围内把奖金分成两块：一大块是不作任何评估，只要今年公司总的业绩目标达到了，这一大块的奖金每个人都有；另外一小块的奖金会交给每个部门的经理，让他按照他个人的标准来发，“这样做的基础是，公司相信95%以上的员工都全心全意为公司尽力了，也需要员工对公司、对上级充分的信任。”对手下员工进行正确的评估，“应该靠管理者的本能和直觉，而不是数字、表格、公式。”他认为这种评估体系将节省大量的人力物力资源，而在这样的系统下，为激发员工的积极性朗盛用的是信任。

作为一个崇尚创新的企业，朗盛在员工的培训上也在进行新的尝试。刘峥嵘认为：“纯粹地做课堂性质的培训，会浪费在实际工作中培训的机会。”朗盛目前正尝试利用公司内部跨部门、多功能性的综合课题组对员工进行培训，员工在项目中的各种表现、合作伙伴对他各种不同角度的评价都会被记录在案。“像我们这种新成立的公司，有许许多多的课题，我们注重让员工在做好本职工作之余，加入到这些课题组中去。”

内部公关的法则：

1. 内部公关包括鼓动、褒扬、劝导、修正、假手于人、开发潜能等。对于管理者应当充分信任你的员工，放手让他们去做。过多的指导或修正都容易伤害他们的自尊心，只有真心地信任员工，才能赢取他们的支持，让他们以高质量的工作来回报企业。

2. 一个高效的组织不但要靠严密的管理制度来约束规范每一个成员的行为，更要靠融洽、和睦的环境来激发每一个成员的主动性和创造性。组织中的所有人都能彼此信任，组织的凝聚力和向心力就会显著增强，从而能够战胜组织发展过程中的所有障碍。

◆协调关系旨在使组织与公众相互理解和支持，建立信任关系，为组织发展创造一个和谐的环境。

◆获取公众的信任，对品牌建设是极为有利的。

◆彼此信任、上下一心的团体必是无坚不摧的团体。

帕金森定律：
官僚机构会自我繁殖和膨胀

在宁夏西海固地区同心县，部分干部违法乱纪，大量超编进人，致使这个国家级贫困县吃“皇粮”的人数畸形膨胀。冗员吃空了财政预算、补贴，就连专项资金也被挪作他用……这种“贫困的腐败”，引发了一连串的咄咄怪事——在这个仅有33万人口的贫困县里，吃“皇粮”者高达1.1万人，全县超编人员高达2800多人。让人匪夷所思的是，在这支超编大军中，有大批“拿着俸禄不上朝”的“挂职干部”，轮流上班的“轮岗干部”，十来岁的“娃娃干部”，四五岁的“学龄前儿童干部”。县烈士陵园只有3座墓碑，但却供养着20名管理人员，难怪有人嘲讽是“20个活人守着3个死人”。

由此，我们引入了管理工作中著名的帕金森定律。这一定律是英国著名的历史学家诺思古德·帕金森在他的同名著作中提出的一条官僚机构自我繁殖和持续膨胀的规律，由于这一定律充分暴露出管理机构的这一可怕顽症，因而，这个术语广为人知。

在书中，作者指出了对于一个不称职的管理者，他可能有三条出路，一是申请辞职，将位子让给能干的人；二是让一位能干的人来协助他工作；三是任用两名水平低的助手。对于这位不称职的官员来说，第一条出路是走不得的，那样他会失去很多利益；第二条路同样也不能走，因为那样会使自己多出一个有力的竞争对手；看来只有选择第三条路最为适宜。如此恶性循环，就会形成机构重叠，人浮于事，扯皮推诿，效率低下的行政管理体系。所以最后的结果是：其一，当官儿的人需要补充的是下属而不是对手。其二，当官儿的人彼此之间是会制造出工作来做的。

显然，第一条产生出庸人管理，自上而下，一级比一级庸人多；第二条产生出机构臃肿的庞大管理机构。帕金森通过多年研究提出了一个公式：

$$X = \left[\frac{100\ (2KM + L)}{YN}\right]100\%$$

K表示一个要求派助手从而达到个人目的的人。从这个人被任命一直到他退休，这期间的年龄差别用L来表示。M是部门内部行文通气而耗费的劳动时数。N是被管理的单位。用这个公式求出的X就是每年需要补充的新员工人数。数学家们当然懂得，要找出百分比只要用X乘100，再除以去年的总数Y就可以了。不论工作量有无变化，用这个公式求出来的得数总是处在5.17%~-6.56%之间。

一个11人组成的财务委员会负责研究原子反应堆的造价，其中4人不知反应堆为何物，3人听说过反应堆但说不清其用途，另外4人中，只有甲和乙了解反应堆的造价。假设甲先发言，对1000万英镑的工程造价持肯定态度，对此持保留意见的乙尽管有很多疑问，却不知从何说起——如果他联系工程图讲，其他委员大都看不懂工程图，他必须从头讲起，先解释反应堆是什么东西，可这难道是一次会议就能解决的问题吗？况且在座诸位谁能承认自己对此一窍不通呢？于是他只能选择最简单的办法——沉默。于是1000万英镑投资顺利通过。

帕金森定律发生作用的条件有哪些呢？

第一，必须要有一个团体，这个团体必须有其内部运作的活动方式，其中管理占据一定的位置。这样的团体很多，大的来讲，如各种行政部门，帕金森曾在书中举出英国海军编制的例子；小的来讲，只有一个老板和一个雇员的小公司，都存在着管理的团体。

第二，寻找助手以达到自己目的的人本身不具有对权力的垄断性。这就意味着，权力对他而言，可能会因为做错某件事情或者其他人事的原因而轻易丧失。这个条件是不可少的，否则就不能解释何以要找两个不如自己的人做助手而不选择一个比自己强的人。

第三，这个人对他在团体中的角色扮演不称职，如果称职就不必寻找助手，否则就不能解释他何以要找几个助手来协助。

第四，这个团体一定是一个不断自我要求完善的团体，正因为如此，才能不断地吸收新人来补充管理队伍，也才能符合帕金森关于人员编制增长的公式。

这四个条件缺一不可。缺少任何一项，就意味着帕金森定律会被推翻。

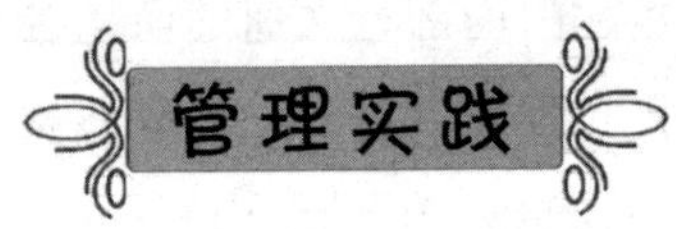

要想解决帕金森定律的症结，需要做到以下几点：

1. 必须把管理单位的用人权放在一个公正、公开、平等、科学、合理的用人制度上，不受人为因素的干扰。最需要注意的是，不将用人权放在一个可能直接影响或触犯掌握用人权的人的手里。

2. 要用就用比自己更强的人。要建立系统的、经常性的人才录用、评价机制，及时辞退不合格人员，为每一个职位寻找胜任的人选，为每一个职员安排适当的职位。

3. 卸掉沉重的人事包袱，剔除机构、人员中的附赘悬疣，轻装上阵，按计划实施招聘，控制工资预算，提高录用标准，科学使用兼职人员，坚持业务导向，推行目标管理，用人在精不在多，果断变革组织机构。

4. 建立流畅的线性工作流程，简化工作程序，提高办事效率，加强对员工的绩效考察，并把考察结果与薪酬、奖金等联系起来。

◆管理权的归属是根本问题。

◆权力的危机感，是滋生帕金森现象的根源。

◆不称职的行政首长一旦占据领导岗位，庞杂的机构和过多的冗员便不可避免。

牛、羊、猴、驴理论：管理需要差异化

牛，身体强壮，长着一对长长的、尖锐的角，当它的食物被掠夺时，或者它的安宁生活被侵扰时，它会毫不犹豫地利用锐利的双角，残忍地插进对方的身体。然时至今日，牛已成了忠厚老实、兢兢业业、甘于奉献的代名词，那么这种个头高大、好斗的动物是怎样被人驯得服服帖帖的呢？原来牛喜欢舒适的生活，它不能拒绝人们给它提供的美食，以及保护它免受自然界其他野生动物的侵袭。于是，牛就把它的自由拱手相让，让人牵着它的鼻子走。

羊，在人们的心目中是温顺的化身，其实这是对羊的一种误解。在《史记》中，司马迁有“猛如虎，狠如羊，贪如狼……”的论断。另外，在古希腊神话传说中羊以凶神的面目出现，这是为什么呢？原业，在山羊未被驯化之前，它们生活在山野之间，不受任何人控制，特别主宰羊群的公头羊，喜独自伫立在悬崖之巅，面对着凛冽的寒风，长而尖的角直插云天，一副不可侵犯的样子。每当遇到敌人之时，它会显得特别沉着，尖利的犄角向后弯曲，决不妥协。因此，就有了狠如羊之说。虽然后来羊被人驯化，实际上还保持着那种与生俱来的狠劲。

猴，猴子是动物中最聪明的家伙，它们生性活泼好动，喜在树上活动。

驴，驴子以倔强出名，它们的脾气很大，要是不高兴，就是用鞭子打也不会走。所以人们在它干活的时候，会在它的鼻子上方吊一串它喜欢吃的食物，引诱着它向前走。

牛、羊、猴、驴代表了企业中所必需的四种类型的人，对不同类型的人，必须采取不同的方法，实行差异化管理，才能让他们发挥出最大的力量，给企业带来最大的效益。

在对员工的管理方面，经常听到的一句话就是：“我对他们都一视同仁。乍听这句话，会觉得管理者是一个很公平、公正的人。然而仔细想想，这句话实际体现了不公平。试想一个企业，员工来自五湖四海，教育背景不同，能力也有差异，性格也是一人一个样，以一视同仁的方法来管理他们自然是行不通。

面对不同性别的员工，在发生了同样的过失后，就不应该以同样的方式去处理，比如女性对责难的承受能力通常均与男性有别，自然也就不应该以同一种方式去处理。

再以职位来说，身处领导层的员工和最基层的员工，能力和学识不一样，承担的责任也应该不一样，绝不可能像管理普通员工那样去管理各级主管。

因此，任何组织内的领导者，或任何企业内的管理者必须对其所属员工用心进行了解；不仅仅了解其外表的差异，诸如身高体重、严肃与随和、身体反应的快与慢，更多的是要与员工接触，以了解其个体行为，其中包括员工的价值观、态度、性格、能力。

对于企业中的“牛型”的人物来说，他们是企业中的主导力量，对他们的管理是企业管理中的一个重要方面。大多数白领阶层都属于这一类型的人。

管理“牛”型的人，最主要的一点是只能去牵牛鼻子，切不可去抓牛蹄子。同时还要记住他们天性喜欢当一个统治者，对属于他的任何东西都有拥有欲和保护欲。他们天性追求高质量的生活，崇尚物质享受，为人慷慨大方、好客。

牛型的人，有着顽强的决心，有着不到黄河心不死的决心。他们对工作兢兢业业，乐此不疲，不能容忍懒汉存在。

牛型的人特别适合从事需要信任和责任感的工作，并且能强烈地意识到金钱与物品的价值，经常会努力工作，以获取优厚的报酬。

羊型的人是一个企业中技术创新、经营创新、管理创新的始作俑者。

他们有着强烈的追名逐利的心，在旁人看来，他们走的是一条险恶、荒凉、陡峭的道路。这条路虽崎岖不平，险谷纵横，但却能一直通向巅峰。在欲望的驱使下，他们不断向上爬，谁也不能阻止他们向上攀登的决心和毅力。他们有时可能由于估计错误，受到挫折，但他们会爬起来，然后继续向上攀登。他们绝不会承认失败而半路放弃，由于他们能够承受挫折，坚韧不拔，他们的才干总有一天会全部显现出来。

羊型的人以实干家自居，做事情一丝不苟，有目的，守规矩。他们是传统的创业者，又是永远的创新者。在选择了一个目标之后，他们会全力以赴去为实现这一目标而奋斗。古书上在解释牧羊的要诀时说，放羊时要跟在羊的后面，让羊自由自在地走，只有在领头之羊走错了大方向时，才挥挥鞭子，喊上两声。千万不要在前面拉拽，因为你越是用劲拉，羊就越不肯走，因为他们喜欢自己确定目标。

猴型的人是现代企业中最需要的人，他们多是从事销售方面的天才，怎样管理这一群人，须大费章折。我们可以从古代管猴能手吴承恩那里借取一点经验。

吴承恩先让观世音菩萨给孙悟空安排一个能发挥能力的工作平台，让他保唐僧去西天取经，一路上安排无数的妖魔鬼怪让他发挥才能，让他有足够的成就感。同时，菩萨还为他安排了一个让他心动的发展前景，到达西天之后就能成仙成佛，让他有足够的动力去完成自己的使命。

另外，为了防止孙悟空半途跳槽，菩萨又给他设计了一顶紧箍咒，让唐僧对其进行监督，只有在出现难以解决的纠纷时，才出面调解。这样既给人以自由，又降低了管理成本。

驴型之人是一群智能偏低、无独立开拓事业能力的人。他们缺乏精细研究，对于这一类型的人，只要教他们去做就行了，而不必告诉他们什么道理。时不时，还要在旁边提醒一下，不过提醒的时候不能用鞭子，也不能用棍子，最多只是在旁边吓唬吓唬得了。不然打急了，惹得驴脾气爆发，也让人吃不消。

经济的高速发展所形成的人际关系，使人与人之间的接触，慢慢从友谊面质变到较多的工作面。主管与部属之间的关系逐渐形成了公事化，这对员工的差异化管理形成了一种负面的效应，因而管理者更应了解员工的差异点，作为员工管理差异化的条件。

森达集团只不过是位于江苏一个并不富裕地区的小企业，但为什么不过十几年的时间就创造了一个庞大的“森达帝国”，击败了许多原来声名显赫的国有企业，成为中国皮鞋第一品牌？就是因为两个字：人才！

森达能够用年薪300万元聘用一名人才。全国著名的乡镇企业家、森达总裁朱湘桂偶然得知台湾著名的女鞋设计师蔡科钟先生莅临上海，并有在大陆谋求发展的意向。他得到这个信息后十分高兴，决定效仿当年刘皇叔三顾茅庐，第二天即赶赴上海。经过促膝长谈和多方了解，他确信蔡先生是不可多得的人才，打算聘用。但蔡科钟先生要求年薪不少于300万元。朱湘桂尽管有足够的思想准备，还是吃了一惊，聘用一个人，年薪300万元！但还是下了决心，他值！

这一消息传回森达集团总部，顿时掀起轩然大波，上上下下一片反对声。有的说，他是有能力，但年薪太高，我们的员工等于替他挣钱，不合算。有的说，蔡先生是台湾人，以前只是听说很厉害，但到底怎么样，适不适合大陆的情况，不好说，等他的本事显出来再谈年薪也不迟。还有的说，东河取鱼西河放，实在不必要。但朱湘桂认为，要想留住一名人才，必须给他提供有竞争力的薪酬。他向员工解释说，聘请蔡先生这样的国际设计大师，能够不断推出领导消费潮流的新品种，占领更大的国内外市场，才能使森达品牌在国内国际叫得更响。

蔡先生上任后，以其深厚的技术功底、创新的思维和对世界鞋业流行趋势的敏锐感觉，把意大利、港台和中国内地女鞋融为一体，当年就开发出120多个品种的女单鞋、女凉鞋和高档女鞋等新品种。这些式样各异的产品一投放市场，立刻成为顾客争相购买的“热货”。一年中，蔡先生设计的女单鞋为森达赚回5000万元的利润。

一些开始议论蔡先生年薪要价太高的人，在事实面前，连连点头，年薪300万元留住一个难得的人才，值得，值得。

员工之间的差异在任何组织或企业内都是存在的，且是任何管理者不可忽视的一项管理认知。如果管理者面对这些客观存在的差异，视而不见，而一再强调对员工一视同仁，企业在内部有可能造成管理层与员工之间的鸿沟，使企业的人力资源白白浪费，丧失企业应有之竞争优势。

身为管理者只有真正了解这些差异，分析差异，进而加以取舍和运用，采取对症下药的方式予以激励，自当能药效倍增，事半功倍。

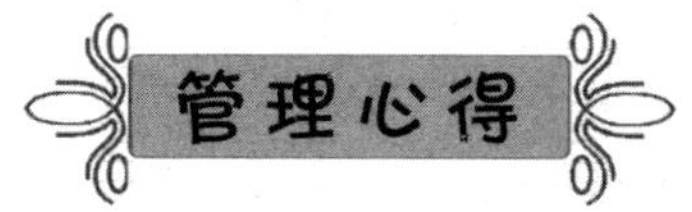

◆一视同仁本身就是不公平。

◆管理需要差异化。

背上的猴子理论：问题管理

比尔翁科创造了这样一个理论——背上的猴子。

背猴子理论中的猴子指的是问题的下一步行动方案。身为管理者，难免会碰到这样的问题：经常有下属找到你，说自己有一个问题想和你谈一谈。如果你答应了他，他就会花上半个、一个小时的时间把他的问题叙述一遍，这既耽搁了原先你要做的事，而你所得到的信息只够让自己决定要介入此事，并不能做出任何决定。这时你就会让你的下属给自己一段时间考虑，回头再和他讨论。

这样，原本背在下属背上的猴子，在你听他述说时，猴子的一只爪子就已伸了过来，当你决定替他考虑时，猴子便不知不觉中移到了你的背上。你承担了下属的角色，而下属则成了监督者，他会隔三差五地跑来问你，那件事办得如何了？如果你的解决方式他不满意，他会强迫你去做原本是他该做的事。

当管理者一旦开始接受下属所养的猴子，他们就会以为是你自己要这些猴子的，因此，你收的愈多，给的就愈多。于是，管理者每天就会背着猴子，永远为它们所困扰，以至于没有时间去照看自己的猴子，工作效率自然就会大打折扣。

“背猴子”理论志在提醒那些管理者们，应该将时间放在最重要的问题上面，而不是帮下属们照看本应该他们负责照看的猴子。身为管理者，必须有办法让员工们能够自己照看自己的猴子，让他们自己真正地管理自己的工作，解决属于自己职责范围内的问题。这样，管理者才能有足够的时间去做规划、协调、创新等重要工作，让整个团队持续高效的运转。

一个背有很多猴子的领导者，会造成以下几种不利的后果。首先，不利于下属的成长，这会让他们养成一种有问题就依赖他人的习惯，同时也会占用管理者的有限的时间。其次，替下属背猴子会造成责任的转移。在替下属解决问题的过程中所出现的责任就由下属那儿转移到了管理者的身上，因为这是按照管理者的意思去办理的，出了问题当然应该由管理者负责。再次，这容易造成角色的错位，下属成了管理者，管理者成了处理这件事的执行者。最后，替下属背猴子会在一定程度上剥夺了他们工作的主动性，使他们认为分内的工作不做也可以，不利于以后工作的开展。

要解决或者是避免替下属背猴子，首先得有明确的分工。一个团队里的每一个成员应该有明确的、具体的职责。每一个岗位应该有明确的要求，应对职务的性质、内容、责任、工作方法和任职者的条件作出具体的规定，要把猴子分配到个人。

把猴子送错主人，有时候是管理者自己内心的需求，目的是想避开管理所带来的挑战；或是以为唯有自己才能做得好。当然，也有的时候是组织的制度的缺陷所造成的。这时候要替猴子找到适当的主人，管理者须使用一定的技巧，并具有相当的自制力。

虽然要求下属把工作做得最好，可能会引起他们的抵触情绪，这与为猴子找到合适的主人的实务，变得有些相抵触。这也会让管理者主动把猴子接过来，因为他觉得把猴子背在自己背上比背在它原来的主人背上，会更容易地得到解决。不过，管理者必须明白一个道理：在岸上是永远学不会游泳的。要培养一个人的责任感，惟一的方法就是给予他们责任。

其次，管理者不可事无巨细，一手抓全，什么事都过问，要给下属们一定的权限和自由，以平衡员工在处理猴子时承担的责任。这样做可以让管理者和员工互受其利。管理者能够有更多的时间去做自己的事情，员工也可以享受到自我管理的好处，更容易产生满足感和高昂的士气。当然，事有正反，有利有弊。现代管理的一个重点是充分发挥公司中每一个员工的积极性和创造性，放手让他们在各自的岗位上发挥作用，说的俗一点，就是让每个人都“耍得开”。

放手让下属去做不是简单一说就能做到的。许多经理并非不知道放手的好处，但是却没有做到，为什么呢？

因为放手意味着风险。放手的本意就是减少对细节的管理，给予下属更多的决策权利。也就是说，经理所得到的信息会减少，对事情的控制力会减弱。因而事情出乱子的机会就会更多，出了乱子经理们解决起来就会变得更费力气。某些下属可能拿着“放手”的盾牌不允许你“干涉”他的业务。有的人可能确实是想靠自己把工作做好，但是也不排除有人别有用心。如果权利下放得太多，就有“被架空”的可能，再严重一些还可能被“掀翻于马下”。

放手意味着信任。“用人不疑，疑人不用”是一种说法，实际上并非那么容易做到。这么说与经理人本身的性格无关，那是由一种现实造成的。这种现实是经理不可能对每一个下属都十分了解，尤其是对于那些新来的。人们之间的信任需要过程甚至是相当长的过程。许多年的夫妻尚不能相互信任，更遑论工作业务关系中的同事与上下级了。但是，这不能作为对下属不能放手的理由。从反方向考虑，你对下属的不了解造成你的不信任是你怕下属身上有不好的东西你没有看到，但是你为什么不想他们身上还有好多好的东西没有发挥出来呢？即使对于那些不好的东西，他不做你又怎么能发现呢？

其实，放手意味着效率。领导信任本身是一种非凡的动力，大部分被信任的人都会兢兢业业，甚至在需要自己做决定的时候比报告给老板做决定的时候还要谨慎和细心。因为对他们来说，放手意味着责任。由于这种信任，他们会拼命地工作以证明老板对自己的信任是正确的，他会自己给自己加大工作的压力，他会更小心地处理和同事的关系。如此这般，公司的工作效率不提高才怪。当然也会有那种放开手以后就不知道天高地厚、狐假虎威、小人得志的。像这种人就不要再信任他们，或者让他们赶快离开你。当然那些因为太年轻的人除外。

放手意味着更清晰的管理。本来，在你设置公司里的每一个位置的时候，你就赋予这个位置（注意不是坐这个位置的某个人）一份权利和职责。你一个人再棒也不可能把所有的工作都做好。既然给了，就让人家去使用那份权利、尽那份职责，上层的经理不要太多地插手。这样公司的管理层次才会变得清晰。高层的经理人员才会变得轻松，从而从烦琐的日常事务中解脱出来，去考虑一些和公司发展有关的更为重要的课题。

放手意味着人才的培养。每一个经理都有自己的成长过程。但是当他们成为经理的时候往往会忘记过去。所以总是担心下边的人会把事情做糟，缩手缩脚，自己整天很辛苦，下边的人还会整天埋怨说经理不给他们锻炼的机会，得不到信任。久而久之他们最初的雄心壮志就会化为乌有，满腔热血变成了温吞水，然后就开始变得懒惰。一些本来可能是很优秀的人才就这样被扼杀了。放手之后，他们可能做错事，但是谁会不做错事呢？正是在对错误的认识和纠正之中人们才会更快地成长。想一想你自己当初是不是这样的？但是放手并不意味着放任自流。员工有自由空间时，就不免会犯错，这时候管理者就必须承担相应的管理监督之责。

在员工们处理猴子的时候，可以给予他们适当的建议，然后再让他们开始行动。当员工有可能犯下自身无法承担的责任时，管理者必须抓住机会否决他们的行动计划，这是一种保护措施。管理者还可以采取另外一种行动，让员工们先行动，在执行的过程中给予适当的建议。先行动后报告较之第一种方法能让员工有更大的运作空间，也能给管理者节省更多的时间。不过风险也较第一种方法大，至于采取哪一种方法，管理者可视情况而灵活运用。

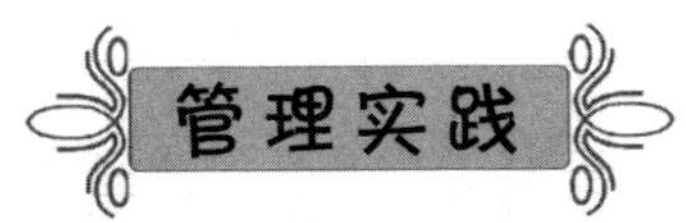

当下属们背着猴子来请示时，如果管理者不想推辞或推辞不掉，那么除非下一步行动已经明确界定，否则管理者和员工都不能离开，这样做会获得三种好处：

第一，假如员工知道要提出适当的下一步骤才能结束谈话，他就会在事前做更缜密的规划。

第二，它可以促使员工采取行动。

第三，对猴子做描述，把下一步骤说清楚，能提高员工的工作意愿，让他们跨出最具关键性的一步。

记住，要想真的帮助他人，不是送一条鱼给他，而是教他们如何捕鱼。剥夺他人的处决权，去看管喂养他人的猴子，并无助于帮他们解决问题，这只不过是为别人做他自己可以做的事。

◆不要把下属的猴子背到自己身上。

◆放手意味着信任。

第三章

管理必须具备的 12 条素养

皮尔斯定理：意识到无知，是有知的开始

皮尔斯定理是由美国贝尔电话电报公司的著名科学家，被誉为“卫星通讯之父”的约翰·皮尔斯提出的。其主要观点是意识到无知才使我们充满活力。

与皮尔斯定理相似，“认识你自己”阐释了相同的道理。这句镂刻在特尔斐神庙上的名言，曾赋予了苏格拉底一种深沉智慧的目光。而今，皮尔斯定理则向我们开启了一扇智慧之门：意识到无知，是有知的开始。

你可以很容易地发现这两者的共同之处，它们说的是任何一个组织都可能面临的问题：许多时候，认识自己组织的状况，或者认识真理，都是从认识自己的无知开始的。只有先认识到自己的无知，才能形成自己虚心向其他人、其他组织学习的动力，才能发掘潜能，不断取得进步，达到预定的目标，迈向成功。

在27岁时，日本保险业泰斗原一平才进入日本明治保险公司开始他的推销生涯。当时，他穷得连午餐都吃不起，经常露宿公园。

有一天，他向一位老和尚推销保险。等他详细地说明之后，老和尚平静地说：“听完你的介绍之后，丝毫引不起我投保的意愿。”

老和尚注视原一平良久，接着又说：“人与人之间，像这样相对而坐的时候，一定要具备一种强烈吸引对方的魅力，如果你做不到这一点，将来就没什么前途可言了。”

原一平哑口无言，冷汗直流。

老和尚又说：“年轻人，先努力改造自己吧！”

“改造自己？”

“是的，要改造自己首先必须认识自己，你知不知道自己是一个什么样的人呢?”

老和尚又说：“你在替别人考虑保险之前，必须先考虑自己，认识自己。”

“考虑自己？认识自己?”

“是的！赤裸裸地注视自己，毫无保留地彻底反省，然后才能认识自己。”

从此，原一平开始努力认识自己，改善自己，大彻大悟，终于成为一代推销大师。

进入推销行列，首先便是推销你自己：你的形象、你的修养、你的气质、你的人格。而推销自己的前提，就是要正视自己，正视自己的无知，并设法改造自己。认识自己，改造自己，这是我们一生中要努力追寻的目标。哪一种事情适合自己干，如何让周围的朋友喜欢自己，可以说是你事业成功的关键。

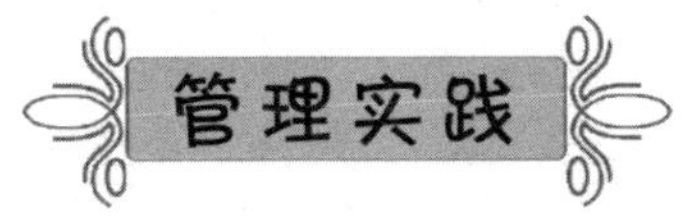

对于管理者而言，可以从以下几点来认识自己组织的状况，发掘组织的潜能。

1. 标杆管理。不断寻找和研究一流公司的最佳实践，并就关键绩效行为在自身与这些行业领先企业之间进行比较评价，分析绩效差距的形成原因，在此基础上企业重新思考和改进经营，从而创造自己的最佳实践的程序与方法。

2. 竞争性学习。在激烈的市场竞争和困难的生存环境中探索独特的成功之道，通过借鉴他人的优点来弥补自身的不足。

3. 做SWOT分析（Strength强项、优势，Weakness弱项、劣势，Opportunity机会、机遇，Threat威胁、对手）。这是一种能够较客观而准确地分析和研究一个组织现实情况的方法。利用这种方法可以从中找出对自己有利的、值得发扬的因素，以及对自己不利的、如何去避开的东西，发现

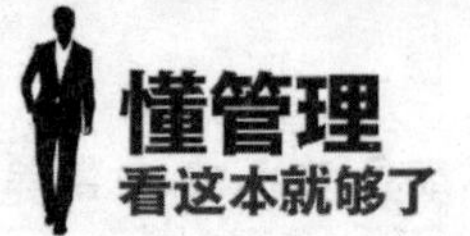

存在的问题，找出解决办法，并明确以后的发展方向。

4. 系统学习。管理的精髓就在于创造一种环境，使组织中的人员能够自觉地进行学习和变革，在达到自身成功的同时，实现组织的目标。

◆认识你自己。

◆意识到无知才使我们充满活力。

◆每个人都可能做我们的老师。

从众效应：要走在别人的前面

我国古代有这样一个故事：曾参至孝至仁，他的母亲对儿子极为了解。有同名同姓的另一个曾参杀了人，有人跑来告诉曾参的母亲："曾参杀了人了。"其母不信。过了一会，又跑来一个人，说："曾参杀了人了。"其母将信将疑。又有第三个人跑来告诉曾参的母亲说："曾参杀了人了。"话音未落，曾母已经翻过墙头避开了。"三人成虎"，"众口铄金，积毁销骨"说的也就是这个道理。

曾母的表现就是从众效应。从众效应就是指由于群体的引导或施加的压力而使个人的行为朝着与群体大多数人一致的方向变化的现象。

社会心理学家研究发现，持某种意见的人数的多少是影响从众的最重要的一个因素，"人多"本身就是说服力的一个明证，很少有人能够在众口一词的情况下还坚持自己的不同意见。从众是对多数人的盲从，不随从就会觉得是一种压力，有一种孤独感。从众行为是一种缺乏独立性、缺乏个性的行为。

压力是从众的另一个决定因素。"木秀于林，风必摧之"，在一个团体内，谁作出与众不同的行为，往往会招致"背叛"的嫌疑，会被其他成员孤立，甚至受到严厉惩罚，因而团体内的成员的行为往往高度一致。

从众者的目的可以用以下两个过程来解释：一是信息性影响过程——希望准确无误，想了解给定情境下正确的反应方式；二是规范性影响过程——希望被别人喜欢、接受、支持。

作为群体成员的顺从者有以下几种情况：

1. 出于知觉的歪曲。群体中个体成员认为大多数赞成的就一定是正确的，因而把多数人赞成的作为真理。

2. 出于判断的歪曲。群体中的个体成员对自己的判断缺乏自信。当看到自己的判断与别人意见不一致时，总是认为自己不如别人，对自己的判断缺乏自信，从而修改自己的意见。

3. 出于行为的歪曲。群体个体成员相信自己是正确的，但是不愿意表露自己，因而作出从众顺从的行为。

美国社会心理学家詹姆斯·瑟伯对从众现象作过如下的生动描述：

突然，一个人跑了起来。也许是他猛然想起了与情人的约会，现在已经过时很久了。不管他想些什么吧，反正他在大街上跑了起来，向东跑去（可能是去马拉莫饭店，那里是男女情人见面的最佳地点）。另一个人也跑了起来，这可能是个兴致勃勃的报童。第三个人，一个有急事的胖胖的绅士，也小跑了起来……十分钟之内，这条大街上所有的人都跑了起来。嘈杂的声音逐渐清晰了，可以听清“决堤”这个词。“决堤了！”这充满恐惧的声音，可能是电车上一位老妇女喊的，或许是一个交通警说的，也可能是一个小男孩说的。没有人知道究竟是谁说的，也没有人知道真正发生了什么事。但是两千多人都突然溃逃起来。“向东！”人群喊了起来——东边远离大河，东边安全。“向东去！向东去！”

一个又高又瘦、目光严厉、神色坚定的妇女从我身边擦过，跑到马路中央。而我呢？虽然所有的人都在喊叫，我却不明白发生了什么事情。我费了好大劲才赶上这个妇女，别看她已经快60岁了，可跑起来倒很轻松，姿势优美，看上去还相当健壮。“这到底是怎么了？”我气喘吁吁地问她，她匆匆地瞥了我一眼，然后又向前面望去，并且稍微加大了步子，对我说：“别问我，问上帝去！”

索罗门·阿希研究了关于知觉判断的从众实验，研究表明，大约有32%的被试者有错误的从众反应。从众现象的发生主要由于主体缺乏行为依据的必要信息，并与个体的个性特点有关。

从众现象在日常生活中通常表现为“随大流”、“无主见”。一般来说，自信心较强的人，发生从众行为的可能性较小，缺乏自信心的人更容易产生从众行为。

企业在经营活动过程中也容易发生从众行为，这可以表现在放弃自己正确的观点和自己的特点，而盲目地非理性地跟从别的企业投资和扩张。

我们可以发现，高额的利润是发生从众性行为最根本的原因。正是有利可图，有暴利可图，才使众多的企业盲目地争相进入。先进入的企业由于获得了暴利而极速膨胀，这种“示范”的影响导致更多的企业急于进入，最终形成恶性竞争。

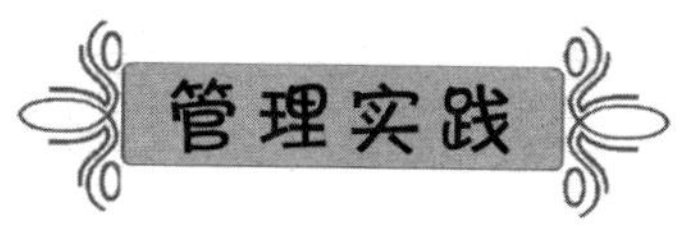

对于管理者而言，如何才能克服盲目从众呢？正确的做法应该是“敢为天下先”，这需要管理者具备以下几项素质：

首先，企业家的品质。管理者需要具备敏锐的头脑，全局的谋略，锲而不舍的精神，激情和才干，胆识与创新。

其次，“敢”字当头。切勿因循守旧，亦步亦趋。要敢于创新，解放思想，突破陈旧的思想、观念、模式的束缚，大胆地试，大胆地闯，放开胆子，迈开步子。

第三，贵在争先。这个“先”字，有两层含义：一是要走在别人的前面，谋他人所不曾谋，为他人所不曾为，抢抓机遇，加快发展；二是意识要超前，要有新的发展观念。可以说，超前的意识、全新的观念是推动经济发展的动力和先导。有了超前的意识和全新的观念，没有条件也能创造条件，有时甚至能将“劣势”转化为优势。否则，即使有优势也可能发挥不出来，有条件也不善于利用。

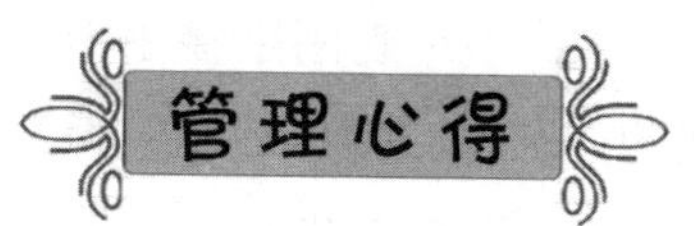

◆敢于打破定势，改变组织命运。

◆立足特色创优势。

◆迅捷源于精简，精简的基础则是自信。

马蝇效应：强化人的追求，形成心理压力

美国前总统林肯讲过这样一个小故事："有一次，我和我的兄弟在肯塔基老家的一个农场犁玉米地，我吆马，他扶犁。这匹马很懒，但有一段时间它却在地里跑得飞快，连我这两条长腿都差点跟不上。到了地头，我发现有一只很大的马蝇叮在它身上，于是我就把马蝇打落了。我的兄弟问我：'为什么要打掉它？'我回答说：'我不忍心让这匹马那样受咬。'我的兄弟说：'哎呀，正是这家伙才使得马跑起来的嘛！'"

利用"马蝇"促马飞跑，这是林肯发现的"马蝇效应"。

这个小故事对管理者用人很有启发。越是有能力的员工越不好管理，因为他们有很强烈的占有欲，或既得利益，或权势，或金钱。如果他们得不到想要的东西，他们要么会跳槽，要么会捣乱。要想让他们安心、卖力地工作，就一定要有能激励他的东西。这种激励因素正是人的欲求。

人的欲求是千差万别的。有的人比较理想化，可能更看重精神上的东西，比如荣誉、尊重；有的人比较功利，可能更看重物质上的东西，比如金钱。针对不同的人，要对症下药，投其所好，用不同的方式去激励他。

有一个经典故事经常被管理界引用，这个故事来源于新近翻译出版的IBM商业魔戒三部曲之《小沃森传》中：1947年，小沃森刚刚接手IBM销售副总裁。一天，一个中年人沮丧地来到他的办公室，提出辞职，因为他原来的导师柯克和小沃森是竞争对手，他确信小沃森主政后会把他挤垮。这个中年人就是曾任销售总经理的伯肯斯托克，才华横溢但一度受挫。没有想到，小沃森对他笑着说："如果你有才华，就可以在我的领导下展现出来，在任何人的领导下，而不光是柯克！现在，如果你认为我不够公平，你可以辞职。但如果不是，你就应该留下来，因为这里有很多机会。"伯肯斯托克留下来了，并在后来为IBM立下了卓著功勋。小沃森说：

“在柯克死后，留下他是我最正确的做法。”事实上，小沃森不仅挽留了伯肯斯托克，他还提拔了一批他并不喜欢但却有真才实学的人。

这个故事体现的精髓，后来构成了 IBM 企业文化的一个重要营养来源。“吸引、激励、留住行业中最好的人才”，如今已成为 IBM 人力资源工作的宗旨。而从另外一个角度来说，伯肯斯托克是 IBM 历史上一只很大、很厉害的“马蝇”。

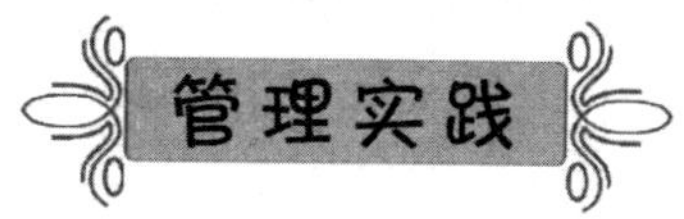

对于管理者而言，如何才能善用“马蝇效应”呢？正确的做法应该是：

1. 强化动态的人才选用机制，对各项工作进行经常性的考核、评判，对一切职位实行有能者居之无能者让之、竞争上岗的方针，让员工为了维护既有利益，兢兢业业地勤奋工作。

2. 建立明确的行之有效的奖赏机制，刺激员工身上那些欲望的“马蝇”，让他们为了获得某一奖赏、达成某一目标自己跑起来。

3. 赋予员工行事权。授权的坏处就是员工可能会犯错误，给公司带来短期的损失；好处则在于，员工有了责任感和积极性，会在这两只马蝇的叮咬下，一丝不苟、积极进取地做好自己的工作。

4. 要想成为一个更好的老板，就要把那些精明强干才能非凡的下属当作叮咬自己的马蝇。既创造条件帮助他们最大限度地发挥自己的才干，同时又把他们视为自己的“假想敌”，借以激励自己不断进取，而不至于故步自封。为他们树立一个典范，让他们看看一个有权威的人是怎样处理问题、实现团队目标的。

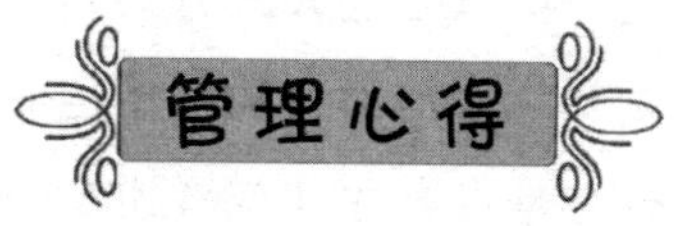

◆团结一切可以团结的力量，不断挑战更高的管理绩效。

◆作为管理者，善用“马蝇效应”，不但可以有效减少组织冲突，而且可以让这些拥有各种资源和能力的人积极效力。

◆出色的管理者，都深谙激励之术。

领导者成长规律：人人都可以成为领导

《极客和怪杰》是沃伦·本尼斯的著作，书中的极客是指在电视和计算机荧光屏照耀下成长的年轻一代领导者，像比尔·盖茨年轻时那样的奇才、怪才，年纪轻轻便独树一帜，或领导着一个企业，或执掌一个组织；怪杰则指在大萧条和二战阴影下的祖辈领导者。他们性格诡异、做事不同凡响，但年轻时也曾是极客，也风光一时。

作者通过观察有着祖孙两代辈分差异的“怪杰”与“极客”的成长规律，提出“适应能力”是领导人的关键品质，永葆青春活力的秘诀在于保持“赤子态”。尽管旨在发现时代和价值观是如何塑造领导者的，但作者却发现了更深刻的东西：发掘出了“领导者成长规律”，人人身上可能都有一定的领导天赋，从而提出了“领导者成长模型”。领导才能的培养是与时代、价值观紧密相连的，时代是造就人才的大熔炉。

领导者成长规律是由组织发展理论的创始人沃伦·本尼斯提出的，其主要观点是：领导是全方位的，领导的位置对所有的人都是敞开的。这些领导者都具有的四项能力，分别是：注意力管理、意义管理、信任管理和自我管理。注意力管理的要点是有效的愿景，这一愿景是别人愿意共同享有的，并且能提供通向未来的桥梁。意义管理则要求有能力成功地传达愿景。而信任管理对所有组织都是根本性的，其核心是可靠性（或者说是坚定性）。自我管理意味着知道自己的技能并能有效地运用。

1. 注意力管理

好的领导者要能够抓住员工的注意力并使这些人投入其中，使他们心甘情愿为领导者工作并与领导者一起努力完成任务。成功的领导人能够使自己的设想为他人所信服，并把它当作自己的奋斗目标。

2. 意义管理

这种管理能力能够让领导者把自己的设想转变为下属的行动。领导者必须具备娴熟的语言交流能力，他们能够用简单的图像和语言表达出复杂的意思，让下属觉得简单明了，易于理解，让他们觉得这样的目标值得去努力。

3. 信任管理

领导者要有赢得下属信任的能力，信任是所有组织的根本。对于领导者来说，信任表现在目的的一致和他们对同事及其他人的关系的处理上。下属即使有时候不同意领导的意见，但领导者在他们心目中的形象也会始终如一。

4. 自我管理

领导者们都很看重对自我的管理。他们看中自身的学识、坚忍不拔的精神、勇于冒险、承担责任和战胜挑战。一般来说，管理者对自己及他人的评价都是积极的，他们不在乎别人有怎样的缺点，能很现实地看待事物，能对任何人都彬彬有礼，能相信人。甚至有时冒着危险，在意见暂时不统一暂时得不到承认的情况下坚持不懈。

在更多的时候，领导的作用还在于启发下属。在松下公司，把事情交给部属处理是一条重要的用人原则。在通常情况下，为了避免因考虑不周或技巧不足而造成一些缺憾，上司往往习惯于指示部属应该如何做。但松下公司的领导者认为，如果指示太过详尽，就可能使部属养成不动脑筋的依赖心理。一个命令一个动作地机械工作，不但谈不上提升效率，更谈不上培养人才。在训练人才方面，最重要的是引导被训练者反复思考、亲自制定计划策略并付诸实行。只有独立自主，才能独当一面。对领导者而言，最重要的工作就是启发部属的自主能力，使每一个人都能独立作业，而不是成为唯命是从的傀儡。

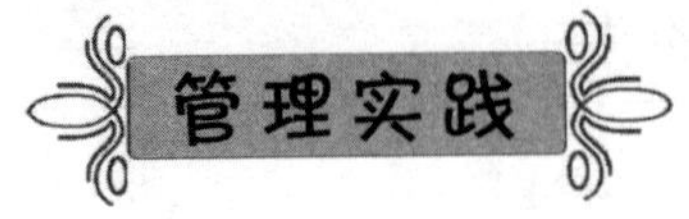

领导者和管理者的差别：

管理者只是执行，领导者是革新；

管理者是复制，领导者是原创；

管理者只是接受，领导者是发展；

管理者注重系统和结构，领导者注重人；

管理者依靠控制，领导者培养信任；

管理者着眼于短期，领导者放眼于长期；

管理者问如何与何时，领导者问什么和为什么；

管理者注重利润盈亏，领导者重视发展方向；

管理者接受现状，领导者向现状挑战；

管理者是传统的好士兵，领导者是他自己；

管理者力求正确地做事，领导者追求做正确的事。

本尼斯认为：要在21世纪生存，企业需要的是新一代的领导者，而不是单纯的管理者，这点区别至关重要。在当今及以后的环境中，常常是变化无常、难以捉摸的，领导者能够征服环境，而管理者却屈从于环境。只有具备了一个领导者的能力，管理者才能更好地开展工作。

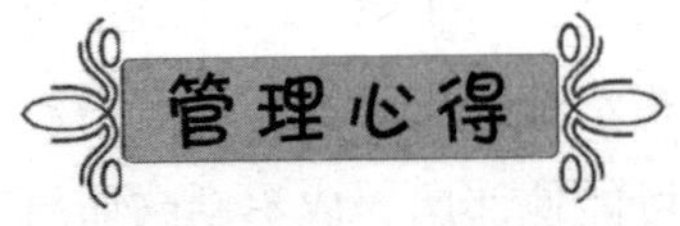

◆没有伟大的领袖，就没有伟大的集体。

◆一个成功的组织不能只靠单个领袖的作用，他们必须和一起工作的团队集体努力，才有可能取得成功。

◆只有具备了一个领导者的能力，管理者才能更好地开展工作。

◆适应能力是领导人的关键品质。

杜根定律：胜利属于有信心的人

丘吉尔出生于爱尔兰，七岁入学读书，直到中学毕业，他的学习成绩一直不好，老师认为他低能、迟钝，不会有太大的出息。但丘吉尔却对自己充满信心，他刻苦学习英文，又到印度从军，并利用那段时间学习各种书籍。

经过磨炼，丘吉尔成为一个优秀的成功者，他掌握了 4 万个英语单词，成为掌握英语单词最多的人。后来，他成为英国首相，率领英国人民参加伟大的反法西斯战争。

丘吉尔在就职时发表的“我没有别的，只有热血、辛劳、眼泪和汗水贡献给你们”的演讲词，成为演讲初学者模仿的范文。

“强者不一定是胜利者，但胜利迟早都属于有信心的人。”这正是杜根定律的主要观点。

很多事情我们不去做，并不是因为它们难，而是因为我们不敢做。其实，人生中的许多事情，只要想做，并相信自己有足够的能力，那么你就能做成。想着成功，你的内心就会形成为成功而奋斗的无穷动力。不管遇到什么困难，都要坚信自己一定能够克服它、战胜它，那么，最终你就一定会成功。

信心造就辉煌人生。只有在每一次失败面前坚持不懈、信心十足的人，才能获得最终的胜利。诺贝尔发明炸药，爱迪生发明电灯，居里夫人发现镭，都经历了无数次失败，是信心让他们坚持到最后，是信心把他们的汗水化为了不朽的传奇。同样的事例在企业经营中也不胜枚举。

美国柯林奈特公司的创始人约翰·柯林南就是这样一个凭借信心获得成功的人。1968 年春天，柯林南在学过电脑软件之后，认为应该将自己所

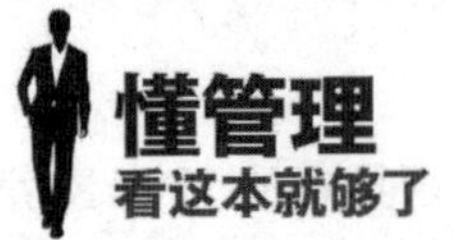

学回馈社会，于是他决定建立起一个新的事业。他对这个新事业的观念极为清晰。第一，他认为在像电脑软件这种知识密集的行业之中，人可以有特殊的贡献。因此，他认为他的新公司要尽全力吸引且留住那些能够创新的人才。第二，虽然在当时许多人习惯把电脑软件视为某种稀有的艺术品，可是柯林南却认为可以像一般商品大量制造，也就是说发展许多基本软件，以便在进行一项新工作时不必重复先前已熟悉的步骤。就是要发展电脑软件，使之成为提高企业生产力的工具，而且不断进步。第三，柯林奈特公司设法从那些为自己需要而设计，但又不经营电脑软件的“尖端客户”那里，取得软件程序和设计，经过处理后再销售给企业，使两种价值合二为 得到实现。在确定了上述新奇但又现实的想法之后，柯林南就聚集了一群致力于美国软件行业的同事们，开始了他们的新事业。他们的第一项产品是名叫库尔普莱特的程序，很容易藉由电脑打出报表的程式。然而，不幸的是，这个程序并不吸引人，在市场上遭到了惨败。而这时公司在银行的存款只有500美元了，两天之后又有8500美元的薪水必须支付，根本没有求援之处。横在柯林南面前的，似乎是一条再无翻身可能的绝路。不过，柯林南毕竟是柯林南，很快就在失败面前重新拾回了信心。他对那唯一的不成功的产品重新进行市场定位。这一次他把程序改名为“EDP（电子数据处理）稽查员”，他不但获得了成功，并且发现并不是幕僚人员才使用电脑，内部和外界的稽查员除了他们所熟悉的簿记员、计算机和书面记录外，也得同样面对电脑、程序和磁带等。由此，柯林南开辟了一个新市场，就是对稽查员施行各种应用电脑的特殊训练和个别服务。这个EDP稽查员是柯林南首次在商业上获得的成功，为这个新成立的公司打下了发展的基础。之后，柯林南又进一步发展EDP软件，使一般的人员都能操作、存取和发挥电脑的全部功能。在资料库管理软件业务基本形成之后，柯林奈特公司就转向自行发展或向外取得软件，处理后，供应市场各种功能的软件，解决客户制造、销售、人事、财务等问题。柯林奈特公司的最大创新就是处理零散的软件，向客户提供所需的资料及分析结果。这种创新的确有效，从战略空军到杜邦公司，柯林奈特公司已拥有两万多个客户，使该公司销售量连年翻番。

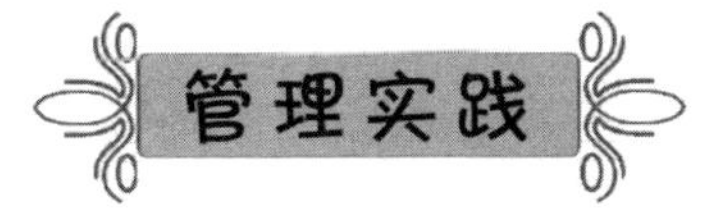

成功需要四种特质：

特质一：热情。成功者一直有一个理由，一个值得付出、激起兴趣且长据心头的目标，驱使他们去追求成长和更上一层楼。

特质二：信念。世上每一本宗教典籍都是在诉说信仰和信心带给人类的力量和影响，成功者与失败者的信念就是截然不同，而我们现在对自我评断的信念往往就支配了我们的未来。

特质三：策略。策略就是实施各种才能的计划。

特质四：凝聚力。差不多所有的成功者都有一种凝聚众人的超凡能力，这种能力可以把不同背景、不同信仰的一群人集合在一起，建立共识，统一行动。

◆改变世界从意念开始。

◆我成功，是因为我志在成功。

◆我们的生命是自己的思想造成的。

木桶定律：要注意自己的薄弱环节

在德国史诗小说《尼伯龙根的宝藏》中，有一位屠龙英雄齐格飞，他英勇无比，力量过人，经过激烈搏斗，杀死了尼伯龙根岛的恐龙，用龙血沐浴全身后，成了刀枪不入的金刚之身，可是因为当时他的后背粘了一片菩提叶，没有沐浴到龙血，就成了他身上唯一的致命之处。

后来，敌人想尽一切办法，终于从他的妻子葛琳诗那里得到了这一秘密，在交战中用长矛刺入齐格飞的致命之处，终于夺去了英雄的性命。

齐格飞的死，正是缘于自身的唯一一点不足。但正是这一点点的不足却成为导致悲剧的关键因素。这也正是木桶定律阐述的主要内容。

细小的疏忽往往酿成整体上的失败。

国内一家乳品公司的老板在谈到该公司在某市的推广活动中说："我们的推广非常注重实效，不说别的，每天在全市穿行的 100 辆崭新的送奶车，醒目的品牌标识和统一的车型颜色，本身就是流动的广告。而且我要求，即使没有送奶任务也要在街上开着转，多好的宣传方式，别的厂家根本没重视这一点。"

事情的发展似乎超出了这位老板的预想：一开始有很多家庭喝该企业的乳品，后来却渐渐无人问津了，其中的问题恰恰出在送奶车上。原来，这些送奶车用了一段时间后，由于忽略了维护清洗，车身沾满了泥污，甚至有些车厢已经明显破损，但照样每天在大街上"招摇"。市民们对此纷纷发表意见："简直受不了这种视觉污染。每天都受这样的刺激，我们还能喝这种奶吗?"创造这种推广方式的厂家没想到"成也送奶车，败也送奶车"。就是这样一个细节问题，导致推广失败。

像上例中这种“小节失败”的尴尬越来越多地出现在各个企业的营销过程中。很多企业在营销出现问题的时候，一遍遍思考营销战略、推广策略哪儿出了毛病，却忽视了对营销细节的认真审核，而这些细节最终却成了“短木板”。导致这些问题产生的原因是多方面的，最根本的原因是企业营销思路受到了局限，并且缺乏细致务实的工作态度。

木桶原理是由美国管理学家彼得提出的。说的是由多块木板构成的木桶，其价值在于其盛水量的多少，但决定木桶盛水量多少的关键因素不是其最长的板块，而是其最短的板块。这就是说任何一个组织，可能面临的一个共同问题，即构成组织的各个部分往往是优劣不齐的，而劣势部分往往决定整个组织的水平。

根据这一核心内容，“木桶定律”还有三个推论：

其一，只有桶壁上的所有木板都足够高，那木桶才能盛满水；如果这个木桶里有一块木板不够高，木桶里的水就不可能是满的。

其二，比最低木板高的所有木板，其高出部分都是没有意义的，高的越多、浪费越大。

其三，要想提高木桶的容量，就应该设法加高最低木板的高度，这是最有效也是惟一的途径。

若仅仅作为一个形象化的比喻，“木桶定律”可谓是极为巧妙和别致的。但随着它被应用得越来越频繁，应用场合及范围也越来越广泛，已基本由一个单纯的比喻上升到了理论的高度。这由许多块木板组成的“木桶”不仅可象征一个企业、一个部门、一个班组，也可象征某一个员工，而“木桶”的最大容量则象征着整体的实力和竞争力。

一个企业要想成为一个结实耐用的木桶，首先要想方设法提高所有板子的长度。只有让所有的板子都维持“足够高”的高度，才能充分体现团队精神，完全发挥团队作用。在这个充满竞争的年代，越来越多的管理者意识到，只要组织里有一个员工的能力很弱，就足以影响整个组织达成预期的目标。而要想提高每一个员工的竞争力，并将他们的力量有效地凝聚起来，最好的办法就是对员工进行教育和培训。企业培训是一项有意义而又实实在在的工作，许多著名企业都很重视对员工的培训。

对于管理者而言，如何才能迅速提高竞争力呢？正确的做法应该是：

第一步，做 SWOT 分析，针对自身面临的机会和威胁进行分析。为了更好地抓住机会和回避风险，只需要弥补严重制约自身发展的劣势。补短的关键在于判断哪一项劣势才是自身目前最应该弥补的。要有目的地弥补，而不是无目的、盲目地弥补。

第二步，制定补短的目标，即自身希望达到的学习效果。这一点至关重要，目标一定是可以实现的，要量化以方便衡量结果，不同的学习目标要有层次，而且要相互协调。

第三步，制定一个补短的计划，由计划来指导学习和工作，而不是随意地想做就做。

第四步，制定一个补短行动方案和时间进度表，以利于计划的执行和控制。

第五步，对补短的学习过程进行控制。计划执行的过程中要及时地衡量学习的结果，进行评估，诊断结果，然后采取修正行动。在现实中，控制这一环节往往被很多人所忽，只是去补了，去学了，但是没有控制，这很容易造成补短的低效。

◆构成组织的各个部分往往是优劣不齐的，而劣质的部分往往又决定了整个组织的水平。

◆注意木板之间的紧密程度——要加强企业文化的黏合力。

◆努力成为一个结实耐用的木桶——进行团队建设。

菲米尼论断：退却也能取胜

我们先来看一段风险投资的成功之路：

如果创业家的商业计划书被风险投资家所认可，风险投资家就会向该创业者投资，这时，创业者和风险投资者的“真正”联合就开始了，一个新的企业也就诞生了。之所以说创业者和风险投资家的联合是“真正”的联合，是因为风险投资家不仅是这个新成立公司董事会的成员，而且要参与新企业的经营管理。风险投资家的作用就像牧师，对创业家起了一种心理按摩师的作用。美国旧金山的风险投资家比尔·汉布雷克特是 37 个风险企业董事会的成员，他说：“我们不仅把骰子投出去，我们还吹它们，使劲地吹。”当新公司的规模和销售额扩大时，创业家往往要求风险投资家进一步提供资金，以便壮大自己，在竞争中占上风。随着时间的推移，风险减少，常规的资金来源（如银行）就会大举进入公司。这时，风险投资家开始考虑撤退。

在创业企业开办五六年后，如果获得了成功，风险投资家就会帮助它“走向社会”，办法是将它的股票广为销售。这时，风险投资家往往收起装满了的钱袋回家，到另一个有风险的新创业企业去投资。

上面这段风险投资的成功之路中就包含着适时撤退的思想。瑞士军事理论家菲米尼曾经提出：“一个良好的撤退也应和伟大的胜利同样受到赞赏。”他的这一思想被称为“菲米尼论断”。这一论断被广泛应用于企业管理上。

世界上任何事物都存在着生命周期，企业也不例外。企业生命周期如同一双无形的巨手，始终左右着企业发展的轨迹。总的来说，企业生命周期变化规律是以12年为周期的长程循环。它由4个不同阶段的小周期组成，每个小周期为3年。如果再往下分，一年12个月可分为4个微周期，每个微周期为3个月。

一般来说，企业发展是随着不同的周期阶段而变换着它的运行轨迹。由于不同的企业存在着不同的生命周期，不同的生命周期体现不同的变化特征。尽管它们有共同的规律，但在4个不同周期阶段变化各异，各自的发展轨迹也不同。以12年为例，大致要经历上升期（3年）→高峰期（3年）→平稳期（3年）→低潮期（3年）。

退却比进攻更有成效，在企业生命周期变化阶段的低潮期，最好采用紧缩战略。紧缩战略，又称退却战略。它是指企业从现有的战略基础水平往后收缩和撤退，且偏离战略起点较大的战略，时间为3年。可以说所有的企业最不希望采用紧缩战略，因为这与他们的愿望背道而驰。许多企业即使在时机不成熟的条件下，宁愿采用发展型战略而非紧缩型战略。其实从战略角度考虑，有时候战略上的退却比进攻更有成效。企业要生存并获得发展，必须把这两种战略摆在同等重要的战略位置上。

现今中小企业经营者极容易走入一个误区，认为只要做大做强，企业就能生存发展。在这种经营思想指导下，采取发展型战略进行盲目扩张。在企业生命周期的高峰期会取得一定成果，一旦进入低潮期就适得其反，后果不堪设想。而低潮期是周期循环力量衰竭的产物，是必然的发展阶段。任何企业战略只有选择最佳的时机，才能取得成功。

下面再举一个在战略退却中出现失误的例子：

日本花王公司是全球著名的日用消费品企业，2003年其全球市场排名位居全球500强第358位。但不幸的是，面对日本经济复苏，日本产业活跃的局面，日本花王好像并没有从日本经济复苏中获得巨大的品牌提升与企业成长，2004年日本花王排名滑至385位，市值137.82亿美元。

花王在全球竞争格局中明显表现出内战内行、外战外行。首先就是其市场大部分在日本国内，花王业务收入中本土收入占70%，海外业务仅占30%。也许正是花王这种本土化策略比较强势使得其在海外市场表现总是不尽如人意。其中国市场表现与全球性国际品牌相比显得拘谨、保守、中庸。我们并不能由此判断花王就是不思进取的中国式企业，但是在中国市场花王正在进行战略性退却。

日本花王战略性退却其实面临着至少两个方面的挑战：其一是生命周期挑战。全球日化市场特别是中国日化市场可以说是一日千里，随着竞争加剧，中国日化市场也会呈现出技术占位与市场占位的问题，动态的中国市场正是市场开发的大好时机，错过了这样的宝贵时机，花王还可以从容地在中国大陆市场布局吗？其二就是技术向市场转化问题。严格地讲，中国国内日化企业没有几家有日本花王技术背景与技术能力，但由于中国本土企业对中国消费市场有着深入的了解，市场推广照样做得虎虎有生机。对于日本花王来说，推广能力才是其当前问题的关键，因此，我们有理由相信，日本花王在中国市场战略退却带来的更多的是不确定性变局。

由上面可以看出，企业的退出要选择时机和战略，在营销中也是这样，品牌在进入衰退期后，或者企业的内外环境均处于不利形势时，如市场上对产品的需求下降，或者产品处于衰退期，或是管理水平降低，均可导致品牌影响力的逐步降低，紧缩战略就成为必要之策。企业此时就应该逐步减少产品的产量、缩小生产规模，以便集中企业资源发展某一品牌，积蓄力量为推出新的品牌做准备。

紧缩战略相当于军事上的“战略性退却”，撤退的目的是为日后的进攻做准备，它仅仅作为一种暂时性战略。

1. 日中则昃，月盈则亏。因势利导，急流勇退。一时的退却并不妨碍长远的胜利，不顾大局，盲目躁进，反而会适得其反。看准形势，该缩手时就缩手。

2. 从容不迫，安全稳妥。退却不意味着溃败，要做好善后工作，在确保生存无虞的前提下绵里藏针，蓄势待发。

3. 加强内部沟通，稳住军心，让每一个员工既意识到眼前的困境，同心同德共渡难关，又对未来充满信心。

4. 吾日三省吾身。在企业内部各个环节查漏补缺，不断剔除病患，增强自身素质和竞争力。

5. 强化战略规划，步步为营，积极稳妥，不打无把握之仗。

6. 拳头收回来，是为了更好地打出去。发愤图强，不断寻求、营造、把握机遇，该出手时就出手，既收复失地，又更上一层楼。

◆退却乃防御能力的集中体现。

◆承认既定事实，接受已经发生的事实，这是应付任何不幸后果的先决条件。

◆如果回避痛苦的事实，那么结果终会令你更加痛苦。

贝尔效应：
想着成功，成功的景象就会在内心形成

美国纽约州第 53 任州长罗杰·罗尔斯是一个黑人，出生地在纽约州的贫民窟，那儿的孩子不爱学习，不懂礼貌，成人后很少有体面的工作，只有他例外，他不仅上了大学，而且成为州长。罗尔斯上小学时，不少贫穷孩子无所事事，旷课打架习以为常，损坏公物司空见惯，不思学习比比皆是。为了帮助这些孩子，学校想了很多办法。那时的罗尔斯也不知努力，一次，老师利用给他看手相的机会教育他，说他将来能当州长，罗尔斯大吃一惊，他牢牢地记住了这句话。“当州长”的信念如同一面旗帜，时刻召唤着罗尔斯。经过 40 年如一日的不懈努力，罗尔斯在 51 岁那年终于成了州长。就职那天，记者问他是怎样成为州长的，他说：“相信自己能够成功，往往自己就能够成功。”他在就职演讲时说：“信念值多少钱？它也许不值钱，然而，你一旦坚持下去，它就会迅速升值，使你的人生走向成功。”

这个故事讲述的就是美国布道家、学者贝尔提出的理论核心内容：成功者与失败者的最大不同，就在于前者坚信自己会成功，而后者则不是。

信念具有操纵命运的力量，一个人心里怎么想，他就会成为怎样的人。人的心灵有两个部分，就是意识和潜意识。当意识作出决定的时候，潜意识则相应地做好了准备。调查显示，古今中外的许多科学家和成功人士，虽然他们的成功各有不同，但是在善于运用意识和潜意识的力量上却有着惊人的相同。正因为如此，意识和潜意识被称为人生信念的导航系统。

不论环境如何，在我们的生命里，均潜伏着改变现实环境的力量。如果你满怀信心，积极地想着成功的景象，那么世界就会变成你想要的模样。你可以达到成功的最高峰，也可以在庸庸碌碌中悲叹。而这一切的不同，仅仅在于你是否有成功的信念！

相信信念能移山填海的人，可以肯定他们是必定能够成功的。拿破仑曾说："我成功，是因为我志在成功！"成功者就是那些拥有坚强信念的人，相信成功的结果而产生成功的信念，有了信念，连因果关系也能改变。

在一次与敌军作战时，拿破仑遭遇到顽强的抵抗，不仅队伍损失惨重，自己也因一时不慎掉入泥潭中，弄得满身是泥，狼狈不堪，形势十分危险。可拿破仑对这些却浑然不顾，抱着无论如何也要打赢这场战斗的坚定信念，爬出泥潭大吼一声，"冲啊！"他手下的士兵见到他那副滑稽模样，忍不住都哈哈大笑起来，但同时也被拿破仑的乐观自信所鼓舞。一时间，战士们群情激昂、奋勇当先，终于取得了战斗的最后胜利。

从这个故事中，我们应该受到这样的启发：无论在何种危急的困境中，都应保持乐观积极的态度。尤其作为一个管理者，你的自信可以感染你的员工。你有没有乐观自信的态度也直接影响到一场交易的成败。

管理者不是只告诉别人怎么干的人，而是要激发团队成员产生一定的信念，并朝目标勇往直前。

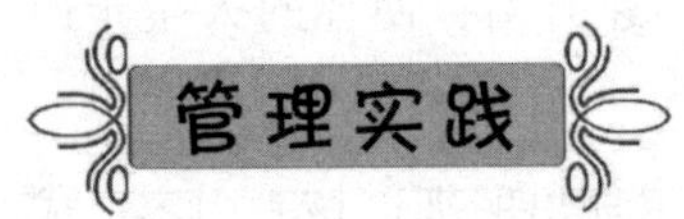

贝尔效应在管理中的应用：

1. 自信。自信是人生成功的保障。一个自信的人，他的腰板是挺直的，他的眼神是坚毅的。他不畏惧困难，他勇敢面对现实，因此，每一个面对他的人，都能够感受到他的自信和实力，所以，他会成功。

2. 加强他人的信心。作为一名管理者，必须懂得增强别人的信心，切不可打击部属的积极性。应极力避免用"你不行、你不会、你不知道、也许"这些字眼，而要经常对下属说"你行、你一定会、你一定要、你会和你知道”。

3. 尊重每一个成员。从事企业管理，尊重人权，重视个体，友善地询问和关切地聆听相当重要。

◆有了成功的信心，成功就有了一半把握。

◆管理不是独裁，领导必须懂得提升人的信心。

◆把信念播种下去，收获的是行为；把行为播种下去，收获的是习惯；把习惯播种下去，收获的是性格；把性格播种下去，收获的是命运。

詹姆斯定律：管理者的欣赏是员工进步的最大动力

有一则故事很能说明欣赏的力量。当年，俄国著名作家屠格涅夫因为欣赏一篇题为《童年》的小说，便四处打听小说的作者，并鲜明表达自己的肯定与欣赏之意。小说的作者由于得到前辈的肯定与欣赏，受到了极大激励，于是一发而不可收地投入到文学创作中去，最终成为享誉世界的文坛巨擘。这个人就是伟大的文学家列夫·托尔斯泰。

欣赏的推动作用是无穷的，这就是詹姆斯定律的核心内容。这一定律是由美国哲学家威廉·詹姆斯提出的。他说过这样的话："渴望得到别人的认可和赞赏，是人类埋藏最深的本性。"

人作为社会关系的总和，在认识和改造客观世界的过程中也在认识和改造自己。同时，人作为万物之灵，有自己的思想、情感和需求。任何人在成长过程中，都需要得到别人的欣赏和认可。欣赏能够增添动力，激发活力。得到他人欣赏，就是得到了一种肯定和激励，得到了一种慰藉和力量。懂得欣赏他人，就是知道尊重和关爱他人，知道看到他人的长处。

詹姆斯定律的基础在于每一个人的心中都有渴望获得别人认可的愿望。当被别人欣赏和认可某一方面之后，就会从内心自发地认为这是自己的优点，在这一方面就会觉得得心应手，游刃有余，提高与进步也会比别人迅速。

微软的总裁比尔·盖茨没等到大学毕业，就离开了学校，开始了创业。在短短20年的时间里，他集聚的私人财富就超过了世界上最贫穷的38个国家的国民生产总值。人们常说，推动摇篮的手，推动了整个世界；每一位杰出人物的身后，都有一位杰出的母亲。1975年，比尔·盖茨在哈佛大学读二年级的时候，在母亲节的那一天，他用斜体英文在贺卡上写下了一段话："我爱您！妈妈，您从来不说我比别的孩子差；您总是在我干的事情中，不断寻找值得赞许的地方；我怀念和您在一起的所有时光。”原来，这位大器早成、独步天下的亿万富翁，从他母亲那儿得到了一份被许多母亲忽视了的珍贵礼物——欣赏。欣赏是一种喜欢，一种陶冶，一种提高，一种收获。欣赏的本质是热爱。母亲欣赏孩子，就像欣赏心中的太阳，收获的是灿烂；老师欣赏学生，就像欣赏园中的花朵，收获的是绚丽；将领欣赏士兵，就像欣赏猛虎下山岗，收获的是英勇；领导欣赏下属，就像欣赏优秀的兄弟，收获的是尽心竭力。

欣赏和赞美甚至会将缺点转化为优点。人们总是有掩盖自己缺点的心理，因此在面对自己的劣势时通常会不战而逃，信心全无。而他人此时适当的激励与赞赏则会给他莫大的勇气，是使他坚持的支柱、提高的动力。在不断地坚持中劣势转化成了优势，缺点变成了优点，自信心也会逐渐建立。如果这份赞美是来自管理者，那么相信他前进的动力与勇气会更加充足。

詹姆斯定律的利用应该注意以下几个问题：

1. 注意适度原则。管理者的欣赏与赞美适当是对员工的鼓励，过度则是对员工的纵容，它会使员工养成骄傲自大的毛病。

2. 对下属的赞美最好有针对性。管理者要看准下属的缺点，针对这些缺点进行适当的鼓励，经过一段时间后赞美他的提高，从而培养下属的自信。

3. 对员工的赞美和欣赏应该有长时间的阶段性考虑，对不同人的不同缺点采用不同的表达方式，切不可一刀切。

4. 鼓励和欣赏也要找适当的场合，公众场合和私下交流最好能够结合使用。

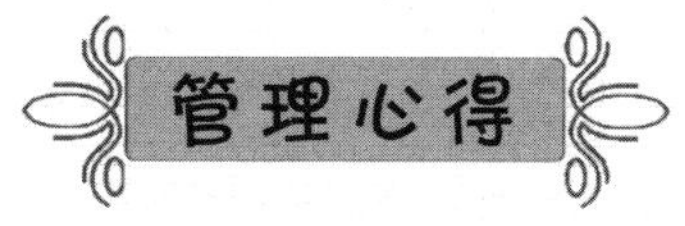

◆领导欣赏下属，就像欣赏优秀的兄弟，收获的是尽心竭力。

◆天底下几乎没有不喜欢被欣赏的人，也几乎没有不想再次获得赞赏的人。

◆欣赏和赞美甚至会将缺点转化为优点。

霍桑效应：让人尽情宣泄抱怨

美国芝加哥郊外的霍桑工厂，是一个制造电话交换机的工厂。这个工厂具有较完善的娱乐设施、医疗制度和养老金制度等，但员工们仍愤愤不平，生产状况也很不理想。为探求原因，1924 年 11 月，美国国家研究委员会在该工厂进行了一项“谈话试验”，即用两年多的时间，请专家找工人个别谈话两万余人次，并规定在谈话过程中，要耐心倾听工人们对厂方的各种意见和不满，并做详细记录，对工人的不满意见不准反驳和训斥。这一“谈话试验”收到了意想不到的结果：霍桑工厂的产量大幅度提高。这是由于工人长期以来对工厂的各种管理制度和方法有诸多不满，无处发泄，“谈话试验”使他们的这些不满都发泄出来，从而感到心情舒畅，干劲倍增。社会心理学家将这种奇妙的现象称为“霍桑效应”。

“霍桑效应”给我们的启示是：人的一生中会产生许多意愿、情绪，而最终能实现或满足的却为数不多。压抑、克制意愿和情绪，会在心理上积蓄能量，虽然它可以通过别的途径转移，却不会被直接消灭。人们在压抑、克制阶段往往意识不到它的存在，但如果一直找不到宣泄的途径，那就会使人们在心理上形成强大的潜压力。过分压抑会造成人们从心灵深处与外界日益隔绝，导致精神忧郁、孤独、苦闷和窒息；一旦控制不住，会导致其冲破心理堤坝，使人显现一种变态的行为，甚至导致精神失常。

如何应用霍桑效应？有句老话说得好，防民之口甚于防川。堵塞不如疏导。耐心倾听就是最好的沟通，不问情由，一味强暴地压制导致沟通贫乏，往往会累积成巨大的危险。

美国《读者文摘》中有这样一段故事：一天深夜，一位医生突然接到一个陌生妇女打来的电话，对方的第一句话就是“我恨透他了！”“他是谁？”医生问。“他是我的丈夫！”医生感到突然，于是礼貌地告诉她：“你打错电话了。”但是，这位妇女好像没听见似的，继续说个不停：“我一天到晚照顾四个小孩，他还以为我在家里享福。有时候我想出去散散心，他却不肯，而他自己天天晚上出去，说是有应酬，谁会相信……”尽管这中间医生一再打断她的话，告诉她，他并不认识她，但是她还是坚持把自己的话说完。最后，她对这位素不相识的医生说：“您当然不认识我，可是这些话已被我压了多时，现在我终于说了出来，我舒服多了，谢谢您，对不起，打搅您了。”

系统和制度对沟通起着最重要的作用。如果一个企业的健康程度可以定级的话，很多时候依赖于这个公司的牢骚和抱怨。牢骚和抱怨越多，这家公司就越不健康。如果有好的沟通渠道，抱怨在公开场合说出来之后，背后的牢骚就会减少，这个企业就可以健康地发展。

沟通是一种传递信息并获取理解的过程，完善的沟通是指信息的接受者完全了解传递信息者所表达的意愿，这就说明人与人之间的沟通必须在相互了解的基础上，缺乏了解的沟通不仅难以达到信息交流和相互理解的目的，而且还会使沟通双方陷入意想不到的尴尬之中。

约翰逊是一个很有魄力的企业老板，他开了一家汽车配件零售公司，为了奖励他的推销员们为公司所做的出色努力，他决定让他们享受一下价格不菲的到加勒比海的度假游。在一次员工大会上，他非常得意地向大家宣布了这次公费旅游的事。

“女士们，先生们！我这里有一件能让你们都高兴的事。在过去的一年里，你们都取得了非常大的成绩，所以我为你们和你们的家属——当然你们也可以带上别的对于你们很重要的人——安排了一个 4 天的团体旅游作为奖励。动身时间距现在还有一个月，定在 10 月 11 日，你们将游览坎昆、科祖梅尔和大凯曼斯，等待你们的将是丰盛的佳肴、刺激的夜生活、疯狂的购物和你们所说的那种观光游览活动。我甚至已同公司的几位高级策划人一起开了几个会，专门研究你们在船上的活动安排，还找了个魔术师给你们表演，一位舞蹈老师教你们如何跳那些浪漫的贴面舞。”

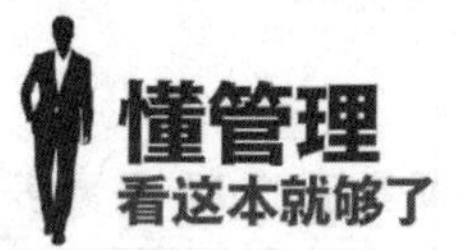

说到这里的时候，约翰逊有意停顿下来，他等待着预期中的热烈反应和雷鸣般的掌声，但接下来的场面却令约翰逊尴尬至极。员工们大多窃窃私语、交头接耳，只有几位勉强挤出笑容，甚至还有一些人皱着眉。不久，有一个人站出来提出，旅游的时间正好是他儿子的足球队参加地区冠军比赛的日期，时间上有了冲突。还有一位销售员说，她的父亲正是病危的时候，恐怕时日已不多，这个时候撒手不管于心不忍。其他的人对这件事的热情或抵触的程度也不尽相同。面对这种始料不及的局面，一向以反应灵敏、能言善道著称的约翰逊却不知道接下来该怎么收场……

了解是沟通的基础，没有必要的了解就无法实现沟通的目的，管理者在实际工作和生活中，应当有意识地加强对员工的了解，只有这样才能实现有效沟通，才能真正让员工感受到上级的关爱，这样才能更好地增强员工的积极性和主动性，才能使企业获得长远发展。

如何应用“霍桑效应”：

1. 交流。让冲突成为增进交流的重要切入点，从中获得深层的信息。

2. 倾诉。员工在生活、工作中遇到不称心的事情时，不要对有情绪者采取一味压抑的办法，而是要适度地让其发泄一番。而管理者，要学会倾听和宽容地看待对方的发泄。

3. 预见。对冲突的后果要有充分的预见性。并采取适当的调节措施，使结果不偏离方向。

4. 驾驭。在冲突过程中，必须掌握分寸，不要适得其反。每个人都有最脆弱的一环，只要你的冲突对方不是你的敌人，就切勿打击对方最脆弱的一面，冲突时只能针对特定的主题或某一件事，勿扯进所有的事情，不可一再揭对方的疮疤。

5. 转移。冲突应尽可能地朝向那些似乎是无关紧要的环节进行。要善于“转移阵地”，不要老是在某一问题上“打持久战”。争论到已无技可施时应立即停止。叫停以后如仍不服气，可等较为心平气和的次日加以讨论。

6. 幽默。幽默有时能取得异乎寻常的效果，在许多场合将一场自然的冲突朝着人们的良好愿望转化。幽默可以提醒冲突中的对方，自己是在进行着一种积极的、有意义的、建设性的活动。幽默可以帮助人们把压抑所造成的情绪，以合法的、文雅的方式宣泄出去。

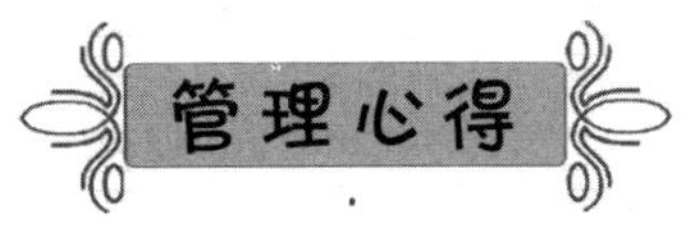

◆员工心情舒畅，干劲才会倍增。

◆有效沟通是管理中的艺术方法。

◆人才是企业发展的动力之源。

达维多夫定律：敢为天下先

达维多夫定律的提出者是前苏联心理学家达维多夫，他认为敢于创新是决策者最为必要的素质，是商场制胜的关键。没有开拓精神，不敢冒风险，就走不出新路，干不出新的事业。创新是一个民族的不竭动力，更是一个企业的生命源泉。企业家与一般管理者最大的区别，在于具有创新精神和魄力。翻一翻工业革命近两百年来的历史，无论哪个国家，那些创业成功者都是杀出来的“黑马”，都是在别人料想不到的地方，以别人料想不到的方式，取得了别人料想不到的成功。他们并不是到哈佛大学或者斯坦福大学拿一个 MBA，然后才成为企业家的，他们是在创造性的工作实践中培养、锻炼出来的，这是最难能可贵的。

根据有关机构的统计研究，大型企业的平均寿命不及 40 年。总结正反两方面的经验，人们发现，大部分公司失败的原因在于组织学习的障碍，这严重妨碍了组织的学习及成长。对一个企业来说，在竞争激烈的市场中，比竞争对手学得更快的能力是惟一持久的竞争优势。只有在学习中才能全面提升竞争力，建立市场优势，才能立于不败之地。

高露洁公司是美国一家生产经营洗涤品、牙膏、化妆品的跨国公司。据 1995 年的统计数字，当年该公司销售额为 83.6 亿美元，纯利 2.9 亿美元，拥有资产 69.6 亿美元，居美国最大 500 家工业公司的第 77 位，今天它占据世界口腔护理品总销量的近 50%。高露洁公司是以经营牙膏为主的企业。创业的头几年，尽管其产品质量不错，但销量总上不去，因此业绩平平。公司的决策者为了本企业的生存和发展绞尽脑汁，但一直想不出一种有效办法。后来老板公开征集良策。他在媒介上登出告示：“谁若能想出使高露洁牙膏销路激增的创意，即赠送10万美元奖金。”10万美元的奖金是充满诱惑力的，来自世界各地的应征者数以万计。这些应征“创意”中有不少是很有见地的，但高露洁公司的决策者仅选中一个。他的创意只有两行字，很简单，只要把高露洁牙膏的管口放大50%，那么消费者每天在匆忙中所挤出的牙膏，自然会多出一半，牙膏的销路因而会激增。高露洁公司按照该创意办了以后，果然销量急速上升。直至今天，高露洁牙膏的管口仍保持这一“创意”。

日益激烈的全球竞争、新技术日新月异、高素质人才的匮乏以及顾客对产品的挑剔等等逐渐侵蚀着企业的生命力，创新则是新的生命之源。创新不分大小，小小创新也蕴含着大大商机。

1. 千万不要忽略一点一滴的努力。

2. 提高企业的创新文化，要注意从体制上进行改造。可以成立学习型组织、专门的创新部门等等。

3. 重视中下层员工的建议，在员工中展开培训等，充实更新公司已有的理念。

◆只有敢为人先者，才最有资格成为真正的先驱者。

◆没有创新精神的人也只能是一个执行者。

◆管理者欣赏清新、简单但很有创意的好主意。

汉可克定理：人缘大于才干

舒娅是一家知名广告公司的部门总监。她长得非常漂亮，虽然脾气有点急躁，但大家都知道其实她心地很好，而且爱护下属，有什么事总是主动为大家扛下来，所以部门的员工都喜欢她、支持她。

正当舒娅的工作干得热火朝天的时候，公司来了个空降兵——哈佛MBA毕业的凯特。老板的话更隐晦："公司派凯特协助你的工作，有什么问题你们要协商解决。"

舒娅明白了，这次晋升分公司总经理的职位可有对手了。

凯特果然是高材生，第一天上班就发现了制度上存在的问题，他训斥部门内的于红："办公室不是吃早餐的地方，如果违反的话，扣除一天的工资。"然后转身又对着小路说："以后要注意形象，不要穿得这么随便来上班!"

舒娅对凯特的颐气指使觉得很不舒服，忙为员工解围说："凯特，我想这可能是我的过失。部门制度正在重新制定中，谢谢你提醒我。"凯特白了她一眼，笑了一下走开了。

舒娅把那两名员工叫到办公室，说："于红，我知道你早上要送孩子上学很忙，所以没说过你，但是现在凯特做副手，你多多注意好吗？小路，你也要多注意一下自己的形象，凯特可不是你开玩笑可叫哥哥的。"

语重心长的几句叮咛，使两个人觉得舒娅真像一个大姐姐，都感动地看着她。于红说："舒娅，谢谢你，听说这次凯特过来是因为经理要调回总部，将从你们俩中选一个接替他的位置，你可要努力啊。"小路也眨着眼："娅姐，你那么漂亮，我一定支持你。"

第二天上班时，舒娅发现办公室收拾得井井有条，进门的小客厅摆满了鲜花，大家都在认真地工作，只听到敲键盘和打印机的声音。小路则一改牛仔的尊容，穿了白衬衣黑西装，这一切都让舒娅很意外。

月底的时候，公司决定开辟辖区内新的市场，要求舒娅和凯特做出营销计划。公司这次特别慎重，而这次机会对舒娅和凯特来说，意味着什么，两人都清楚。

舒娅到处查资料，她不怕对手知道她的计划书，和大家一起讨论听取大家的意见。而凯特则单枪匹马，紧锣密鼓，仿佛一场战争就要爆发。

公司举行论证会时，公司总部所有高层管理者都参加了。而凯特先讲了他的计划，讲解很精彩，计划中也充满了智慧，赢得了大家的鼓掌。轮到舒娅时，她朝小路挤了挤眼。小路站起来讲解了整体计划，全新的思路加上合理的市场分析，用事实说话，让人觉得非常完美，老板第一个带头鼓起了掌。随后其他几位同事按事先安排分别讲述了计划的其他部分。

分公司总经理的人选是谁，那就不用说了。舒娅在竞争中借用了团队力量，赢得了这场战争。她说："在团队里赢得好人缘，把自己的工作做好，平和地面对竞争。成绩就是最好的答卷，别的，全都不重要。"

汉可克定理是由美国企业家汉可克提出的，其主要观点是：商人的最大资本就是人缘和影响力。

在没有血腥却相当残酷的竞争中，任何人都不可能孤独地生存，都必须树立好个人形象，与别人建立友善的人际关系。人不可能单枪匹马地完成每一件事，都希望寻找合作者，同时，也都希望别人能够欣赏、喜欢自己，这样才能在竞争中占据优势。

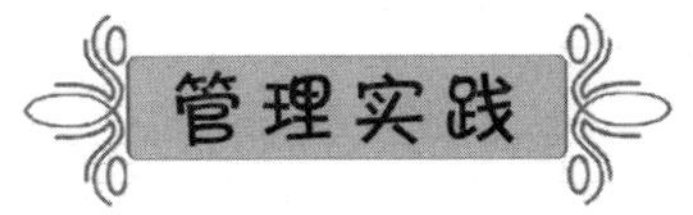

个人在某些情况下也需要通过传播手段树立良好的形象，以提高自己的社会知名度和社会影响力。在这种情况下个人必须有效地采用各种公共关系方法对公众施加影响。公共关系对个人有重要的促进作用。

管理者要保持良好的个人形象，必须注意以下几个问题：

1. 加强自我修养，做知识、能力、道德等各方面的典范。

2. 注意个人的仪表仪态，尤其在公开露面的场合，应注意自己的每个细节。

3. 经常与公众保持接触，加强交流。

4. 积极参与各种公益性或互利性社会活动，不能过多地追求个人利益。

5. 多做公开演讲，关心社会问题。

6. 与媒介保持联系，处理好同新闻机构的关系。要有意识地引导记者追踪和采访自己。

7. 对社会热点问题要有自己独到的见解和看法。

8. 放下“架子”，多与“无名之辈”接触，关心、爱护他们。

管理心得

◆与别人建立友善的人际关系才能在竞争中占据优势。

◆好的个人形象可以帮助你赢得胜利。

第四章

管理必须懂得的 12 个模型

马斯洛需求层次：满足员工的心理追求

1949年，37岁的大卫·帕卡德参加了一次美国商界领袖们的聚会。与会者就如何追逐公司利润侃侃而谈，但帕卡德不以为然，他在发言中说："一家公司有比为股东挣钱更崇高的责任，我们应该对员工负责，应该承认他们的尊严。"帕卡德在造就硅谷精神方面的贡献，恐怕超过了任何一位CEO。他的以人为本的理念，影响至深至远。正是创始人帕卡德这种以人为本的管理理念成为了惠普之道的核心价值，也缔造出了今天惠普（HP）这个产业帝国。

公司的目的是赢利，但是帕卡德之所以说"应该有比为股东挣钱更崇高的责任"，这正是基于人的需求层次不同而说的。人的需求层次理论是美国心理学家马斯洛在《人类动机的理论》一书中提出的。他认为人的需求有从低到高逐渐发展的五个层次：生理需求、安全需求、社会需求、自尊需求、自我实现需求。

生理需求是人类最基本的需求和欲望。随着物质的进步和人们生活水平的提高，人类不会安于低层的需求。较低层的需求被满足之后，就会往高处发展，也就是说，人在满足了生存、安全的需求之后，就渴望被尊重。

将马斯洛的理论运用在管理上，就是人们通常所说的人本管理。对员工的物质奖励往往是最低层次的。人们的要求会不断提高，会更多地向求得社会认同和尊重这个方向努力。反映在企业管理理论上，就是从泰勒的科学管理之后，一个再也没有改变的主题，就是对人的尊重。在现在的企业组织中，已经没有比尊重个人更为普遍和明确的价值观了。它要求我们在企业管理中，应该进行一种人性的回归，实行以尊重员工为核心的人本管理。

IBM创始人老沃森一生中有一半时间在旅行，一天工作16小时，几乎每个晚上都参加员工俱乐部举办的仪式和庆典。他乐于同员工交谈，当然不是以一个好奇的上司自居，更多的是以一位老朋友的身份出现，这是他那个时代人写下的记录。但实际上今天我们还可以听到关于沃森先生的故事，而且这些故事已经成为这个卓越企业的文化组成部分。如“不关门”制度、俱乐部、简单化、布道、狂欢以及培训等等。他的继任者小托马斯·沃森在《商业及其信念》一书中讲道：“IBM经营哲学的大部分都集中在其三个简单的信条当中，我要从我认为最重要的那一条说起，那就是，我们对每个人都要尊重。尽管这只是一个很简单的理念，但IBM为了实现这条理念，确实耗费了大部分的管理时间。我们在此投入了比做其他任何事情都要多的精力。实际上，这一信条在我父亲的脑子里就已经根深蒂固了。”小沃森又说：“我们几乎每一种鼓励措施都是用来激发人们的热情的，我们早先强调人际关系并非受利他主义的影响，而是出于一条简单的信条——如果我们尊重员工，而且帮助他们自尊，这将会使公司的利润实现最大化。”

如何实行以尊重员工为核心的人本管理：

1. 尊重员工的人格：任何人都有被尊重的需要。员工人格一旦受到尊重，往往会产生比金钱激励大得多的激励效果。比如一个企业，称门卫为门卫工程师，自从有了这个称谓后，门卫的工作更出色了。这些不需要成本的激励措施，是尤其需要企业管理者去提升的。

2. 尊重员工的意见：员工参与程度越深，其积极性越高。尊重员工的意见，就是要员工自己作出承诺并且努力地实现承诺。在我国的企业管理中，让员工自己作出承诺并尊重这种承诺的机会太少，这种管理现状的直接后果是：员工对组织提出的宏伟目标没有亲和力，事不关己、高高挂起，管理者豪言壮语，员工置若罔闻。尊重员工的意见，就是要让员工自己管理自己，自己做自己的主人，充分发挥参与式管理的作用，利用团队建设，实现团队的沟通与互动，提高组织效率。

3. 尊重员工的发展需要：任何员工的工作行为不仅仅只是为了追求金钱，同时还在追求个人的成长与发展，以满足其自尊与自我实现的需要。绝大部分人都有自己的职业计划，在自己的职业生涯中有意识地确定目标并努力追求目标的实现，企业应该了解员工的职业计划，并通过相应的人力资源政策帮助员工达成自己的职业计划，使之有助于企业目标的达成。

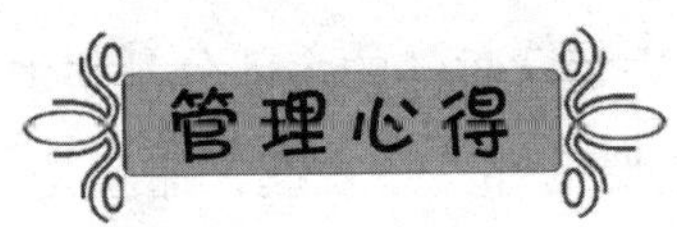

◆做到了对员工的尊重，你就得到了全部。

◆创造潜能的充分发挥，追求自我价值的实现是人的最高动机。

◆商人与企业家的差别，就在于价值观的不同，以及价值观背后对于原始需求的提升。

◆实现员工的价值，就是实现企业的价值。

酒和污水定理：
不要让一颗老鼠屎坏了一锅汤

如果以业绩为纵坐标、以价值观为横坐标，我们可以将企业员工分为五类人。

一、“牛”。一般企业中大部分员工都属这类。他们拼命做事，干劲十足，无论业绩或价值观，“牛”都是中坚分子。

二、“明星”。业绩高，替企业干出成绩的，同时价值观亦完全配合企业精神。

三、“小白兔”。这批人价值观极度符合企业精神，可惜业绩差。

四、“狗”。业绩差而价值观也差。

五、“野狗”。业绩特别超卓，但是其价值观彻底与企业相悖，亦即完全不遵循企业的游戏规则。

对于白兔类的员工，可给予他们两至三次机会，尝试培训及提升他们。白兔之中，有的很可能发展成“牛”，甚至是将来的“明星”。但若他们的业绩依然停滞不前，就应当狠下心肠，不能仁慈，立即开刀解雇，否则，他们将会成为企业负担，对“明星”及“牛”也不公平。

狗类员工，既无业绩，价值观又与企业精神相悖，自然应该马上炒掉。因为碍于野狗类员工卓越的业绩而纵容他们，对于企业来说则是非常危险的。比如说，有的销售员业绩非常高，但经常抢单，甚至贿赂，价值观与企业完全相违，纵使他们可以把客户带来，他们同样也可以把客户全部带走，给企业造成无可挽救的恶果。这种人最危险，最要防范。决不能手下留情，应把“野狗”公开“枪毙”，让企业上下有所警戒，不能蓄意逾越游戏规则。管理者千万不要被短暂的效益蒙蔽，为了企业的长远发展，“野狗”不能不除。

开除“野狗”，正是因为不能让一颗老鼠屎坏了一锅汤，也正是“酒和污水定律”的核心内容：如果把一匙酒倒进一桶污水中，你得到的是一桶污水；如果把一匙污水倒进一桶酒中，你得到的还是一桶污水。

日本伊藤洋货行的岸信一雄是个经营奇才，但他居功自傲，不守纪律，屡教不改，老板最终还是下决心将其解雇，以一儆百，维持企业的秩序和纪律。

伊藤洋货行的董事长伊藤雅俊突然解雇了战功赫赫的岸信一雄，在日本商界引起了不小的震动，就连舆论界也以轻蔑尖刻的口吻批评伊藤。

人们都为岸信一雄打抱不平，指责伊藤过河拆桥，将三顾茅庐请来的一雄解雇掉，是因为他的“油”给全部榨完了，已没有什么可利用的价值了。

在舆论的猛烈攻击下，伊藤雅俊却理直气壮地反驳道：“秩序和纪律是我的企业的生命，不守纪律的人一定要处以重罚，即使会因此减低战斗力也在所不惜。”

是什么原因让伊藤雅俊如此坚决地解雇掉岸信一雄这位有功之臣呢？

事情还要从十几年前说起：

岸信一雄是由“东食公司”跳槽到伊藤洋货行的。伊藤洋货行是以从事衣料买卖起家，食品部门比较弱，因此从“东食公司”挖来一雄。“东食”是三井企业的食品公司，对食品业的经营有比较丰富的经验，于是有能力、有干劲的一雄来到伊藤洋货行，宛如是为伊藤洋货行注入了一剂催化剂。

一雄的表现果然非凡，十几年间将业绩提升数十倍，使得伊藤洋货行的食品部门呈现一片蓬勃的景象。

从一开始，一雄和伊藤间的工作态度和对经营销售方面的观念即呈现极大的不同，随着岁月的增加，裂痕愈来愈深。一雄属于新潮型，非常重视对外开拓，善于交际，对部下也放任自流，这和伊藤的管理方式迥然不同。

伊藤是走传统、保守的路线，一切以顾客为先，不太与批发商、零售商们交际、应酬，对员工的要求十分严格，要他们彻底发挥他们的能力，以严密的组织作为经营的基础。伊藤当然无法接受一雄的豪迈粗犷的做法，伊藤因此要求一雄改善工作态度，按照伊藤洋货行的经营方法去做。

但是一雄根本不加以理会，依然按照自己的做法去做，而且业绩依然达到水准以上，甚至有飞跃性的增长。这样充满自信的一雄，就更不肯修正自己的做法了。他说："一切都这么好，证明这路线没错，为什么要改?"

为此，双方意见的分歧愈来愈严重，终于到了不可收拾的地步，伊藤只好下定决心将一雄解雇。

这件事情不单是人情的问题，而是关系着整个企业的存亡问题。对于最重视秩序、纪律的伊藤而言，食品部门的业绩固然持续上升，但是他却无法容忍"治外法权"如此持续下去，因为这样是会毁掉过去已辛苦建立的企业体制和组织基础的。

从企业的发展大局来看待这一事情，伊藤的做法是正确的，严明纪律的确是不容忽视的。

几乎在任何组织里，都存在几个难摆弄的人物，他们存在的目的似乎就是为了把事情搞糟。他们到处搬弄是非，传播流言，破坏组织内部的和谐。最糟糕的是，他们像果箱里的烂苹果，如果你不及时处理，它会迅速传染，把果箱里其他苹果也弄烂，"烂苹果"的可怕之处在于它那惊人的破坏力。一个正直能干的人进入一个混乱的部门可能会被吞没，而一个无德无才者能很快将一个高效的部门变成一盘散沙。组织系统往往是脆弱的，是建立在相互理解、妥协和容忍的基础上的，它很容易被侵害、被毒化。破坏者能力非凡的另一个重要原因在于，破坏总比建设容易。一个能工巧匠花费时日精心制作的陶瓷器，一头驴子一秒钟就能毁掉它。即使拥有再多的能工巧匠，也不会有像样的工作成果。可见，团队的精神是多么可贵。一个优秀的团队意味着每一名成员都是优秀的，其一言一行都代表着这个团队的形象。

人都有渴望被赞誉和认可的心理需求，这是人性的特点，这种特点会根据个人性格而表现出强弱程度不同。但有的人会因全局关系需要合作而克制自己的心理需求，有的人却表现得更加强烈，表现得更加强烈的人会形成个人英雄主义，这种人会对合作对象形成排挤，往往会导致人与人之间的合作形成断层，还会造成分崩离析，影响全局。

所以说团队精神的培育不是一句口号、一个形式，而是一项大工程。有人说团队精神在企业提倡是一个规章制度问题，在社会上提倡是一个道德问题，在家庭中提倡是一个伦理问题，在学校提倡是一个纪律问题，这说明企业要想弘扬团队精神必须要有相应的条文规定和制度约束，而不仅仅是一句口号形式，并且要从上至下贯彻执行公司的团队纪律规定，特别作为各部门的领头人要身体力行去倡导实践。

员工刘明，刚进公司时工作积极，能力较强，很快成了业务骨干。可是好景不长，一段时间以后，刘明的工作态度忽然发生了很大的转变，对部门的工作能推就推，即使接受了，也是应付了事。虽然他能力确实很强，可是态度消极，满腹牢骚，经常和上级争吵，成了一个令管理者头疼的问题员工。

发现这个问题后，公司针对刘明的转变进行了调查，原来起因是刘明以前的上级在离任之前，没有处理好刘明的休假补助问题，并在处理这个问题的过程中产生了一些误会，导致刘明认为公司对他不公，因此开始消极对待工作，造成了比较恶劣的影响。

考虑到刘明确实是个人才，找出原因后，公司寻找合适的机会，试图解开这个矛盾。正好此时公司一个基层管理岗位进行公开竞聘。这个岗位与刘明的能力很匹配，可是因为他平时的表现，大家都不看好他。在竞聘过程中，公司认为，对于刘明这样因为一时误会导致心态产生扭曲的问题员工，应给予更多的理解和宽容，从而能让他充分发挥自己的才能。最后，刘明成功竞聘上了这个基层管理岗位。一个更加积极努力的基层管理者又重新活跃在工作岗位上了。

有一些员工之所以成为问题员工，其实往往并非其本身的意愿，而是因为受到外部环境的影响，寻找发泄的途径。这个时候，假如管理者能给予更多的理解和关心，问题员工往往能自行解决问题，成为一名优秀的员工。

在管理中，对于刘明这样的问题员工，绝不能听之任之，否则对团队造成的伤害将是其业绩所无法弥补的，但也不能简单地开除了事。一名合格的管理者应该认真分析员工出现问题的根源，找到适当的解决方案。

如何才能建立一支优秀的团队：

1. 一定要抓好成员的品质建设。单位里的成员来自四面八方，有着不同的学习经历和背景，汇聚到一个集体中来，张扬个性不是目标，团体意识才是要提倡的主旋律。

2. 企业中的人往往是鱼龙混杂、良莠不齐的，这种现象几乎没有一个组织能够幸免。如果企业中存在一个“烂苹果”，应该马上采取行动将其清除，否则的话，后果将不堪设想。

◆舍得放弃破坏整个团队的害群之马。

◆建立人人都强的高效团队，组织学习型团队。

◆领导者应加强引导、及时防范影响团队效率的不良因素。

棕熊法则：绩效管理的诀窍

黑熊和棕熊喜食蜂蜜，都以养蜂为生。它们各有一个蜂箱，养着同样多的蜜蜂。有一天，它们决定比赛看谁的蜜蜂产的蜜多。

黑熊想，蜜的产量取决于蜜蜂每天对花的“访问量”。于是它买来了一套昂贵的测量蜜蜂访问量的绩效管理系统。在它看来，蜜蜂所接触的花的数量就是其工作量。每过完一个季度，黑熊就公布每只蜜蜂的工作量；同时，黑熊还设立了奖项，奖励访问量最高的蜜蜂。但它从不告诉蜜蜂们它是在与棕熊比赛，它只是让它的蜜蜂比赛访问量。

棕熊与黑熊想的不一样。它认为蜜蜂能产多少蜜，关键在于它们每天采回多少花蜜——花蜜越多，酿的蜂蜜也越多。于是它直截了当告诉众蜜蜂：它在和黑熊比赛看谁产的蜜多。它花了不多的钱买了一套绩效管理系统，测量每只蜜蜂每天采回花蜜的数量和整个蜂箱每天酿出蜂蜜的数量，并把测量结果张榜公布。它也设立了一套奖励制度，重奖当月采花蜜最多的蜜蜂。如果这个月的蜂蜜总产量高于上个月，那么所有蜜蜂都受到不同程度的奖励。

一年过去了，两只熊查看比赛结果，黑熊的蜂蜜不及棕熊的一半。

黑熊的评估体系很精确，但它评估的绩效与最终的绩效并不直接相关。黑熊的蜜蜂为尽可能提高访问量，都不采太多的花蜜，因为采的花蜜越多，飞起来就越慢，每天的访问量就越少。另外，黑熊本来是为了让蜜蜂搜集更多的信息才让它们竞争，由于奖励范围太小，为搜集更多信息的竞争变成了相互封锁信息。蜜蜂之间竞争的压力太大，一只蜜蜂即使获得了很有价值的信息，比如某个地方有一片巨大的槐树林，它也不愿将此信息与其他蜜蜂分享。

而棕熊的蜜蜂则不一样，因为它不限于奖励一只蜜蜂，为了采集到更多的花蜜，蜜蜂相互合作，嗅觉灵敏、飞得快的蜜蜂负责打探哪儿的花最多最好，然后回来告诉力气大的蜜蜂一齐到那儿去采集花蜜，剩下的蜜蜂负责贮存采集回的花蜜，将其酿成蜂蜜。虽然采集花蜜多的能得到最多的奖励，但其他蜜蜂也能捞到部分好处，因此蜜蜂之间远没有到人人自危相互拆台的地步。

这就是棕熊法则带给我们的启示：企业应实行绩效管理，提高企业管理的有效性。绩效管理是一个完整的系统，在这个系统中，组织管理者和员工全部参与进来，管理者和员工通过沟通的方式，将企业的战略、管理者的职责、管理的方式和手段以及员工的绩效目标等管理的基本内容确定下来，在持续不断沟通的前提下，管理者帮助员工清除工作过程中的障碍，提供必要的支持、指导和帮助，与员工一起共同完成绩效目标，从而实现组织的愿景规划和战略日标。

棕熊法则为我们指出了绩效管理中七项最基本的原则：

1. 绩效系统的建立应当是基于明确清晰的企业战略。只有明确企业的战略目标和重点，同时对各种战略概念给予清晰的定义，才能够保证处于组织不同层级的人员都有统一的认识，确立正确的工作目标。

2. 绩效管理应当自上而下完成实施。企业的目标自上而下系统地分解为部门的目标和团队以及个人的目标，部门、团队和个人目标的实现有力地支撑着企业目标的实现。

3. 绩效管理应当被平衡实施，兼顾企业长期利益和短期利益，兼顾结果和过程。按照平衡计分卡的目标，在企业的不同层面绩效管理都应当全面考虑财务、客户、内部营运和学习成长四个方面的指标。

4. 绩效管理应当是客观和明确的。在制定详细周密的绩效计划的基础上，确定用来衡量某岗位工作业绩表现的结构化、量化的关键业绩指标（KPI）。

5. 绩效管理不仅仅是人力资源管理部门的工作，还是每一位经理的工作。每一位一线经理在绩效管理工作中，都要和下属员工共同商议，确定员工的主要工作目标及其效果，并给予大量的帮助和指导，以确保绩效的实现。

6. 绩效管理应当包括不同层面人员的衡量指标。从企业高层到中层，从中层到基层员工，绩效管理的关注点逐渐从财务结果转移到偏重内部运营，而衡量的指标也从结果型指标转向偏重过程型指标。

7. 绩效管理必须与薪酬激励体系和员工职业发展体系明确联系起来。

关于管理与绩效管理，摩托罗拉有一个观点：企业 = 产品 + 服务，企业管理 = 人力资源管理，人力资源管理 = 绩效管理，可见绩效管理在摩托罗拉公司的地位是多么的重要。

摩托罗拉给绩效管理下的定义是：绩效管理是一个不断进行的沟通过程，在这个过程中员工和主管以合作伙伴的形式就下列问题达成一致：

（1）员工应该完成的工作；

（2）员工所做的工作如何为组织的目标实现做贡献；

（3）用具体的内容描述怎样才算把工作做好；

（4）员工和主管怎样才能共同努力帮助员工改进绩效；

（5）如何衡量绩效；

（6）确定影响绩效的障碍并将其克服；

摩托罗拉认为绩效管理是：

（1）一个公司总体人力资源战略的一部分；

（2）评价个人绩效的一种方式；

（3）重点放在提高员工个人综合技能提高上的一种过程；

（4）将个人绩效与公司的任务、目标相联系的一种工具。

摩托罗拉是将绩效管理上升到了战略管理的高度，并给予足够的重视，正因为如此，绩效管理才能够开展得好；摩托罗拉的绩效管理从计划到制度流程，到具体实施，都有具体的定义和规范，保证了可操作性；同时，沟通被反复强调，没有沟通的绩效管理无法想象，没有沟通的管理也不能给我们希望。摩托罗拉在绩效管理方面的成功经验，有很多地方值得企业学习和汲取。

绩效管理的几个步骤：

1. 目标分解和制订。

这是绩效管理过程中最初始的一个环节，指标设计是否合理，决定了企业上下是否能够纵向一致地达成战略目标。通过逐层分解，每位员工就会得到量身定做的几项关键绩效指标。不同的关键绩效指标驱动着不同的行为方式，权重的设定也决定着员工的工作是否能和公司战略方向保持一致。

分解指标时，还要综合考虑业务指标和行为指标、结果性指标和过程性指标的平衡。

2. 绩效辅导和跟踪。

所有的管理者都必须为自己的下属做辅导，帮助他们提高绩效。而且，动态的绩效管理，需要整个流程的跟踪。

企业的绩效管理在这个环节中容易走入多个误区。一是持续性沟通不足，在员工中很难推行。二是中高层管理者的参与感和管理水平不够，认为这仅仅是人力资源部门或咨询顾问做的事。三是不重视管理信息数据的收集，特别是过程和战略指标的数据无法顺利获得。数据缺乏，管理就无法进行，形成了一个恶性循环。

3. 绩效比较和考核。

绩效管理，原则上是由上对下进行。所以在考核环节，基本上是管理者对下属做考核，下属给予反馈，双方再进行沟通。绩效管理是为每个人度身定做，所有人都是和自己的目标比较，看完成情况如何。

4. 绩效激励和发展。

获得考核结果后，还要及时地与激励制度和能力发展计划挂钩才能发挥作用。

◆绩效管理的SMART原则：S是明确的，M是可衡量的，A是可操作的，R是相关的，T是有时限的。

◆确保工作活动和产出与组织的目标一致，将企业的战略目标分解。

◆绩效管理必须与薪酬激励体系和员工职业发展体系明确联系起来。

华盛顿合作定律：合作的负效应

在拉绳实验中，先把被试者分成2人组、3人组和8人组，要求各组用尽全力拉绳；然后，要求这些被试者单独用尽全力拉绳。不管是分组拉绳还是单独拉绳，都用灵敏度很高的测力器分别测量各组和每个被试者的拉力，并进行比较。测量和比较的结果是，2人组的拉力只是这两人单独拉绳时拉力总和的95%，3人组的拉力只是这3人单独拉绳时拉力总和的85%，而8人组的拉力则降到这8个人单独拉绳时拉力总和的49%。

拉绳实验中出现“1+1<2”的情况说明：有人偷懒！而且在一起干活的人越多，偷懒的现象越严重。众所周知，人有与生俱来的惰性，单枪匹马地独立干活，干得好或干得差都由自己负责，一般都会竭尽全力。可是当大家一起干活时，由于责任分解到大家身上，每个人的责任相对小了，于是自然而然就会出现偷懒现象。社会心理学家研究认为，这是集体干活时存在的一个普遍现象，并将其概括为“社会浪费”。

华盛顿合作定律正是从这个拉绳试验而来。一个人敷衍了事，两个人互相推诿，三个人则永无成事之日，这就是华盛顿合作定律。这一定律告诉我们：人与人的合作不是人力的简单相加，而是要复杂和微妙得多。在人与人的合作中，假定每一个人的能力都为1，那么10个人的合作结果有时比10大得多，有时甚至比1还要小。因为人不是静止的物，而更像方向不同的能量，相互推动时自然事半功倍，相互抵触时则一事无成。

某知名管理顾问接到H公司李总的求助电话之后，犹豫了很久。李总是他的好友，自然不便推托。H公司的现状确实很棘手，组织结构、管理制度、人力资源、市场营销等方面存在一大堆的问题。

这位顾问心想："该从何处入手呢？"因为他与H公司接触过几次，了解到公司决策层的做法还是"摸着石头过河"。

所以，他提议首先改变操作层面上的混乱状态。于是，他让所有的员工玩一种游戏。首先，把在场的员工分成两组，然后让A组的每个成员从一叠扑克牌中选取最好看的两张；请B组每人选取两张红桃，并对点数作了明确的要求。最后，两组人员把各自的牌都亮了出来，出现了下面的结果：

A组：黑桃2、方块A、黑桃8、梅花Q、红桃3……

B组：红桃A、红桃K、红桃Q、红桃J、红桃10……

"发现问题了吗？"他问李总。

李总仍然迷惑不解，要求解释。

"两组的结果是完全不同的，A组是一副杂牌，B组却是一手红桃同花顺。A组的人都按照各自不同的审美观来选牌，因为我对他们没有明确的指令。但很显然，他们每个人的做法都是一种个人行为。个人行为与个人行为混合在一起被叫做'乌合之众'。看看B组，清一色的同花顺，这才是组织行为。"

这时，李总轻轻"喔"了一声。

他继续说："你能拿一副杂牌去打败对手的同花顺吗？""当然不能。恕我直言，如果公司的管理现状不及时改变的话，恐怕会印证'以乱攻治者亡'这句哲言。"现在H公司处于A组的混乱状态，这不是员工的过错，而是管理层有问题。如果一个企业想要得到一副"同花顺"，必须达到两个条件：第一，决策层一定要思路清晰；第二，要给员工发出明确的指令。否则，员工们要么茫然失措，要么自行其是。

华盛顿合作定律说明了一个普遍存在的"责任分散"现象。对某一件事来说，如果是单个个体被要求单独完成任务，责任感就会很强，会作出积极的反应。但如果是要求一个群体共同完成任务，群体中的每个个体的责任感就会很弱，面对困难或遇到责任往往会退缩。因为前者独立承担责任，后者期望别人多承担点儿责任。"责任分散"的实质就是人多不负责，责任不落实。

ABB公司是生产发电机、机车以及防公害设备的具有世界水准的重型机电设备企业，年销售额为300亿美元。1988年瑞典的阿塞亚公司和瑞士的布朗·保彼公司合并时，该公司总裁帕西·巴奈彼科将总部原有的1000多人缩减到150人，而且他们几乎都是负责生产一线的管理人员。通常由总部担负的职能，如财务、人事、战略规划等都下放给基层，由分布在不同国家和地区的业务部门自行完成。

该公司还有一个引人注目的地方，就是它拥有5000个“利润中心”，每个中心平均有50名员工。各中心分别拥有各自的损益计算表、资产负债平衡表，与客户保持直接的业务联系。这种利润中心的最大优势是具有独立性，它可以摆脱各种制约，最大限度地接近市场，为客户提供全面、满意的服务，是一种最能代表顾客需要的企业组织形式。能够与市场保持最紧密的业务运营可以说是精干的总部的最大优势。此外，它还有很多优点，如决策迅速、便于内部交流，以及较为高效地分配经营资源。

人多必闲，闲必生事。建立精干的总部还有利于培养员工的创新意识。大幅度放宽权限后，促进了员工创新素质和能力的提高，打破了过去那种逐级晋升的垂直移动，取而代之的是以水平调动的方式来磨练员工的创新精神。这样，ABB公司作为一家大型企业就更能适应未来世界市场的变化。

ABB公司在管理中有效克服了华盛顿合作定律，主要是在组织管理上信息畅通，放宽权限，大家通力合作，在分工中建立了有效运作的机制，保障合作者之间经常沟通，对具体问题及时交流探讨、协作应对，从而产生了1加1大于2的效应；反之就会带来1加1小于2甚至等于0的效果。

作为一个管理者，要想有效克服华盛顿合作定律的负面效应，应该把解决的重点放在以下八个方面：生存环境、竞争规则、组织功能、岗位分工、绩效考核、绩效管理、生涯规划、企业文化。

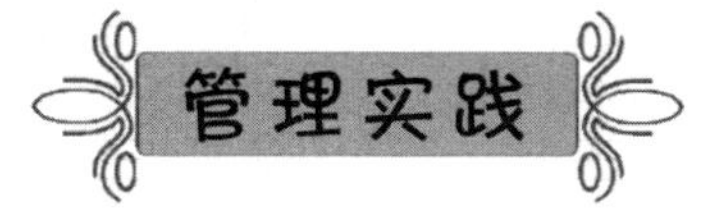

建立高效、合作团队的四个条件：

1. 以人性脆弱为基础的信任。要建设一个具有凝聚力并且高效的团队，第一个且最为重要的一个步骤，就是建立信任。这意味着一个有凝聚力的、高效的团队成员必须学会自如地、迅速地、心平气和地承认自己的弱点、错误、失败、求助。他们还要乐于认可别人的长处，即使这些长处超过了自己。

2. 良性的冲突。团队合作中一个最大的阻碍，就是对于冲突的畏惧。这来自于两种不同的担忧：一方面，很多管理者采取各种措施避免团队中的冲突，因为他们担心丧失对团队的控制；另外一些人则是把冲突当作浪费时间。他们愿意留出更多的时间来实施决策。管理者和他的团队需要做的，是学会识别虚假的和谐，引导和鼓励适当的、建设性的冲突。

3. 坚定不移地行动。要成为一个具有凝聚力的团队，管理者必须学会在没有完善的信息、没有统一的意见时作出决策。

4. 无怨无悔才会彼此负责。卓越的团队不需要管理者提醒团队成员竭尽全力工作，因为他们很清楚需要做什么，他们会彼此提醒注意那些无助于成功的行为和活动。如果有清晰的团队目标，有损这些目标的行为就能够轻易地得到纠正。

◆确定责任人的最佳人数。

◆让每个人知道目标，建立互助高效的团队。

◆加强组织内部的沟通，处理好上下级关系。

二八法则：重要的多数和烦琐的少数

1897年，意大利经济学家帕累托在他从事经济学研究时，偶然注意到19世纪英国人的财富和收益模式。在调查取样中，他发现大部分所得和财富流向了少数人手里，但他同时发现了两项非常重要的事实。第一项发现：某一族群占人口总数的百分比和该族群享有的总收入或财富之间有一个数学关系，即20%的人占有80%的财富。让帕累托真正感到兴奋的是另一项发现，就是这种不平衡现象到处都存在，并会重复出现。当时，不管是早期的英国，还是与他同时代的其他国家，或是更早期的资料，相同的模式一再出现，而且在数学上有相当的准确度，即20%与80%的比例关系。后人对于这项发现有不同的命名，例如帕累托法则、帕累托定律、二八法则、二八定律、最省力的法则、不平衡原则等。这就是二八管理法则的由来。

二八法则充分说明了经营企业不应该面面俱到，要抓关键的人、关键的环节、关键的岗位和关键的项目。也就是说，管理者要将主要导向和主要精力放在20%的少数以带动80%的多数，以提高企业效率。一个较小的诱因、投入或努力，往往可以产生较大的结果、产出或酬劳。几乎在所有的事物上，导致事物的最终结果都可能只归因于少数的原因、投入和努力，而其他大部分的工作只能带来微小的影响。也就是说，80%成果的取得，是出自20%的付出。

如果灵活运用80/20法则，不仅可以使公司的利润大大增加，而且可以使整个公司脱胎换骨。

乔治亚公司是一家年营业额达到数百万美元的地毯供应商，这家公司过去只卖地毯，现在它还出租地毯，出租的是一块块接合在一起的地毯，而非整块地毯。

原来这家公司意识到，在一块地毯上，80% 的磨损出现在 20% 的地方。通常，地毯到了要替换时，大部分的地方仍然完好无损。

因此，在公司出租计划中，一块地毯只要检查出有磨损或毁坏，就给客户更换那一小块磨损或毁坏的地方。

这种做法同时降低了公司和顾客的成本，使该公司的业务蒸蒸日上，而且引起许多家同行的仿效。

二八法则所提倡的经营指导思想，就是“有所为，有所不为”的经营方略。这一企业经营法则之所以得到国际企业界的普遍推崇，就在于它用 20% 的比例，确定了经营者管理的大视野，让企业家们知道，要想使自己的经营管理能突出重点，抓出成效，就必须首先弄清楚企业中的 20% 到底是哪些，从而将自己经营管理的注意力集中到 20% 的重点经营业务上来，采取有效的倾斜性措施，确保重点方面得到重点突破，进而以重点带全面，取得企业经营的整体进步。美国、日本的一些国际知名企业，经营管理层都很注重运用二八法则进行企业经营管理运作，不断调整和适时确定企业阶段性的 20% 的重点经营业务，注重从二八法则这一入木三分的经营法则中，体会如何采用得当的方法，将一个规模很大的企业管理得有条不紊，并使那些重点经营业务在管理中得到突出，并有效发挥带动企业经营全面发展的“龙头”作用。

被称为“20 世纪最大投资失败”的铱星公司倒闭，就是被“二八法则”击败的典型事例。铱星公司出身豪门（后台是大名鼎鼎的摩托罗拉），其所推出的铱星电话——“在世界任何地方都能打通的电话”技术上的先进性举世无双，可就是这样一个“天之骄子”，却在投入运营两年后不得不宣布倒闭，原因何在？除了运营方面的种种失误，最重要的败因正是它所追求的“覆盖全球”的理想。不要忘了，地球表面的 80% 以上是人迹罕至的海洋、极地和高山，为了将这些地域纳入通讯网络，铱星公司不但要发射大量卫星，还要负担维护其运转的巨大费用，可是这些地方所能产生的利润却微乎其微。这些成本最终都要由另外那 20% 地区的用户负担，这就是造成铱星电话价格过高，无法和普通移动电话竞争的原因。

二八法则给我们的一个忠告是：应该把精力用在最见成效的地方，所谓“好钢用在刀刃上”，要善于抓住机遇。在激烈的商业竞争中，当足以决定成败的战机出现时，就要敢于将大部分精力投入进去以争取胜利。如果一味地强调平衡，死守“一分耕耘，一分收获”的所谓“公理”，那么就会受到二八法则的惩罚。

管理实践

二八法则对管理的启示有如下几点：

1. 管理要具有全局观念。从二八法则出发，既要了解总体的20%，也有必要理解总体的80%。在这一点上，有一个关键因素，就是要具有直观想象全局的能力。

2. 人力资源战略。一视同仁可能无助于提高企业整体效率和竞争力，在人力资源管理中，往往是20%的人完成了80%的工作任务，因此企业要保证稳定的人力资源结构。作为管理者，任何时候都要保持清醒的头脑，要分析本企业20%的核心成员是谁？他们需要企业给予什么帮助？这些人各有什么特点和优势？有什么缺点？以便采取相应的对策。通过重点培养和激励20%的骨干力量，来带动企业另外80%员工的积极性和创造性，促使他们向20%的骨干力量学习，从而使整个企业人员素质、工作效率和业绩不断地向上攀升。

3. 营销战略。应专注于20%能够带来高利润的核心技术和产品，在对待客户上，客户的价值是不等的。发展和留住客户的成本也是不等的，一般来讲，发展新客户的成本是留住老客户的5倍，重点要留住老客户、忠诚客户，也是因为这20%的客户能够带来80%的利润。

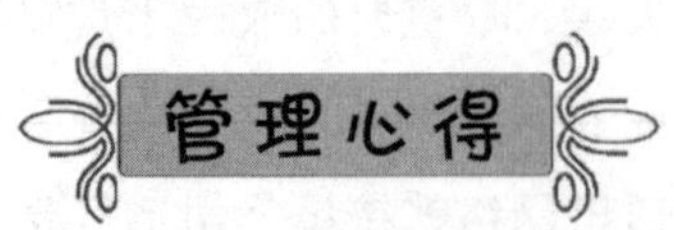

管理心得

◆20%的客户会带来80%的生意。

◆明确企业经营应该关注的重要方面，从而抓住重点、以点带面。

◆要抓住为企业创造80%利润的少数关键人才，并采取相应措施重用这些人才。

不值得定律：态度决定一切

不值得定律最直观的表述是：不值得做的事情，就不值得做好，这个定律似乎再简单不过了，但它的重要性却时时被人们遗忘。不值得定律反映出人们的一种心理，一个人如果从事的是一份自认为不值得做的事情，往往会保持冷嘲热讽、敷衍了事的态度。不仅成功率小，而且即使成功，也不会觉得有多大的成就感。

哪些事值得做呢？一般而言，这取决于三个因素。

1. 价值观。关于价值观有很多，只有符合员工自身价值观的事，员工才会满怀热情地去做。

2. 个性和气质。一个人如果做一份与他的个性气质完全背离的工作，他是很难做好的，如一个好交往的人成了档案员，或一个害羞者不得不每天和不同的人打交道。

3. 现实的处境。同样一份工作，在不同的处境下去做，给人们的感受也是不同的。例如，在一家大公司，如果你最初做的是打杂跑腿的工作，你很可能认为是不值得的，可是，一旦你被提升为领班或部门经理，你就不会这样认为了。

值得做的工作是：符合我们的价值观，适合我们的个性与气质，并能让我们看到期望。如果你的工作不具备这三个因素，你就要考虑换一个更合适的工作，并努力做好它。

因此，对个人来说，应在多种可供选择的奋斗目标及价值观中挑选一种，然后为之而奋斗。“选择你所爱的，爱你所选择的”，才可能激发我们的奋斗毅力，也才可以心安理得。而对一个企业或组织来说，则要很好地分析员工的性格特性，合理分配工作，如让成就欲较强的员工单独或牵头来完成具有一定风险和难度的工作，并在其完成时给予及时的肯定和赞扬；让依附性较强的员工更多地参加到某个团体里共同工作；让权力欲较强的员工担任一个与之能力相适应的主管。同时要加强员工对企业目标的认同感，让员工感觉到自己所做的工作是值得的，这样才能激发员工的热情。

前文提到人的需求遵循生理需求、安全需求、被尊重的需求、人际交往的需求和自我实现需求的递增规律，只有低层次的需求得到满足之后，人们才可以更加安心地工作，更愿意全心地付出，达到自我管理和自我实现的目的。

对于员工来说，生理和安全的需求都比较容易被满足，但在被尊重的需求上，许多员工都抱有怨言，认为自己经常不被尊重，经常被管理者视为己有，时刻受到管理者的监督，被管制得很严，没有一点时间可供自己自由支配，自己的想法无法得到实现，工作环境很压抑。

如果管理者允许，他们更愿意主动地工作，独自创新，用自己的能力实现自己的主张。每个员工都是一个小“发动机”，这个“发动机”能否有效运转和管理者的风格有关，和管理者加油的力度有关，如果员工没有被发动起来，管理者就要反思自己的管理风格了。

尊重员工是人性化管理的必然要求，只有员工的私人身份受到了尊重，他们才会真正感到被重视、被激励，做事情才会真正发自内心，才愿意和管理者打成一片，站到管理者的立场，主动与管理者沟通想法探讨工作，完成管理者交办的任务，心甘情愿为工作团队的荣誉付出。

大部分人都喜欢享受工作，喜欢有领导魅力的管理者，有着高度的自觉性和进取精神，把工作视为生活中的重要内容，愿意为自己喜欢的工作付出，愿意为尊重自己的管理者分忧解难。如果持续受到尊重，持续得到认可，员工们愿意和管理者成为朋友，成为互相促进的工作伙伴。

要想让员工感觉到自己所做的工作是值得的就需要尊重员工，就需要让员工学会对工作负责，自己主动承担工作，提高自我管理水平。在尊重的基础上，员工将沿着美国成功学家柯维先生所提倡的依赖—独立—互赖的发展过程有序地发展提高，最终满足员工自我实现的欲求，达到团队合作，共谋发展。

人性化的管理就要有人性化的观念，就要有人性化的表现，最为简单和最为根本的就是尊重员工的私人身份，把员工当作一个社会人来看待和管理，让管理从尊重开始。

要想使事情变得值得，企业管理者需从以下几方面做起：

共享企业目标；

明确员工贡献；

提出具体要求；

阐明任务原因；

规定时间标准。

◆尊重是良好沟通的前提。

◆管理者要为员工做好职业规划设计，找到适合他们的部门并值得担任的工作。

◆管理者要尊重员工，激发员工的工作兴趣，让员工们觉得所做的事情变得值得。

Z 理论：信任决定生产率

Z 理论是由美国日裔学者威廉·大内在 1981 年出版的《Z 理论》一书中提出来的，其研究的内容为人与企业、人与工作的关系。Z 理论认为，一切企业的成功都离不开信任、敏感与亲密，因此主张以坦白、开放、沟通作为基本原则来实行“民主管理”。

从传统的员工处于被动服从地位的组织到 Z 组织转化包括 13 个步骤：

1. 建立一种支持管理宗旨的“新的”平等关系，挖掘每个人正直的品质，发挥每个人良好的作用。

2. 分析企业原有的管理指导思想和经营方针，关注企业宗旨。

3. 企业的领导者和各级管理人员共同研讨、制定新的管理战略，明确大家所期望的管理宗旨。

4. 培养管理人员掌握弹性的人际关系技巧。

5. 检查每个人对将要执行的 Z 型管理思想是否完全理解。

6. 以创立高效合作、协调的组织结构和激励措施，来贯彻宗旨。

7. 把工会包含在计划之内，取得工会的参与和支持。

8. 确立稳定的雇用制度。

9. 制定一种合理的长期考核和提升的制度。

10. 经常轮换工作，以培养人的多种才能，扩大员工的职业发展道路。

11. 认真做好一线员工的发动工作，使变革在基层顺利进行。

12. 找出可以让基层员工参与的领域，实行参与管理。

13. 建立员工个人和组织的整体关系。

有三只老鼠一块去偷油喝，可是油缸非常深，油在缸底，它们只能闻到油的香味，根本就喝不到油，愈闻愈垂涎。喝不到油的痛苦令它们十分焦急，但焦急又解决不了问题，所以它们就静下心来集思广益，终于想到了一个很棒的办法，就是一只老鼠咬着另一只老鼠的尾巴，吊下缸底去喝油，它们取得一致的共识：大家轮流喝油，有福同享，谁也不可以有自私独享的想法。

第一只老鼠最先吊下去喝油，它想："油就只有这么一点点，大家轮流喝一点也不过瘾，今天算我运气好，不如自己痛快地喝个饱。"夹在中间的第二只老鼠也在想："下面的油没多少，万一让第一只老鼠喝光了，那我岂不要喝西北风吗？我干嘛这么辛苦地吊在中间让第一只老鼠独自享受一切呢！我看还是把它放了，干脆自己跳下去喝个淋漓痛快！"第三只老鼠也暗自嘀咕："油那么少，等它们两个吃饱喝足，哪里还有我的份，倒不如趁这个时候把它们放了，自己跳到缸底饱喝一顿，一解嘴馋。"

十是第二只老鼠放了第一只老鼠的尾巴，第三只老鼠也迅速放了第二只老鼠的尾巴，它们争先恐后地跳到缸里头。等它们吃饱喝足才突然发现自己已经浑身湿透，加上脚滑缸深，它们再也逃不出这个美味的油缸。最后，三只老鼠都困死在这个油缸里。

一个优秀的团队必须有一个共同的目标，每个成员对团队内的其他成员的品行和能力都要确信无疑，并且能够遵守承诺。

无数的事例已经证明，那些能够为人所用的优秀的职业经理人，除了本身具有出色的才华之外，更重要的是他们具有诚实、敬业的优秀品格，这才是他们取得成功的根本原因。"若要人不知，除非已莫为"，任何以牺牲组织和他人利益来获取个人利益的行为，最终必定为组织和他人所抛弃。

Z理论对创新型工作团队的启示：

1. 充分相信员工的能力和忠诚，大事管住，小事放开，赋予员工必要的行事权和决定权。对员工职权和能力范围内的事情，不指手画脚过分干预。既增强他们的主人翁意识、责任观念，又能锻炼他们解决实际问题的能力。

2. 不因为一两次小过失而对员工过分苛责，既要帮助他们寻根究底找出问题的症结所在，也要反省自己的失误，与员工共同承担责任。像对待其他员工那样对待犯过错误的员工，他们就会加倍努力以图报效。

3. 信任的前提是眼观六路耳听八方，不盲目，也不鲁莽。信任不是任意轻信每一个人，而必须根据员工的不同禀赋赋予他们适当的职权，用人之前一定要三思而行，一旦决定了就要做到用人不疑。

◆一切企业的成功都离不开信任、敏感与亲密。

◆企业的领导者和各级管理人员共同研讨、制定新的管理战略，让大家明确所期望的管理宗旨。

◆认真做好一线员工的发动工作，使变革在基层顺利进行。

水坝式法则：未雨绸缪

松下每每从自然、社会、人生中受到启迪，进而创造出自己独特的经营理论，并在自己的公司运作中屡试不爽。

“你们都见过水坝吧?”松下这样问自己的下属员工，“人们修筑水坝是为了蓄水，洪水来临用于蓄洪，减少灾害；干旱了又可以开闸泄洪，平日则用于灌溉和发电。这一收一放，是水坝的特点。”

“我认为作为企业经营同样也需要这种调节和启动机制。水坝是用于抗御自然灾害的，而将其原理用于企业，则可应付突发变故和经济萧条。”

松下认为，如果公司的各部门都有自己相应的“水坝”，即使外界情势发生变化，也能维持稳定和发展。经松下的启发诱导，各部门都建起了自己的“水坝”。这就是——

①“资金水坝”。一个10亿元资金的项目，需要11亿～12亿元的准备。如果不留余地，一旦有意外（这种意外是经常发生的，人们在做计划时很难预见其具体内容）情况发生，要追加资金，可能性甚微，如此就会造成计划中的项目半途而废。

②“设备水坝”。就是说设备使用不要达到100%，且不可作超过设备能力的运营，也就是要用大马拉小车。保有10%～20%的设备能力，就能在产品市场反应良好时，迅速作出反应，满负荷运营，以应急需。

③“库存水坝”。即要有适量的原材料和能源库存，以应因原材料减少、能源供应紧缺等原因造成的减产。

④“新产品水坝”。在新产品投入市场的同时，其换代产品已经研制定型并等待投产，另有更新的第三代产品已经投入开发。

总而言之，松下要求公司各部门不论干什么都要宽打窄用，留有余地，不能吃光用净，要有储备。除了这些有形的“水坝”外，松下尤其倡导建立无形的“水坝”，这实际上是要求员工，特别是各部门管理者要有超前意识，未雨绸缪。

商场如战场，情况瞬息万变，诡谲难测，经常处在有准备的状态，方可遇事不惊，游刃有余。这就是“心理水坝”，或曰“水坝意识”。松下说：“我深信，只要遵循这种经营方法，随时做好准备，宽裕地运用各项资源，企业不论遇到什么困难，都能长期而稳定地发展。”

有两个和尚分别住在相邻的两座山上的寺庙里。两座山之间有一条溪，这两个和尚每天都会在同一时间下山去溪边挑水，久而久之他们便成为了好朋友。

时间飞逝，不知不觉中他们一起挑水的日子一晃过了一年。突然有一天，东面这座山的和尚没有下山挑水，西面那座山的和尚心想：“他大概睡过头了。”便不以为然。哪知道第二天、第三天，直到过了一个月仍然见不到朋友下山挑水。他很担心对面的朋友可能生病了，于是决定到东面的寺庙里去找他，看看是否能帮上什么忙。

等他到了东面的寺庙，看到他的老友居然正在门前悠闲地打太极拳，一点也不像一个月没喝水的人，也没有生病。他很好奇地问：“你已经一个月没有下山挑水了，难道你可以不喝水吗？”

东面这座山的和尚说：“来来来，我带你去看。”于是他带着西面那座山的和尚走到庙的后院，指着一口井说：“这一年来，我每天做完功课后都会抽空挖这口井，即使有时很忙，我也是能挖多少就算多少。如今终于让我挖出井水来了。”

每个企业都有一种良好的发展愿望，然而在现实生活中，我们见到的大多数企业总是难以实现这个愿望。为了更好地发展，我们需要提前筑好“水坝”，未雨绸缪。

如何制定预案系统？

1. 发起动员

制定预案系统需要大家参与，可向员工说明其意义。建立预案系统，也是减轻大家的负担，在事故发生时能迅速得当地处理与解决，规避更大的风险出现，对大家的收入也更有保障性。

2. 搜寻案例

根据当前的经营状况及以前所发生过的事故案例，或者是看见过的其他同行发生过的相关案例，大家一起集思广益，展开想象力，推测可能有哪些会发生的事故。具体的案例来源除了自己的员工外，还可广泛地从政府相关部门、厂家代表或同业者那里收集整理。

3. 编写事故解决方案

人在轻松的环境下考虑问题很容易把事情想得很清晰很细，提出许多建设性的方案。对一些已发生的案例的处理情况作出总结与评定，并进一步进行修改，对一些尚未涉及的案例，也可以充分分析论证，制定安排出较为妥当的解决方案。最大化地发挥大家的想象力，把问题想透，尽可能地细化。毕竟没有事故发生，大家完全可以从容不迫地想清楚，否则事故一旦发生必然是乱作一团，恐怕就没这么清醒的头脑了。

4. 解决事故的基本程序

事故定性——外部牵涉面——内部牵涉面——解决点——解决资源调用——解决人员定位——各自负责事务——解决步骤——结果确认——损失清点。

5. 管理与运用

所有案例及相应的解决系统编写完成后，相关人员人手一册，平时组织学习，并定期组织补充修正，在必要时可考虑进行预演。

◆未雨绸缪，制定预案系统。

◆商场如战场，情况瞬息万变，经常处在有准备的状态，方可遇事不惊、游刃有余。

热炉法则：没有规矩，不成方圆

只要触摸热炉就会被烧伤，“热炉规则”是管理界中著名的惩处法则，是因触摸热炉与实行训导之间有许多相似之处而得名。在下属犯错时，它提供了很好的处理模式。

每个人都会犯错，而对错误的改正以及每个人的进步和成长，都离不开别人的劝诫。热炉规则能指导管理者有效地训导员工，这二者相似之处在于：首先，当你触摸热炉时，你得到即时的反应，瞬间感受到灼痛，使大脑逐渐养成一种习惯。其次，你得到了充分的警告，构成警示，使你知道一旦接触热炉会发生什么问题。再次，其结果具有一致性。每一次接触热炉，都会得到同样的结果——被烫伤。同样，你也会为自己的错误付出惨重的代价。最后，其结果不针对某个具体人。无论你是谁，只要接触热炉，都会被烫伤。这说明制度面前人人平等。“热炉”法则在运用中有很多的引申，企业的惩处机制是很受管理界关注的。

一家合资企业制定了严格的规章制度，但在第一次实施中就遇到了难题。一位中方女员工由于本人的疏忽，给公司造成了损失。按规定应该惩罚，但中方管理人员战战兢兢，不敢决断，因为那位女员工是外方经理的妻子。在中国文化中，人情重于原则，主管人员觉得实在难以拿经理妻子“开刀”。但如果不处罚，别的员工会不服，他们会觉得这种铁面无私的规章是摆门面的，可如果真的实施起来，会得罪人的。在人情与原则的冲突中，主管把情况汇报给经理，没想到经理对他汇报这件事感到很惊讶：“这么简单的一件事，你直接按规章办不就可以了吗？不用请示我了。”主管如释重负地走出了经理办公室。

火炉是不讲情面的，谁碰它，就烫谁，一视同仁，对谁都一样，和谁都没有私交，对谁都不讲私人感情，所以它能真正做到对事不对人。当然，人毕竟不是火炉，不可能在感情上和所有人都等距离。不过，作为管理者，要做到公正，就必须做到根据规章制度而不是根据个人感情、个人意识和人情关系来行使手中的奖罚大权。

下属犯错时，做主管的或不知所措，或处理不当，结果导致下属怨恨滋生，影响主管的威信和工作。掌握了这一规则，当下属有错时，你的应对会顺手得多，甚至游刃有余。补充一点，如果管理者训导下属，要确保这种行为是下属可以控制的。如果下属无能为力，训导就起不到什么作用。因此，训导要针对下属可以改善的行为。如果一个下属忘了上闹钟，所以迟到了，你就可以批评他；但迟到的原因若是因为上班坐的地铁突然停电，他在地下被困了半个小时，这时批评他是没有意义的，因为下属无法控制这类事情的发生。这也要求一个管理者能确实做到人情是非人本化管理。

显而易见，从热炉效应带来的启示，我们可以提炼出训导下属的四个核心原则。

1. 尽可能迅速反应。如果违规与训导之间的时间间隔延长，则会减弱训导的效果。在过失之后越迅速地进行训导，下属越容易将训导与自己的错误联系在一起，而不是将训导与训导的实施者联系在一起。因此，一旦发现违规，应尽可能迅速地开展训导工作。

2. 事先警告。作为管理者，在进行正式的训导活动之前有义务事先给予警告。也就是说，必须首先让下属了解到组织的规章制度并接受组织的行为准则。如果下属明确了哪些行为会招致惩罚，并且知道会有什么样的惩罚时，他们更有可能认为训导是公正的。

3. 行使权力的一致性。公平地对待下属，要求训导活动具有一致性。如果你以不一致的方式处理违规，则会丧失规章制度的效力，降低下属的工作士气，下属对你的工作能力也会发生怀疑。另外，下属的不安全感也会使生产受到影响。每个下属都知道许可行为和不许可行为之间的界线，并会以你的行为举止作为指南。

4. 对事不对人。热炉规则的最后一项是应使训导不针对个人。处罚应该与特定的过错相联系，而不应与违犯者的人格特征联系在一起。也就是说，训导应该指向下属所做的行为而不是下属自身。成功的训导只针对具体的行为，而不是针对个人。训导应该是具体的而不是泛泛的，训导应该述事实而不是判断或评价。

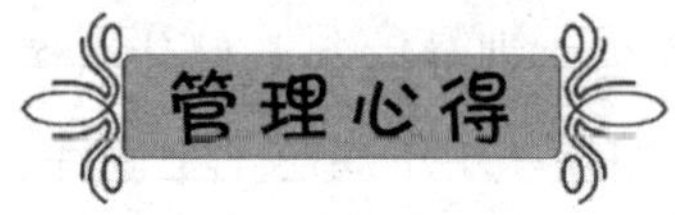

◆只要触犯组织的规章制度，就一定会受到惩处。

◆管理者要经常对下属进行规章制度教育，以警告或劝诫不要触犯规章制度，否则会受到惩处。

◆惩处必须在错误行为发生后立即进行，决不拖泥带水，决不能有时间差，以便达到及时改正错误行为的目的。

路径依赖理论：
惯性可以是动力也可以是束缚

键盘的 26 个英文字母为什么是现在这样的排序？

很多人都思考过这个问题，并认为目前的这种排序一定经过了某种严谨、科学的论证，这种排序或许比较符合手指灵活运用的生理规律，或许与英文字母的使用频率有关，总之，思考过这个问题的人都愿意相信这是比较科学的一种排序结果。

真实的原因并不是这样。早期的键盘是机械式的，不了解的人，做梦都可能想不到目前这种排序结果仅仅是因为机械键盘中“Q、W、A、S”这几个键很容易坏，故障率很高，为了便于修理，人们便把它设置到了键盘左上角的位置，这与手指的生理运动规律及英文字母的使用频率完全没有关系。

既然如此，结合英文字母的使用频率与手指的生理运动规律，一定还会有一种提高打字效率的排序方式存在。在电子化键盘问世的时候，就有人发现了这个问题并提出了解决方案，事实证明进行优化后的排序，可以使人们的打字效率提高近 30%。

这个发现，让发现者非常兴奋，很快有关组织和机构便接受了这个科学的建议，开始普及推广新的键盘。可结果却很让人失望，尽管人们知道重新排序后的键盘有诸多好处，尽管这是增加培训成本也值得改变的一件事情，但却没有人愿意接受它，已经习惯键盘原来排序方式的人们不愿意改变自己的习惯。于是在机械式键盘年代产生的这个并不科学的字母排序键盘就一直沿用至今。

键盘的故事很好地说明了路径依赖理论。起初，新制度经济学家诺斯创立了制度变迁的“轨迹”概念，目的是从制度的角度解释为什么所有的国家并没有走同样的发展道路，为什么有的国家长期陷入不发达，总是走不出经济落后制度低效的怪圈等问题。诺斯考察了西方近代经济史以后，认为一个国家在经济发展的历程中，制度变迁存在着严重的“路径依赖”现象。

路径依赖指的是一种制度一旦形成，不管是否有效，都会在一定时期内持续存在并影响其后的制度选择，就好像进入一种特定的“路径”，制度变迁只能按照这种路径走下去。路径依赖使小事件和环境可以决定某种发展的结果，而且一旦某些小事件和环境的结果占据主流，就导致这种发展进入特定的路径。广义上路径依赖说明历史上某一时间已经发生的事件将影响其后发生的一系列事件。狭义上路径依赖意味着一旦一个国家或地区沿一种轨迹开始发展，改变发展道路的成本非常高。尽管存在着其他的道路选择，但已建立的制度会阻碍对初始选择的改变。

路径依赖类似于物理学中的“惯性”，一旦选择进入某一路径，就可能对这种路径产生依赖。某一路径的既定方向会在以后的发展中得到自我强化。人们过去做出的选择决定了他们现在及未来可能的选择。好的路径会起到正反馈的作用，通过惯性和冲力，产生飞轮效应而进入良性循环；不好的路径会起到负反馈的作用，就如厄运循环，可能会被锁定在某种低层次状态下。

不管是良性循环还是厄运循环，路径依赖背后隐藏的是人们对利益的考虑。对组织来说，一种制度形成以后，会形成某种既得利益集团，他们对现存路径有强烈的要求，力求巩固现有制度，阻碍选择新的路径，哪怕新的体制更有效率。

惠普前任 CEO 卡莉是再造惠普的功臣。在重塑惠普公司的过程中，卡莉遇到了最艰苦的挑战。对于卡莉大规模的改革，中层经理和普通员工漫不经心或无动于衷。对待卡莉制定的计划，他们不断弱化设定的目标，调整定下的时间表，举出一些例外情况——等到最后，基本上抽掉了卡莉想实现的主要内容。而董事会也不断发难，一切都让卡莉举步维艰。

卡莉最终获得了董事会的支持，说服董事会成员彻底与过去决裂，她明确指出为股东创造价值是公司的战略目标，为此必须为惠普公司重新定位，她要把惠普塑造成一个世界级的领导企业。之后她对惠普进行成功的战略改造。改变“路径依赖”是件很难的事，不过，变迁的路径，决定了未来的方向。

当一项已经发生的投入，无论如何也无法收回时，这种投入就变成了“沉没成本”。

有一个老人特别喜欢收集各种古董，一旦碰到心爱的古董，无论花多少钱都要想方设法买下来。

有一天，他在古董市场上发现了一件向往已久的古代瓷瓶，花了很高的价钱把它买了下来。

他把这个宝贝绑在自行车后座上，兴高采烈地骑车回家。谁知由于瓷瓶绑得不牢靠，在途中“咣当”一声从自行车后座上滑落下来，摔得粉碎。这位老人听到清脆的响声后居然连头也没回。这时，路边有位热心人对他大声喊道：“老人家，你的瓷瓶摔破了！”老人仍然头也没回地说：“摔碎了吗？听声音一定是摔得粉碎，无可挽回了！”不一会儿，老人家的背景消失在茫茫人海中。

老人的反应是不是很让人惊讶？如果是一般人肯定会从自行车上跳下来，对着已经化为碎片的瓷瓶捶胸顿足、扼腕痛惜，有的可能会经过好长时间才得以恢复精神。

每一次选择我们都要付出行动，每一次行动我们都要投入。不管我们前期所做的投入还能不能收回，是否真的还有价值，在作出下一个选择时，我们不可避免地会考虑到这些。

最终，前期的投入就像坚固的铁链一样，把我们牢牢锁在原来的道路上，无法作出新的选择，而且投入越大，被锁的越结实，可以说，“沉没成本”是路径依赖现象产生的一个主要原因。

要想改变坏的路径依赖，就得做好企业变革管理的工作。变革管理的难点和目标在于平衡好变革与发展及稳定的关系。

1. 要明确企业的使命和核心价值观。对于一个企业来说，长期目标、短期目标、经营策略、组织结构、企业领导等都是可能频繁发生变化的，但企业的使命和核心价值观是不应频繁变化的。当重大变革来临时，它们会起到维系组织的作用。

2. 要建立开放式的信息沟通系统，尤其是企业内部人员与外部市场环境之间的信息沟通渠道要畅通。这样做能确保企业内部人员的思想不与外部市场脱节。当外部市场变化时，企业内部相关人员会自动生成部分变革原动力，减少变革的阻力。这个信息系统同时要起到变革预警机制的作用。

3. 培养企业内部的社会资本，即人与人之间及企业与人之间的信任。单个变革不可能让每个团体都同时平均受益，更多的情况是让一部分人短期先受益，并通过一系列的变革能长期确保每个人的最根本利益。在这样的情况下，员工之间、企业与员工之间的信任尤为重要。没有足够的信任，就没有人愿意承担给予别人先发优势的风险，变革只能采取平均主义的方式而限制了变革效率。

4. 要注意选拔有变革精神的人员配置在中高管理层。有一个二六二原则讲得很好：对任何变革来说都有大约20%的人支持，20%的人反对，剩下60%的人观望。变革的关键是要使支持变革的20%的力量强大，以这20%的强大力量去影响和争取60%的中间派，如果中高层领导都在这20%的支持变革的人群里，那么变革成功的可能性就会大大增加。所以在选拔中高层领导时，应注意他们过去在变革中的表现。一般来说，这方面过去的表现是其未来表现的良好指针。

5. 要注意使组织设置具有灵活性。比如说，过分细化的组织结构及泾渭分明的职责分工会使企业变革难度增大，而采取跨部门小组等方式就会灵活得多。

管理心得

◆企业发展初期就要建立强大且优秀的企业文化，以保证企业一直处于良性循环。

◆当“路径”成为束缚时，试图实现制度革新，使企业资源最优化。

◆作为个人，要敢于走出职业的“路径依赖”。

达维多定律：只有先进技术才能抢占先机

达维多定律是以英特尔公司副总裁达维多的名字命名的。达维多认为，一家企业要想在市场中占据主导地位，那么就要做到第一个开发出新一代产品，第一个淘汰自己现有的产品。如果被动地以第二或者第三家企业将新产品推进市场，那么获得的利益远不如第一家企业作为冒险者获得的利益，因为市场的第一代产品能够自动获得 50% 的市场份额，尽管可能当时的产品还不尽完善。

这一理论的基点，是着眼于市场开发和利益分割的成效。人们在市场竞争中无时无刻不在抢占先机，因为只有先入市场才能更容易获得较大的份额和高额的利润。英特尔公司在产品开发和推广上奉行达维多定律，获得了丰厚的回报。英特尔公司始终是微处理器的开发者和倡导者，他们的产品不一定是性能最好的和速度最快的，但他们一定做到是最新的，为此，他们不惜淘汰自己哪怕是在市场上正卖得很好的产品。例如 486 处理器，当这一产品还大有市场的时候，他们有意缩短了 486 的技术生命，由奔腾处理器取而代之。英特尔公司运用达维多定律永远把握着市场的主动，把竞争对手甩在背后，把供货商和消费者吸引在周围，引导着市场，也掌握着市场。

达维多定律揭示的真谛是：不断创造新产品，及时淘汰老产品，使成功的新产品尽快进入市场，形成新的市场和产品标准，也就是掌握行业标准，制定游戏规则。要做到这一点，其前提是要在技术上永远领先。

美国杜邦公司是从一家制造黑火药的小作坊发展成世界著名跨国公司的，该公司执行副总裁、首席运行官古曼森道出杜邦公司的经营之道：创

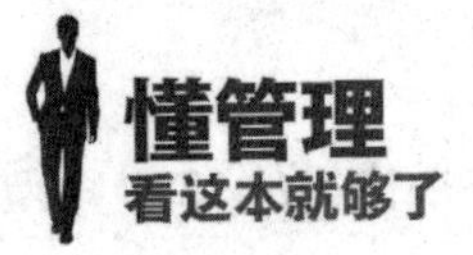

新是企业发展的永恒主题。200 多年来，杜邦历经三次大调整，每一次调整都是一次重大创新，使企业的发展空间越来越大。经过持之以恒的创新调整，杜邦不但在传统的化工产业保持世界领先地位，而且在现代生物学、信息科学和材料科学领域也具有明显优势。他们认为，只有不断创新，才能使企业生命之树常青。

突破性技术是可持续发展的第一推动力。杜邦的历代决策层都坚持依靠科学和技术创造价值，每年投入 15 亿美元的技术研究开发经费。所谓突破性技术就是能够改变产业和市场并极大地改变竞争态势的技术。传统的火药生产，以硝酸钾为原料，杜邦独辟蹊径，以硝酸钠为原料，“钠火药”的威力高于“钾火药”，而成本低得多。他们的这项专利技术一夜之间使火药工业发生革命性的变化。他们开发的尼龙、特富隆和莱卡，导致纺织业和家电制造业在许多地方取代传统材料，使人们采用全新的方法开发生产此类新材料。

主动调整是保持领先优势的关键。与许多企业面临困境才想到调整不同，杜邦公司的调整都是在居安思危的情况下出台的。20 世纪 70 年代以来，他们预测到世界各国对环境必将越来越重视，立即决策超前开发环保技术，发明出一种不影响环境的除草剂。这种新产品只对杂草中一种特殊的酶起作用，每公顷农田只需要使用几盎司。这种产品使人们在几年内改变了对农药的看法，至今仍是杜邦的拳头产品。目前，杜邦正通过三条战略路线，即综合科学、知识密集和提高生产率，向燃料电池、半导体芯片新材料等多种学科的交叉部、结合部进军。他们认为，在未来的岁月里，最重要最有市场前景的新技术将在交叉学科中产生，如生物学与材料科学的结合、电子学与材料科学的结合、电子学与生物科学的结合等，谁能率先突破，谁就能占得先机。

一个企业要在知识经济中立足，必须要有足够的知识底蕴。所以，中国的企业要在未来的国际竞争中获得先机，就必须励精图治，从研发抓起，不能总是靠着别人的专利和核心技术过日子。

1937 年美国人切斯德·卡尔逊发明了静电印刷术。纽约州的哈雷相纸公司独具慧眼，看准该项发明将有不可估量的前途。因为它能摒弃刻写蜡纸和油墨印刷的落后作业，大大提高办公效率。于是投资500万美元研制复印机。通过10年研制，终于投放市场第一台可使用普通纸的施乐914型自动化复印机。此后，通过不断改进，连续推出了各种新机型，使机型变得小巧，复印速度提高，复印成本降低，逐步占有了巨大的市场。

如果企业的实力不太雄厚，无法以大量的资金投入到新技术的发明当中，那就把其他地区、其他行业的现成装备、工艺、产品结构等技术，移植嫁接到本企业的产品上来，使其在老产品的基础上，长出新技术、新功能的“枝芽”，成为具有“原理相同，功能各异”的一种新产品，这也不失为一种新产品开发的好方法。

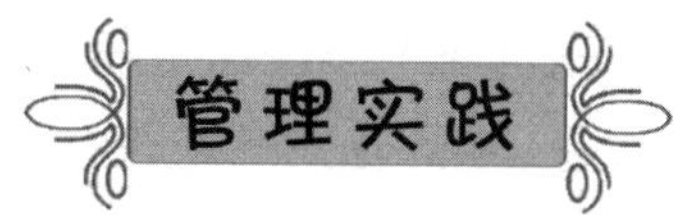

微软公司和其他软件开发公司采取了类似的战略，他们不是一次向消费者提供尽善尽美的产品，而是逐步改进产品使其升级换代。管理学家把这种战略称为“版本升级法则”（versioning）。这种“开拓并适应不断演变的大规模市场”的战略主要具有以下特点：

1. 尽早进入不断演变的大规模市场，或以能够成为行业标准的“好”产品促进新市场的形成。

2. 不断改进新产品，定期淘汰旧产品。

3. 推动大批量销售，签订专有供货合同，以保证公司产品成为或继续成为行业标准。

4. 充分发挥作为新产品和关联产品的标准供应商的优势。

5. 不断推进产品创新、技术创新、核心战略创新、经营创新和制度创新。

6. 根据技术需要，或以某产品为基础，把其他技术功能有机地结合于这一技术产品中，以扩大原来产品的技术功能，或把不同的技术功能有机地结合起来，开发新的产品。

7. 一切创新都要以消费者的消费倾向为依据，对市场中的微小变化以及消费者的未来消费方向应保持高度敏感。

8. 另一种创新：在同一产品中进行横向和纵向系列开发，从而派生出由低到高、不同规格、不同档次的同类型系列产品。

9. 创新不能脱离核心竞争力的构建，企业应具备一种在长期经营过程中所形成的独特的、不易被对手仿效的、能带来超额利润的且有持续发展空间的竞争能力，它或者是独特的技术，或者是难以模仿的技术诀窍、合理的组织方式、良好的营销网络、与众不同的企业文化或管理模式等等。

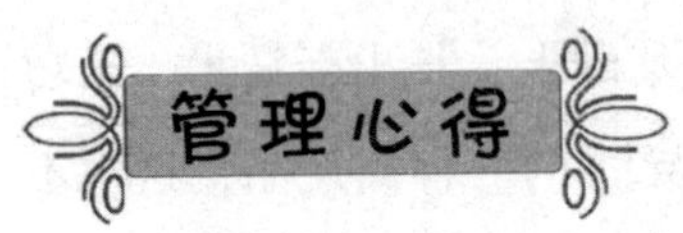

◆知识主导时代，技术是企业的核心竞争力之一。

◆及时淘汰旧产品，在技术上永远领先，做行业先锋。

奥美 360 度理念：全方位品牌传播

1995 年春天，市面上出现了一种全新的咖啡冷饮，感觉像是由法国的咖啡馆放在超级市场寄卖的，它的名字正是“左岸咖啡馆”，在这之前，奥美和统一花费二年的时间进行研发与策划，最初的市场课题是：如何发展一个新品牌来解决——利润不但无法增加，而且日渐减少的利乐包和罐装饮料。

于是奥美以如何创造高级品牌的附加值为中心，思考 360 度市场组合：什么产品才能提高价格，什么包装才会有高级感，什么通路才是高价的保证，什么形象才会让人觉得高贵，什么口碑会让人联想到高级品，什么人饮用时将影响到人们对品牌是否高级的印象。

于是左岸咖啡馆的概念由此诞生。经过概念测试的结果，选择十九世纪法国文人常聚会的咖啡馆，以此在消费者的脑海里留下深刻的印象。广告用一位爱好文学的美女，只身到法国左岸咖啡馆旅行来创造那种“享受孤独，孤独享受”的品牌感受，来打动消费者的购买欲望。奥美公司则与法国在中国台湾的协会多次合作，举办很有法国特色的活动，来为品牌做大力的宣传，让消费者对产品有一个真实的认识。

“左岸咖啡馆”上市一举成功，而且以每年 15% 的业绩递增。

“360 度品牌管家”是由奥美广告公司提出的。奥美是全球第六大广告公司，在 64 个国家设立了总数约 280 个机构，拥有员工约 1 万余人，散布在全球的分支机构，大部分都在其国家名列前茅。奥美的创办人大卫·奥格威在 1995 年即开始宣扬这一观点：“每一则广告都是建立品牌个性长期投资的一部分。”在奥美公司的每一个办公室墙壁上都挂有一幅陈述其企业任务的标语：“对最珍惜品牌的人而言，奥美是最被重视的代理。”而这

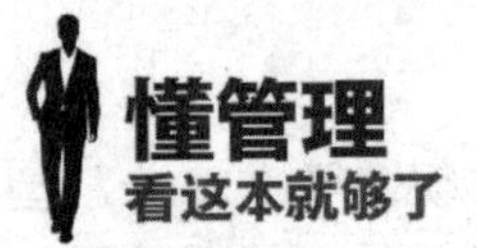

种信念一直都是奥美文化的基础。在奥美广告人看来，广告的目的必须是建立品牌。奥美为实现建立品牌的承诺建立了一套理念与作业方式，并称之为“品牌管家之道”。

奥美深信其角色是提供传播策略与执行方式，而这些是了解品牌并使之发扬光大，而不仅仅是滋养并维护客户的品牌，因此才称之为品牌管家之道。奥美将品牌管家之道定义为“一种创造、建立并活化各种有利润品牌的艺术”。而当他们在向客户说明品牌管理的概念时，又会强调它在操作上的涵义：“一项为确保所有与品牌相关的活动，都能反映品牌的核心价值与精神的全盘计划”，即，企业经由这样全盘性的规划，才能真正建立其品牌在消费者心目中的价值。品牌资产有六大层面：形象、声誉、产品、顾客、通路和视觉，通过360度的思考和执行，可以从这六个层面对品牌产生一个正面的作用。360度品牌管家就是在品牌与消费者接触到的每一个点，都呈现一个适当切中的讯息，才能在关键时刻产生最大的冲击力。另外，360度品牌管家的最终目的是在帮助客户管理并累积品牌资产。

“360度”被奥美自认为是立身和竞争优势之本。360度品牌传播的方法在于它不局限于目标消费者接触点的数目，它总在寻找媒体机会，创造行销活动，无论何时何地都使消费者与品牌的互动最大化。换句话说，360度品牌传播从解决问题入手，用量身定制的方案解决问题。针对“品牌挑战”，很可能的解决方案不仅仅局限于“广告”，又包括员工培训、公共关系或更好的销售渠道。在这个理念中，每个消费者接触点都在建树品牌；所有的营销传播都反映了对消费者的相同洞察；所有的媒体，从电视到包装，从网站到销售，都在为品牌做贡献。换言之，一个品牌出现问题，那么可在品牌的六个领域（也就是品牌的六个资产）上来分析它，包括产品（产品力表现如何）、形象（品牌形象是否强大和富有魅力）、客户（品牌的客户群是否强大）、渠道（在贸易环境中，品牌的力量是否可以被有效的利用）、视觉（品牌表现是否清晰、持续和差异化）、商誉（品牌是否获得有影响力人群和其生活的社区的支持）。用一张蜘蛛网图画出来，能直观地知道问题所在。

当奥美被指定为IBM的代理商时，IBM的品牌形象在走下坡路。IBM

曾是个杰出的品牌，科技的龙头老大，美国品牌的最高标准，成功地成为其产业的主导力量。但在 20 世纪 90 年代初期，IBM 的声誉直线下降，被视为古老、傲慢、冷漠且无药可救的尾随新一代高科技公司之后，IBM 破碎不堪、杂乱不已的全球形象来自全球超过 50 家以上的不同的广告代理商（没有人知道有多少其他的传播公司为其做过代理）。当时一项立即解决之道就是将 IBM 所有的广告转移到奥美，在当时这成为广告史上最巨大的一件整合工作。当时 IBM 家喻户晓，太有名了。产品虽然受人称赞，但潜在的消费者完全无法突破对品牌的感受去买 IBM 的产品。没有一个品牌像 IBM 一样，在广度、资源、人才、渠道方面无所不在。问题是如何再一次使 IBM 成为一大利益点，必须传达一个和人们认知度不同的 IBM，必须同时在全球各地做这一件事。奥美在几个主要的市场进行了广泛的调查和研究，并在此基础上提出了让 IBM 的庞大规模必须与所有消费者利益有关，并且举行了名为“小星球的解决之道”的广告活动，以表达这样一个观念：IBM 得以深入任何人，在任何地方，为这日益变小的地球提供四海一家的解决之道。这一广告表现出 IBM 的关怀度，易于接近，不仅拥有绝顶聪明的脑力，也有悲天悯人之心。全球范围的追踪调查显示，人们对品牌的消极看法有了明显的减少，对品牌的情感有了重要的改善。IBM 现在被认为是具有全球领先地位，在产品和服务质量以及在可依赖度等方面名列第一。形象从美国财经杂志所评论的“古老恐龙”形象转变到专业杂志的热门品牌。最重要的是，奥美再度肯定 IBM 品牌适逢其时，及时地抢占了爆发的庞大网络经济的领导地位。

品牌传播的效果不仅取决于传播的数量（广告与公关的次数、交付的费用等），而且还决定于传播方式的选择及其设计。全方位品牌传播的具体操作方法，常用的有如下几种：

1. 品牌广告传播。广告是品牌传播的主要方式，也是企业在促销中受到高度重视的、应用最广的促销方式。高质量的广告是真实性、社会性、针对性、感召性、简明性和艺术性的完美结合，十分有利于营造良好的品牌形象，对消费者具有较强的诱惑性。广告可以借助报纸、杂志、广播、电视、网络等多种媒体传播品牌，企业应当在综合考虑产品性质、产品消费者接触媒体的习惯、媒体的传播范围、媒体的费用等因素的基础上灵活选择。

2. 品牌公关传播。公关活动能够维护并提升品牌形象和企业形象，因而也是一种行之有效的品牌传播方式。品牌公关传播的方式又可以分为以下几种：（1）宣传性公关。运用各种传播媒介，采用撰写新闻稿、演讲稿、调查报告等形式，向社会各界传播品牌和企业的有关信息，以形成有利的社会舆论，创造良好气氛。（2）赞助性公关。通过赞助文化、教育、体育、卫生等公共事业，支持社会福利事业，参与国家、社区重大社会活动等形式来塑造品牌和企业良好形象，提高品牌及企业社会知名度与美誉度。（3）征询性公关。通过开办各种咨询业务、制定调查问卷、进行民意测验、设立热线电话、聘请兼职信息人员、举办信息交流会等各种形式，营造良好的信息传播网络，为企业决策提供依据，便利企业为消费者提供满意服务。（4）服务性公关。通过提供各种实惠性服务（包括售后服务、无偿福利性服务等）打造良好的企业和品牌形象。

3. 品牌包装传播。人靠衣装，佛靠金装，品牌自然也离不开包装。品牌包装传播的目的在于让尽可能多的人（特别是潜在顾客）在尽可能短的时间里喜欢上你，并且是持续喜欢你。其要点包括，为品牌选择一个朗朗上口易被记住的名称，制造良好的视觉形象，内外统一别具一格等。

4. 品牌内涵传播。优质的内涵是品牌得以广泛传播的最终决定因素，金玉其外败絮其中的产品最多也只能骗人一时。品牌内涵传播实际上贯穿于营销的全过程，要求企业在产品品质、价格、购买便利程度、客户关系、售后服务、附加利益等众多方面进行努力。

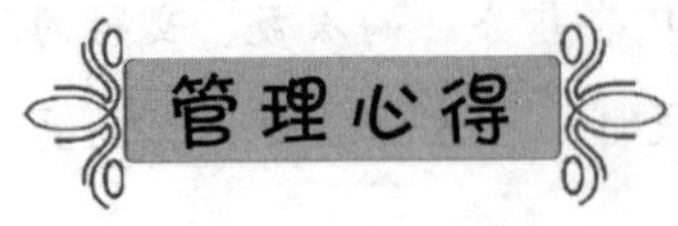

◆搞好传播，利润自来。

◆全面的营销理念高明于单纯的广告与公关。

第五章
管理必须达到的 12 个目标

乔治定理：

只有每一小步都受到鼓励，人们才敢尝试迈出更大的步子

乔治定理的提出者是美国管理学家小克劳德·乔治。它的内容是：有效地进行适当的意见交流，对一个组织的氛围和生产能力会产生有益的积极影响。乔治定理常常被引申为管理者应对员工采取持续的、行之有效的激励措施。只有每一小步都受到鼓励，人们才敢尝试迈出更大的步子。

每一个企业里都有自己的激励机制，但是很多企业的激励机制起不到应有的作用，因为激励是变化的，不同的发展阶段有不同的激励方式，不能一成不变，同时激励又分为静态激励和动态激励。静态激励就是企业的制度，例如奖金制度、处罚条例等等，这是最基本的激励，也是很多企业用的最多的；动态激励就是指管理者根据阶段的变化和环境的要求以及员工的实际情况等作出的具有激励作用的决定，而这个激励又是最关键的，要想让你的下属跑起来，动态的激励方式必不可少。

戴尔公司培训销售人员是采取“太太式培训”的方式。所谓“太太式培训”就是把销售经理比喻为销售新人的“太太”，销售经理像太太一样不断地在新人耳边唠叨、鼓励，才能让新人形成长期的良好的销售习惯，从而让销售培训最终发挥作用。培训由培训经理和销售经理一起完成。销售新人不仅向一线经理汇报，还要向培训经理汇报。培训经理承担技能培训和跟踪、考核职能（每周给销售新人排名，用 E－mail 把排名情况通知他们），销售经理承担教练和管理职能，通过对新人的培训，达到提高业绩的目的。先是为期三周的集中培训，由专家讲解销售的过程和技巧，邀请有经验的销售人员来分享经验。然后每周末召开会议，销售经理与培训

经理都参加，检查新人上周进度，讨论分享工作心得，分析新的销售机会，制定下周的销售计划。销售经理与培训经理、新人们一起讨论新人的成长、下一步的走向。最终，“太太”在工作中能够自觉指导新人运用销售技巧，及时鼓励新人、有效管理新人。

“太太式培训”的效果非常惊人，戴尔公司销售代表每季度平均销售额是 80 万美元，没有“太太式培训”的时候，新人第一季度平均销售为 20 万美元，经过这样的培训，新人在第一季度的平均业绩达到 56 万美元。

管理者在激励员工的时候，要想发挥好的效果，必须深谙激励之道，熟悉感情、帮带、培训、奖励、处罚、竞争、公正、授权十六字真言，并加以综合运用，这样员工才会跑起来。在这十六字真言中，感情起着至关重要的作用，相对而言也较难处理，如果把握不好，就可能弄巧成拙。

感情意味着赏识和信任。有的管理者和员工的感情很好，大家都是哥们儿弟兄，结果发现自己的威信越来越差。为什么？因为员工感觉管理者也不过如此，大家都是兄弟，谁也离不开谁。感情传递的是你对员工工作的认可，对其能力和人品的信任，有时候看到员工累了过去拍拍他的肩膀，一句话也不说，起到的效果比请员工吃顿饭要好得多。

管理者不要吝啬你的信任和赞誉，尤其是在公共场合，精神激励时时刻刻会调动员工积极的神经。同时公司和私人不一定要绝对分开，私下的生活细节关心见真情，生日团队庆祝等也能起到不错的效果。

激励模式可以分为三种：

1. 诱引式激励：这种激励主要是通过丰厚的报酬去吸引高素质的人才，从而拥有一支具有高技能的优秀的员工队伍。员工的高薪通常通过利润分享计划、与绩效挂钩的薪酬计划、奖励政策、员工福利等方式实现。组织在实行诱引式激励时，为了降低由于高薪带来的高成本，往往严格控制员工的数量，用于招聘和培训的费用也相对较低，管理上则采取以单纯利益交换为基础的严密的科学管理模式。

2. 投资式激励：这种激励十分重视员工，认为对员工的投资是一项回报丰厚的投资。实行此激励的组织通过招聘和自我培养的方式建立自己的人才库，并储备多种专业技能人才，以备不时之需。因此，组织非常关心员工的职业发展要求，视员工为终身雇员，注重员工的开发和培训，多方为员工提供进一步学习和提高的机会，使员工感到有较高的工作保障，旨在通过一系列的有利于员工职业生涯和个人成长与发展的相关制度的制定来达到激励员工的目的。

3. 参与式战略性激励：这种激励十分注重授权管理、自我管理和团队建设对员工的长期激励。在工作中，给予员工较大的决策参与机会和权利，使员工在工作中有一定的自主权。管理人员非常重视与员工的沟通，讲究解决问题的方法和技巧，并为员工提供必要的咨询和帮助。

◆有效培训的秘诀在于激励，而培训本身就是一种激励。

◆激励的本意是“沟通”，是以最少的成本创造最大的利润。

◆创造良好的培训环境，打造“企业大学”。

本尼斯法则：构造有机—适应型组织

一只虎皮鹦鹉飞出笼子逃走了。能够重新获得自由本是件好事，但是十多天后，人们在森林里发现了它的尸体，在果实累累的林子里竟然会有鸟饿死！用看林老人的话讲："家养的鸟儿，用不着找吃找喝，慢慢地会失去寻食的本领，一旦飞出笼子，难免饿死。"这便是物竞天择，适者生存的道理。

适应是一种难能可贵的本领，作为一个企业更是如此。基于这种观点，美国组织行为学家沃伦·本尼斯演绎了著名的组织发展理论，对于组织理论中关于组织发展新方向和传统官僚制的灭亡提出了创造性设想。

在虚拟组织、组织结构扁平化日趋流行的今天，我们会发现本尼斯所倡导的有机—适应型组织的特点正在逐渐实现。本尼斯认为，未来的组织结构将是有机—适应型组织，这种组织体系必然会逐步取代官僚组织结构。它会具有下列特征：

1. 临时性。组织将变成适应性极强的、迅速变化的临时性系统。

2. 围绕着有待解决的各种问题设置机构。

3. 解决工作问题要依靠由各方面专业人员组成的群体。

4. 组织内部的工作协调有赖于处在各个工作群体之间交叉重叠部分的人员，他们身兼数职，同时属于两个以上的群体。

5. 工作群体的构成是有机的，而不是机械的，谁能解决工作问题谁就发挥领导作用，无论他的正式角色是什么。

在这种结构里面，由于工作任务变得更有意义，更具有专业性，也更令人满足，专业人员能得到更多的激励，从而导致组织目标和个人目标的吻合，从根本上解决内部协调问题。当人们由于充分认识自然而得以理性地驾驭自然时，没有必要时时提醒他们自省和自我控制。因此，限制和压制不再是未来组织的特征，科学和理性的成就将人们的奇思妙想变成合理和正常的个性表达。本尼斯认为有机—适应性组织结构不仅解决了组织适应环境的问题，而且解决了组织目标和个人目标的矛盾冲突问题。

中国-阿拉伯化肥有限公司（简称 SACF）成立于 1985 年 6 月，企业投产初期，由中外双方共同经营管理，由于种种原因连年亏损。1993 年开始，由中方承包经营，新的领导班子上台后，实践了比利时科学家普利高津的“耗散结构”理论，树立系统观念以协调“五流”运作，采取一系列措施优化整合企业内部各要素，构造有机—适应型组织，终于扭亏为盈，促进了企业健康发展。

1. 推行以信息整合为支撑的科学的战略决策体系。SACF 始终坚持“民主集中式的集体决策和量化优化的科学决策”方式，其经营发展中的每个重大决策都建立在充分的信息基础之上，并且是经过了参与决策人员的量化分析和充分论证得出的最优决策方案。这种决策方法把企业决策队伍变为一个有机整体，强调其间的对话、沟通，增强了决策方案的针对性和适应性。

2. 推行以优化的人流管理为支撑的精干、低耗、高效的企业运营机制。SACF 构建了公平、公正、公开的动态人力资源管理体系，严格按考试结果招聘员工，按绩效考评结果决定升迁任免。实行 ABC 职员制，保持一定下岗比例，激发员工竞争意识，培育学习型组织，定期组织员工和领导干部培训。

1994 年以来，SACF 将普利高津的“耗散结构”理论应用于企业管理实践，在企业内部建立起了放射性、铰链状的有机组织机构。每个部门只设一个负责人，不设副职，每个负责人都是铰链中的一个铰点，每个铰点都在一定范围内保持着动态的适应性，从而构建了一个分工明确、配合默契、责权分明的精干、低耗、高效的有机管理系统。在机构设置和人员配备上，以精干、协调为原则，通过适时调整、及时改进的动态管理，增强企业的适应性，迎合了企业不断发展的需要。

3. 推行以科技进步和产品质量为支撑的优化的物流管理系统。SACF 时刻跟踪国内外同行业技术发展动态，掌握最新技术发展信息，把推动企业技术进步摆在突出位置。在多年摸索的基础上，对法国 AZF 工艺进行大胆改进，使产能扩大了 50%，创造了显著的规模效益。同时，保持产品质量的差异化优势，不仅在同行业中率先通过 ISO9000 质量体系认证，而且制定了远高于国家质量标准的企业标准，率先开发上市了适用于不同土壤和作物的 50 多个品种的系列专用复合肥产品，使“撒可富”复合肥始终保持着卓越的品牌优势，市场占有率始终居国内同行业首位。

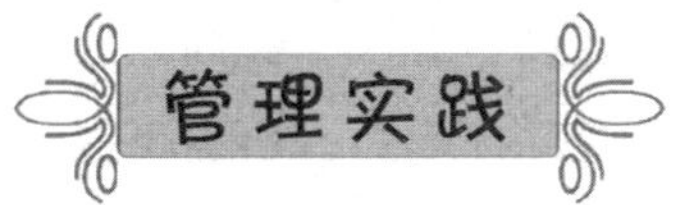

1. 建立健全系统化的工作程序和劳动分工，让每一个员工各就其位、各司其职，同时鼓励员工个性的发展，培育创新思维，加强内部沟通。

2. 充分利用各种资源，积极吸纳新的科学技术成果和人才，全力打造有机、有序、充满活力的企业。

3. 健全管理体制，灵活决策，组织专门的智囊团体，深入全面地把握企业的历史状况、现实处境以及未来发展趋向，以此为基础为企业发展制定战略规划，充分考虑任何可能出现的状况，提高企业应对突发事件的能力。

4. 建立、健全灵活有效的信息反馈机制，敏锐把握市场需求和顾客愿望，不断调整企业以适应市场状况和顾客需求。

◆企业应该围绕着有待解决的各种问题设置机构。

◆组织结构的扁平化发展。

◆工作群体的构成是有机的，而不是机械的。

团体力学法则：团体成员相互影响

大家也许在小时候就听过三个和尚的故事：当庙里有一个和尚时，他一切自己做主，做得很自在；当庙里有两个和尚时，他们通过协商可以自觉地进行分工合作，同样做得不错；可当庙里来了第三个和尚时，问题就出现了，谁也不服谁，谁也不愿意干，其结果就是大家都没水喝。

当读到这篇古老的寓言的时候，我们知道了团结的重要性。它所反映的问题就是：同样完成一个项目，缺乏团队协作的结果还不如个人独立工作或者作为合作双方订立契约。因为一个团队内部是不可能以契约形式作为彼此合作的前提的。而现实的问题是，由于个人的能力有限，因而在实施一个项目时，必须建立一个由多人组成的项目组。这个项目组是否能够和谐地进行团队协作，将决定这个项目能否成功。

由此可知，在一个大的项目组中，建立起良好的团队协作至关重要。因而在一个项目的管理过程中，团队协作显然是不可忽略的重要环节。这就是团体力学理论的核心观点。这一理论是行为科学学派代表人之一库尔特·卢因于1944年提出的。团体力学所研究的团体指非正式组织。同正式组织一样，团体有三个要素：一是活动；二是相互影响；三是情绪。在这三项要素中，活动是指人们在日常工作、生活中的一切行为；相互影响是指人在组织中相互发生作用的行为。情绪是人们内在的、看不见的生理活动，如态度、情感、意见、信息，但可以从人的“情绪”和“相互影响”中推知其活动，相互影响和情绪不是各自孤立的，而是密切相关的。其中一项变动，会使其他要素发生改变。团体中各个成员的活动、相互影响和情绪的综合就构成团体行为。

卢因认为，除了正式组织的目标外，团体（非正式组织）还必须有它自己的目标来维护团体的存在，使团体持续地发挥作用。连续地、过度地追求正式组织的工作目标有损于团体行为的内聚力。所以，团体领导人必须为促进一定程度的团体和谐而提供相当的时间和手段。在团体内把感情上的压力发泄出来，从而有利于正式组织工作目标的实现。相互依赖的水平高的团体，在意见和感情的交流上比较好，团体成员的满意度、激励效应和内聚力都较高。

工作团体效应对于组织行为学者来说，意义又是重大的。如果管理人员想借助团体的力量来强化士气，他们就必须提供衡量个人努力程度的手段，否则，管理人员就应该权衡一下团体可能带来的生产率的下降程度是否可以接受。另外，工作团体效应与文化背景有密切的关系。比如，像美国和加拿大这样的国家是由个人主义支配的个人主宰一切，工作团体效应比较突出。在个人主要受团体目标激励的集体主义支配社会里，这种结论就不一定适用了。

小王、小张和老李正围绕着刚生产出来的空调周围查找原因，为什么空调指示灯显示运转正常而空调却没有制冷。这种空调是公司新开发的环保节能型空调，小王是生产线上的总装工人，小张是负责生产过程和工艺的生产工程师，老李是产品开发工程师，虽然三人在公司的角色和岗位职责不一样，但是，自这种环保节能型空调投入试生产以来，他们三人就一直在一起工作。在面对问题时，三人并不气馁，他们对每一个环节进行仔细分析，查找问题产生的原因。结果，不但解决了这个问题，而且顺利地完成了公司新产品的试生产任务。

在这次团队协作配合中，三人都清楚地意识到，如果不是因为这次新产品的试生产任务，他们是很难在一起进行工作的，小王、小张和老李充分认识到各自的工作特点和能力大小，要达到团队工作目标，必须要打破传统的部门分工的限制，紧密地围绕这次新产品试生产任务开展工作，使这个小小的团队高效地运转，最终完成团队的工作目标。

从这个案例我们可以知道，小王、小张和老李能够顺利完成团队任务，这表明其团队运作是有效的。高效团队表现在：团队整体运作所取得的工作成效通常大于单个人员取得的工作成效；团队可以有效地解决复杂的问题；团队工作可以激发人员的创造力；在团队中成员之间可以互相学习、互相弥补各自的不足；团队工作可以加强人员的自省，令团队成员充满工作激情。

如何打造团队精神？

1. 营造相互信任的组织氛围。

有一家知名银行，其管理者特别放权给自己的中层雇员，一个月尽管去花钱营销。有人担心那些人会乱花钱，可事实上，员工并没有乱花钱，反而维护了许多客户，其业绩成为业内的一面旗帜。相比之下，有些管理者，把钱管得很严，生怕别人乱花钱，自己却大手大脚，结果员工在暗中也想尽一切办法谋一己私利。还有一家经营环保材料的合资企业，总经理的办公室跟普通员工的一样，都在一个开放的大厅中，每个普通员工站起来都能看见总经理在做什么。员工出去购买日常办公用品时，除了正常报销之外，公司还额外付给一些辛苦费，这个举措杜绝了员工弄虚作假的行为。在这两个案例中，我们可以体会到相互信任对于组织中每个成员的影响，尤其会增加员工对组织的情感认可。从情感上相互信任，是一个组织最坚实的合作基础，能给员工一种安全感，员工才可能真正认同公司，把公司当成自己的，并以之作为个人发展的舞台。

2. 态度并不能决定一切。

因为赢得利润不仅仅靠态度，更要依靠才能。那些重视态度的管理者一般都是权威感非常重的人，一旦有人挑战自己的权威，内心就不太舒服。所以，认为态度决定一切的管理者，首先要反思一下自己的用人态度，在评估一个人的能力时，是不是仅仅考虑了自己的情感需要而没有顾及员工的情感需求？是不是觉得自己的权威受到了人才的挑战不能从内心接受？

3. 在组织内慎用惩罚。

从心理学的角度，如果要改变一个人的行为，有两种手段：惩罚和激励。惩罚导致行为退缩，是消极的、被动的，法律的内在机制就是惩罚。激励是积极的、主动的，能持续提高效率。适度的惩罚有积极意义，过度惩罚是无效的，滥用惩罚的企业肯定不能长久。惩罚是对员工的否定，一个经常被否定的员工，有多少工作热情也会荡然无存。管理者的激励和肯定有利于增加员工对企业的正面认同，而管理者对于员工的频繁否定会让员工觉得自己对企业没有用，进而员工也会否定企业。

4. 建立有效的沟通机制。

理解与信任不是一句空话，往往一个小误会却会给管理带来无尽的麻烦。

◆团体领导人必须为促进一定程度的团体和谐而提供相当的时间和手段。

◆当个人认为自己的贡献无法衡量时，团体的效率就会降低。

◆相互依赖的水平高的团体，在意见和感情的交流上比较好，团体成员的满意度、激励效应和内聚力都较高。

苛希纳定律：确定责任人的最佳人数

“十羊九牧”出自《隋书·杨尚希传》：“当今郡县，倍多于古。或地无百里，数县并置；或户不满千，二郡分领；县寮以众，资费日多；吏卒又倍，租调岁减；精干良才，百分无二……所谓民少官多，十羊九牧。”根据一则统计资料显示，一个官吏，汉代管理 7945 人，唐代管理 3927 人，元代管理 2613 人，清代管理 911 人。我们今天一个干部管理 30 人。这些统计数字的可靠性也许值得研究，但官冗之患确实日见其甚了。

苛希纳定律阐述的正是这个道理：人多必闲，闲必生事；民少官多，最易腐败。由于实际的人员数目比需要的人员数目多，诸多弊端由此产生，形成恶性循环。要想铲除“十羊九牧”的现象，必须精兵简政，寻找最佳的人员规模与组织规模。这样的话才能构建高效精干、成本合理的经营管理团队。

苛希纳定律的内容是：如果实际管理人员比最佳人数多两倍，工作时间就要多两倍，工作成本就要多 4 倍；如果实际管理人员比最佳人员多 3 倍，工作时间就要多 3 倍，工作成本就要多 6 倍。

有一家企业准备淘汰一批落后的设备。董事成员王说：“这些设备不能扔，得找个地方存放。”于是专门为这批设备建造了一间仓库。

董事成员张说：“防火防盗不是小事，应找个看门人。”于是找了个看门人看管仓库。

董事成员李说：“看门人没有约束，玩忽职守怎么办？”于是又委派了两个人，成立了计划部，一个人负责下达任务，一个人负责制定计划。

董事成员许说：“我们应当随时了解工作的绩效。”于是又委派了两个人，成立了监督部，一个人负责绩效考核，一个人负责写总结。

董事成员郑说：“不能搞平均主义，收入应当拉开差距。”于是又委派了两个人，成立了财务部，一个人负责计算工时，一个人负责发放工资。

董事曾说：“管理没有层次，出了岔子谁负责?”于是又委派了四个人，成立了管理部。一个人负责计划部工作，一人个负责监督部工作，一个人负责财务部工作，一个人是总经理，对董事会负责。

一年之后，董事长说：“去年仓库的管理成本为35万元，这个数字太大了，你们一周内必须想办法解决。”

于是，一周之后，看门人被解雇了。

由上面的案例我们可以看出，在管理上并不是人多力量大，管理人员越多，工作效率未必就越高。苛希纳定律要求人们，要认真研究并找到一个最佳人数，以最大限度地减少工作时间，降低工作成本。这一现象告诉管理者：只有缩减不必要的管理人员才能减少工作时间和工作成本。而惟有确定责任人的最佳人数才能达到这一目的，这一方法对企业“瘦身”计划的实施和提高企业效率至关重要。

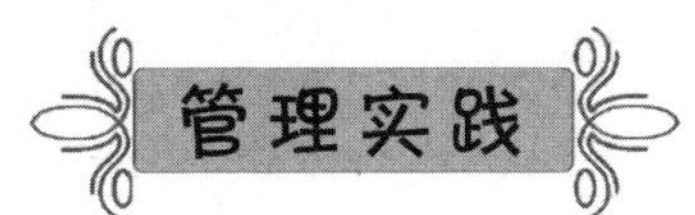

企业通常都有一种不因事设人而因人设事的倾向，造成企业机构臃肿、层次重叠、人浮于事、效率低下。

其主要表现在：(1) 机构设置过多，分工过细；(2) 人员过多，严重超出实际需要。

这种状况使企业难以摆脱多头管理、办事环节多、手续繁杂的困境，难以随市场需要随时调整经营计划和策略，从而使企业难以培养真正的竞争力。

改进方法可以是：

1. 铲除官僚主义，给组织“瘦身”，从而使组织更有效率、更有活力。

2. 下放权限，通常由总部担负的职能，如财务、人事、战略规划等都下放给基层，以促进员工创新素质和能力的提高。同时打破逐级晋升的垂

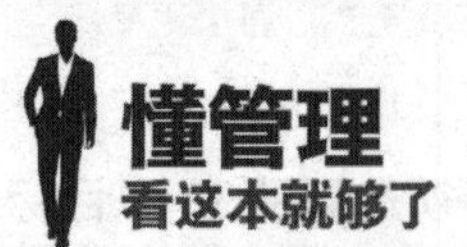

直移动，以水平调动的方式来磨练员工的创新精神。

3. 建立精干的管理队伍。

◆鸡多不下蛋，云多不下雨，人多瞎捣乱。

◆在管理上并不是人多力量大，管理人员越多，工作效率未必就会越高。

◆人多易产生不负责、责任不落实的现象。

数一数二法则：赶超最优

我们先来看一下 1981 年后通用电气公司（GE）的主要业绩：

· 更新企业新观念，拟定企业新策略，几度重组通用电气公司。

· 市场价值从 1981 年的 120 亿美元增至 1995 年的 1570 亿美元、1998 年的 2800 亿美元，成为全球最强大的公司。

· 1998 年，在《财富》杂志第三届全球最受推崇的公司的评选中再次名列榜首，并且比位居第二的微软公司得票率高 50%。

· 被多个权威财经杂志评为全球最有价值的公司。

· 1998 年，位列《福布斯》500 强排行榜榜首和《商业周刊》1000 大公司第一名。这就是在第八任总裁杰克 · 韦尔奇领导下的通用电气公司在十多年的时间创造的奇迹。

通用电气公司能够创造出这样的奇迹，在很大程度上得益于杰克 · 韦尔奇提出的“数一数二法则”。其内涵是：坚持追求数一数二，因为它既是危机又是挑战；努力做到数一数二，因为它最符合我们的斗志和理想。充分利用天时所给予我们的发展机遇，全面结合地缘，依靠良好的信誉和服务建立人和，在各个方面迅速地追求和实现数一数二。

为了使企业更具有竞争力，通用电气公司通过数一数二原则来裁减规模，进而构建扁平化结构，重组通用电气的产业。按照韦尔奇的理念，在全球竞争激烈的市场中，只有在市场上领先对手的企业，才能立于不败之地。任何事业部门存在的条件是在市场上数一数二，否则就要被砍掉、整顿、关闭或出售。在这一阶段，GE 共出售了价值 110 亿美元的企业，解雇了 17 万名员工。同时，GE 也买进了价值 260 亿美元的新企业。

通用电气公司现有企业中表现最佳的都符合以下四点要求：第一，在行业内数一数二；第二，具有远高于一般水准的投资回报率；第三，具有明显的竞争优势；第四，能充分利用 GE 特定的优势。

韦尔奇描绘的未来商战中的赢家，应该是这样的一些公司：能够洞察到那些真正有前途的行业并加入其中，并且坚持要自己在进入的每一个行业里做到数一数二的位置，无论是在精干、高效，还是成本控制、全球化经营等方面都是数一数二。这些公司如果不这么做，不管是出于什么原因——传统、情感或者自身的管理缺陷——都将会被淘汰出局。

1976 年以后，一直保持着世界复印机市场实际垄断地位的施乐公司遇到了来自国内外，特别是日本竞争者的全方位挑战；佳能、NEC 等公司以施乐的成本价销售产品且能够获利，并且产品开发周期比施乐短 50%、开发人员比施乐少 50%，一时间施乐的市场份额从 82% 直线下降到 35%。施乐公司面对竞争者的威胁，开始向日本企业学习，开展了广泛而深入的标杆管理。施乐通过对比分析、寻找差距、调整战略、改变策略、重组流程，取得了非常好的成效，把失去的市场份额重新夺了回来。成功之后，施乐公司开始大范围地推广标杆管理，并选择 14 个经营同类产品的公司逐一考察，找出了问题的症结并采取措施。

随后，摩托罗拉、IBM、杜邦等公司纷纷仿效，实施标杆管理，在全球范围内寻找业内经营实践最好的公司进行标杆比较和超越，成功地获取了竞争优势。就此，西方企业开始把标杆管理作为获得竞争优势的重要思想和工具，通过标杆管理来优化企业实践，提高企业经营管理水平和市场竞争力。

数一数二原则的基本原理就是将自身的关键业绩行为与最强竞争对手或那些在行业中领先的、最有名望的企业的关键业绩行为进行比较与评价，分析这些基准企业绩效的形成原因，在此基础上建立企业可持续发展的关键业绩标准及绩效改进的最优策略。数一数二原则蕴含着科学管理规律的深刻内涵，较好地体现了知识经济时代现代管理中追求竞争优势的本质特性，因此具有巨大的实用性和广泛的适用性。

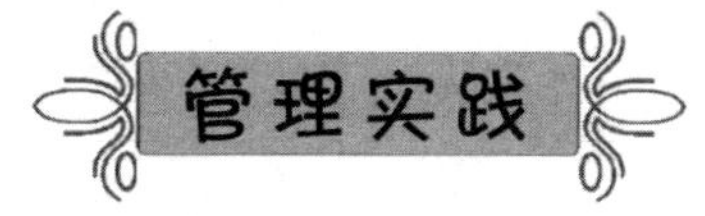

现阶段的中国企业借鉴GE应该从以下四个方面入手：

第一，企业应该像GE一样有自己的愿景，即奋斗目标。在这方面GE是非常明确的，即在大变化的年代不断地进行变革，领导潮流。拥有一流的人才，做一流的企业。

第二，要有企业自身的发展战略。有了目标，就必须有实现这个目标的战略，缺乏战略是很多中国企业最大的风险。

第三，汽重企业内部的管理结构，即管理体制和组织架构。战略确定之后，关键是管理结构。通用电气的管理结构是由扁平化走向网络化的，这一点中国企业可以借鉴。

第四，执行文化，这也是韦尔奇一再强调的CEO的四大要素之一。

◆站在巨人肩膀上的管理方法。

◆整顿、关闭或出售那些达不到"数一数二"的企业。

◆通过与竞争对手对比分析来制定战略实施计划。

◆克服不足，加强学习，使企业成为学习型组织。

南风法则：以人为本

南风法则也称温暖法则，源于法国作家拉封丹写的一则寓言：北风和南风比威力，看谁能把行人身上的大衣脱掉。北风一开始就玩命地吹，寒冷刺骨，结果行人为了抵御北风的侵袭，便把大衣裹得紧紧的。南风则徐徐吹动，顿时风和日丽，行人因为觉得温暖上身，始而解开纽扣，继而脱掉大衣，南风获得了胜利。

这则寓言形象地说明了一个道理：温暖胜于严寒。管理者在管理时要运用南风法则，就是要尊重和关心下属，以下属为本，多点人情味，尽力解决下属日常工作生活中的实际困难，使下属真正感受到管理者给予的温暖，从而激发出工作的积极性。

在联邦快递，如果有员工在公司认为自己的权益受到直接领导的侵害，他可以越级向上级领导提出诉讼，上级领导必须在 7 天之内开一个“法庭”，公开审判，并作出“判决”，帮助员工维护自己的权益。如果该员工还是不服，他可以向更高一级的领导继续上诉，同样，更高一级的领导也必须在 7 日内调查此事并做出判断。

如果有员工对上司有什么不满意，他可以向联邦快递亚太区的总裁上诉。而且，在公司的日常管理中，总裁和普通员工除了分工不同之外，没有什么区别。所以人们常说，在联邦快递，没有人可以“一手遮天”。

同时，公司的员工每年都要给部门经理打分，以此作为该领导能否获得晋升的重要参考。打分后，公司还会召开会议，把员工对部门经理的建议拿出来讨论，找出解决方案后立即执行。每过一个季度，公司都会对改善方案进行考核，这种做法保证了员工与管理层之间沟通顺畅、紧密合作。

在使用南风法则上，日本企业的做法最引人关注。在日本，几乎所有的公司都很注重人情味和感情的投入，给予员工家庭般的情感抚慰。在诸多的日本公司中，松下公司的做法极富代表性。

与其他日本公司一样，松下尊重员工，处处考虑员工利益，还给予员工工作的欢乐和精神上的安定感，与员工同甘共苦。1930年初，世界经济不景气，日本经济大混乱，绝大多数厂家都裁员，降低工资，减产自保，百姓失业严重，生活毫无保障。松下公司也受到了极大伤害，销售额锐减，商品积压如山，资金周转不灵。这时，有的管理人员提出要裁员，缩小业务规模。这时，因病在家休养的松下幸之助并没有这样做，而是毅然决定采取与其他厂家完全不同的做法：工人一个不减，生产实行半日制，工资按全天支付。与此同时，他要求全体员工利用闲暇时间去推销库存商品。松下公司的这一做法获得了全体员工的一致拥护，大家千方百计地推销商品，只用了不到三个月的时间就把积压商品推销一空，使松下公司顺利渡过了难关。在松下的经营史上，曾有几次危机，但松下幸之助在困难中依然坚守信念，不忘民众的经营思想，使公司的凝聚力和抵御困难的能力大大增强，每次危机都在全体员工的奋力拼搏、共同努力下安全度过，松下幸之助也赢得了员工们的一致称颂。

古语云：得人心者得天下！只有真正赢得了员工的心，员工才会为企业的发展死心塌地地工作。在企业管理中多点人情味，少些铜臭味，有助于培养员工对企业的认同感和忠诚度。有了这些，企业在竞争中就能无往而不胜。

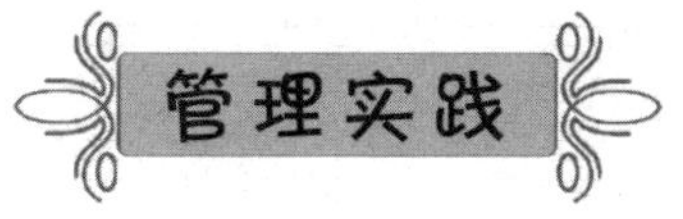

南风法则，说到底就是要以人为本，赢得员工的心。

1.“以人为本”从尊重员工开始。

随着现代物质生活的提高，员工们已不是仅有收入便能得到满足的。新时代的员工更需要的是得到尊重，追求被公平对待和自己的才华得到认同。现代心理学和行为科学的研究成果同样表明，人的最殷切的精神需求是渴望工作上和事业上被公众肯定和尊重，从而获得心理上的成功感和满足感。因此，对员工的尊重，是管理上做到“以人为本”的基础。

2. “以人为本”就要让员工参与管理。

根据员工参与管理的程度不同，以人为本的管理模式可以分为四个阶段。即控制型参与管理、授权型参与管理、自主型参与管理和团队型参与管理。

员工参与管理，可以表现为对企业目标与发展方向、管理规章制度等的制定的参与和讨论，这样，员工会产生被尊重、被重视和自己是企业主人的感觉。有利于激励员工产生与公司共同成长、共同发展、共荣共辱的观念，是人本管理思想实现的最佳方式。

3. “以人为本”为员工进行职业生涯设计。

职业生涯设计可以满足员工对自我尊重、自我价值实现的需求。从而可以充分发挥成员的创造性思维能力，创建出一种更具活力、并足以确保企业能持续发展的学习型组织。

4. “以人为本”一定要关注员工关系。

让管理亲和于人，让管理者与员工彼此间在无拘束的交流中互相激发灵感、热情和信任，这样的理念在世界级企业家的心中越来越获得认同。

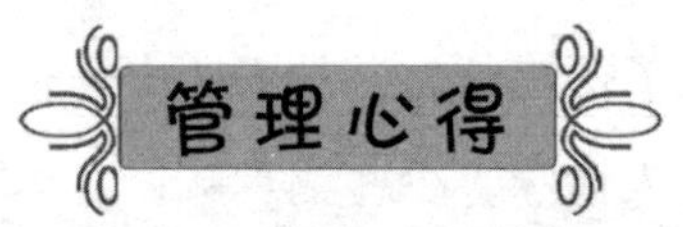

◆尊重和关心下属，以下属为本。

◆用事业召唤人，用感情留住人，用待遇吸引人。

◆“以人为本”就是创造员工满意度。

◆人才是企业之本。

横山法则：培养员工自我控制

横山法则认为：最有效并持续不断的控制不是强制，而是触发个人内在的自发控制。它的提出者是日本社会学家横山宁夫。

企业是建立在消费需求基础上的经济组织。随着时代的进步，企业所面临的市场日益千变万化：首先是企业存续的基础发生深刻的变化——消费需求趋层次化、多样化和不确定化；其次，企业所处的价值链上诸多资源供应商、行业竞争对手、渠道终端对利益的索取也相应地发生着变化；更兼社会政治环境、经济环境、技术等一系列外部因素的变化，企业维持生存、谋求更大发展的外部环境压力与日俱增。所以，企业要实现永续经营的目标必须"内外兼修"：对外经营要识规则、守规则、用规则，甚至创造规则，才能较好地解决市场生存问题；对内管理方面则要订制度、修制度、变制度，从而适应外部变化，解决组织运作的秩序和效率的问题。从本质上讲，企业的内部制度就是市场运作关系和机制的浓缩与再现。企业如不能顺应市场竞争的变化，及时甚至超前地解决内部规则调整、修改或重新设立问题，那么其自身的"小"经济系统就无法与外部市场的"大"经济系统实现有效的、动态的、良好的对接及耦合，当然就谈不上什么"适应市场"，那么组织的破败也只是在转眼之间了。

具体到员工管理也是如此：由被监督，到养成习惯，到习惯成自然，再到自发地按照规则办事，这个过程中所体现的是一种自发自愿的精神，对一个管理者来说，这也是最划算的管理。

珠海炬力集成电路设计有限公司是一个由专业团队与国际著名 IC（集成电路）设计企业共同创立的 IC 设计公司，总投资 1000 万美元。主要从事工业级和消费类SOC（多媒体芯片）及其完整系统解决方案的设计开发，业务范围涵盖IC设计、方案研发、IC测试和销售。2004年已拥有员工220多人，其中研发类人才180多人，是目前国内屈指可数的顶尖级IC设计企业之一，2003年被中国半导体行业协会评选为当年度国内最具成长性的十大IC设计企业之一。该企业凭借MP3SOC产品在国际市场上的极大成功，2004年炬力集成公司被国际著名的市场调研机构iSuppli评为中国最成功的IC设计公司之一。

该公司以其深厚的管理与技术沉淀，高起点的技术及产品定位，准确的市场定位，强劲的创新力，持续保持着高速的成长与发展态势。而其成功最重要的因素之一，便是它的自发管理理念，其最有特色之处在于其员工俱乐部：由员工自发选举产生员工福委会，公司与员工个人调拨相应资金为员工年度福利基金，由福委会作统一分配及安排；福委会下有员工自发组织的各种活动协会，员工可依据兴趣自愿参加。此外，企业的高绩效、高贡献、高报酬的薪酬制度，完善的福利体系以及完善的培训体系，为员工提供了快速成长和充分施展才华的事业环境。企业的各项体系为员工设立了自发管理的优良环境，而员工的自发管理也为企业带来了源源不断的生命力。

培养员工自我控制的几点要求：

1. 员工具有自觉性才能充分调动工作的积极性，如果员工在工作中缺乏一定的自主权，那他们就不会主动地去工作，无形中增加了管理者的负担。所以，对员工的管理不能太严，要给员工自我发展的空间，让自己决定一些事情。

2. 管理者要不怕挑战，坚持长期的培训和激励，逐渐使员工拥有主人公意识，营造企业自发管理的理念。

3. 建立完善的组织和体制，从政策上为员工提供自发管理的前提和空间。

管理心得

◆有自觉性才有积极性，无自决权便无主动权。

◆员工自控能力的培养是企业的生存之道。

◆企业要为员工建立自控培训体制。

沃森原则：
杰出的公司都有强有力的企业文化

美国花旗银行认为：真正有影响力的品牌一定是与某种文化思想、文化现象相联系的。一种产品或一个企业一旦被客户群体拥戴为品牌，那么这个品牌一定呈现出了它独有的丰富文化内涵，能够向人们展示良好的品牌形象，使人们在得到物质需求满足的同时也能感受到文化品位和精神享受，从而形成独特的品牌优势。

沃森原则是由美国 IBM 前总裁沃森提出的。它强调了企业文化是一个企业强大的根本。企业文化是企业管理发展的新阶段，其核心内容是企业精神，是引领企业发展的航标，是企业管理的灵魂，是企业所追求的价值取向。是通过全体员工认同形成的凝聚力，能够使得员工为实现企业目标而自我约束和努力工作。同时也是一种团队精神的体现。上述花旗银行的案例便是对企业文化的一个很好的阐释。

企业要在竞争中取胜，就要团结协作，求新求变，拒绝僵化。换一个角度就是：自由精神、创新精神、团队精神。文化特色与管理特色相符合，把背景不同、自身经历不同，甚至追求不同的人团结起来，大家共同认同企业共有的文化和价值观，以企业文化激发感召力、凝聚力，这种力量是企业发展的一个内部驱动力。企业文化建设的关键是企业家，一个富有个人魅力和管理技巧的企业家首先会为企业带来一种信念上的熏陶。

企业文化是看不见摸不着的，但又无处不在。其核心内涵，虽看不见但能感悟到，虽然无法逼真地写出来，但完全可以从一个企业的人文环境、氛围、机制、服务、精神态度等方面感悟出来。市场上有问题的两家企业对待品牌形象出现的问题所采取的不同方式和态度，就完全可以感悟到这两家企业文化的差异，这也正是由企业文化的独特性所反映出来的不同行为。一个好的企业文化，能让客户心悦诚服，投桃报李，忠贞不贰，让竞争对手的客户心向往之，直到弃“暗”投“明”，毫无疑问这个企业已经拥有了可骄傲的文化底蕴，造就了良好的文化，企业品牌便找到了一个长久不衰的发展原动力。

一提到“海尔”这个品牌，我们大脑中便会想到海尔的服务和产品的创新，而这些正是海尔文化带给我们的影响。在海尔的工厂大门口，竖立着一排醒目的大字——“求实、创新”，注释了海尔文化的核心内涵。海尔的营销理念：先卖信誉、后卖产品；市场理念：只有淡季思想、没有淡季市场，只有疲软的思想、没有疲软的市场；海尔售后服务理念：用户永远是对的等等。这些价值理念正是海尔文化的体现，而海尔品牌的“真诚到永远”也无不体现了海尔企业文化的精髓，海尔文化使我们感到了海尔这个品牌的力量，感到了海尔底蕴深厚的文化。

联想提出的“把个人追求融入企业的长远发展之中”的核心价值观，将公司的前途和员工的个人发展紧绑在一起，是联想集团能够凝聚员工的根本缘由。联想能够在众多的电脑厂家脱颖而出，扛起中国电脑品牌的旗帜，并于2004年12月8日收购了IBM的个人电脑事业部，这些正是联想企业文化凝聚员工力量的最好证明。当初以柳传志为代表的一批能人志士就曾定下“振兴民族工业，走向世界”的宏大目标，他们承继了中国文化“修身、齐家、治国、平天下”的优秀传统，艰苦奋斗，才取得了今日的辉煌。

海尔和联想是我国两个民族品牌的典型，他们成功的秘诀就是优秀文化赋予了两个品牌独特的优势，这种优势使海尔和联想有了一批批忠诚的消费者，引导他们迈向一个又一个制高点。

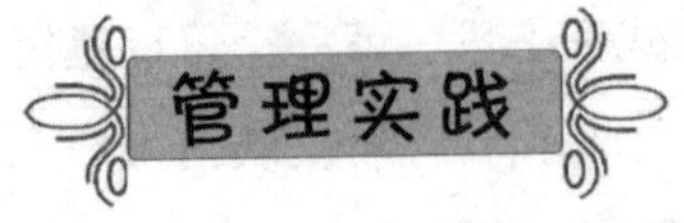

管理实践

互助共存、具有战斗力的企业文化的基本特征是：

1. 诚信。诚信是一种无形资产，可以赢得顾客和各方面的合作伙伴。企业如果想实现品牌战略，诚信是第一位的，是企业立足的根本信条。

2. 执著。做企业需要细致的、扎实的、不急不躁的努力。很多优秀的企业都是在执著中一点一滴，一天一天甚至是在不经意间做起来的，浮躁是大忌。

3. 创新。企业创新就是与时俱进的产品风格、生产模式和服务方式。要创新必须有创新的能力，有时甚至要对自己进行破坏性的否定。企业领导思路的更换对企业来说是一种创新，特别是经营模式的创新，因为这有利于打破企业传统的思维定势。

4. 弹性或张力。企业文化中的弹性或张力是指企业应变各种不以自己意志为转移的能力。例如面对经济萧条，能不能适时地应变、调整，同舟共济地走出萧条；面对宏观调控，各种生产要素相对紧缺的时候，企业能不能有效地应对。

5. 凝聚力。具有战斗力的企业一定要有凝聚力。这里的凝聚力起码包括三个层次的含义：一是要有一个强大的领导集团。这个领导集团是包容了各种风格、不同年龄阶段的人，可以形成风格互补，最大限度地聚集各种领导风格的长处，最大限度地利用各种已有知识。二是人才，包括用市场的方式利用人才。三是在非常时期能够团结和凝聚员工的能力。

管理心得

◆构建互助共存、具有战斗力的企业文化。

◆企业文化必须要能贯穿到企业组织结构的各个层面，惟有这样，整个组织才会有强盛的生命力。

凡勃伦效应：消费者情感带来的商机

款式、皮质差不多的一双皮鞋，在普通的鞋店卖80元，进入大商场的柜台，就要卖到几百元，却总有人愿意买。1.66万元的眼镜架、6.88万元的纪念表、168万元的顶级钢琴，这些近乎“天价”的商品，往往也能在市场上走俏。其实，消费者购买这类商品的目的并不仅仅是为了获得直接的物质满足和享受，更大程度上是为了获得心理上的满足。这就出现了一种奇特的经济现象，即一些商品价格定得越高，就越能受到消费者的青睐。

这一现象最早由美国经济学家凡勃伦注意到，因此消费者对奢侈品的钟爱就被命名为“凡勃伦效应”。

随着社会经济的发展，人们的消费会随着收入的增加而逐步由追求数量和质量过渡到追求品位格调。只要消费者有能力进行这种感性的消费，“凡勃伦效应”就会出现。了解了“凡勃伦效应”，可以利用它来探索开展新的经营活动。商业企业可以凭借媒体的宣传将企业形象转化为商品或服务上的声誉，使商品附带上一种高层次的形象，给人以“名贵”、“超凡脱俗”的印象，从而加深消费者对商品的感性消费意向。这种价值的转换在消费者从数量、质量购买阶段过渡到感性购买阶段时，就成为可能。

凡勃伦效应向人们提出了感性消费的概念，而随着社会、经济、科学技术等各方面的迅速发展，感性消费已成为当今消费的一大趋势。日趋复杂的市场越来越要求企业重视消费者的“感性需求”。随着社会生产力的迅速发展，物质财富的大大增加，消费者的“需求”也在不断变化和提高。消费者的消费活动影响和制约着营销者的整个营销活动，因而也关系到整个社会经济运行的效率。

20世纪50年代初期，美国的劳拉·阿什雷创立了劳拉·阿什雷公司，该公司主要生产女性装饰用品。公司刚创立时，产品唤起了那些曾经有着英国生活经历的美国女性的浪漫情怀，尤其是在20世纪70年代人们普遍怀旧的情结下，该公司通过其怀旧产品很快由一家小作坊发展到了一个拥有50家专卖店的大公司，劳拉·阿什雷也成了国际知名品牌。与怀旧情结紧密联系的产品风格极大地满足了当时人们的感性需求，这正是劳拉·阿什雷公司取得成功的主要原因。

劳拉·阿什雷去世以后，她的丈夫伯纳德仍沿着劳拉所设立的经营方向继续发展该公司。然而，潮流已经改变。由于越来越多的女性开始走出家庭谋求工作，市场逐步倾向于职业饰物，而不是劳拉·阿什雷公司所生产的浪漫性饰物。此时的女性装饰行业已经发生了巨大的改变。伴随着关税壁垒的逐步瓦解，精品店大多都将生产基地设到海外以削减成本，甚至将生产全部外包。但劳拉·阿什雷公司却相反，该公司仍然继续沿袭着过去曾为其带来成功的老路，仍然生产着现在看起来已经陈旧不堪的老式饰物，并且以昂贵的方式自己生产，公司的竞争力也因此衰弱。

在20世纪80年代末期，一家管理咨询机构曾经清楚地指出了该公司所面临的挑战，并提出了相应的应对措施。在认识到需要适应变化而采取措施以后，劳拉·阿什雷公司的董事会物色了好几位总经理，并且要求他们中的每一位都必须提出对公司进行改组和改造的方案，以提高销售和降低成本。几乎所有的改革方案都采取了一系列的行动，但却都没有能够改变公司的战略方向。

历史上的很多奢侈品都曾有过相似的命运。在全球经济日益一体化的今天，不但今天的奢侈品就是明天的普通产品，而且从奢侈品到必需品的转化还在不断加速。不过好像人们对于奢侈品的心态一直以来都没有什么太大的变化。

从历史上看，绝大多数人对奢侈品的态度通常都比较矛盾，一方面，从道德上必须鄙夷，因为它是多余的，它是奢靡生活的代名词，并且使用者有些是处心积虑地搜刮社会财富的人；另一方面，内心并不排斥对奢侈品的享受，尤其是在自身条件允许的情况下无不想尝尝奢侈品的味道。

其实，奢侈品的生产对社会的迅速发展有着积极的作用，它们集中了最先进的技术、最和谐的产品美学、个性化和人性化的品质内涵，因此它们能够刺激革新，创造新的机会，塑造品位和风格。尽管如此，和任何事物一样，奢侈品的生产和消费必须要把握好一个“度”。这个“度”就是个人和社会的消费能力。如果说一个人超越自身的承受能力进行消费，还只是打肿脸充胖子的话，那么一个社会无节制地进行超前消费，则会带来灾难性的后果。奢侈其实是一种介于仅仅消费必需品和自己最大消费能力之间的生活方式。尽管在大多数情况下，奢侈品在一开始往往只是少数人的专利。

在全球化经济中，奢侈性的产品越来越多地成为一种象征；而且奢侈品转化成必需品的速度，恰恰体现了社会技术进步和经济水平提高的快慢。在这种情况下，人们的经济思维需要改变。

奢侈品需要建立新的标准，从而刺激消费，促进经济发展。通过高质量的工作和更多的附加值促进社会富裕的进程。奢侈品必须具有可信度和独特的风格，必须不断创新，否则就有停滞不前的危险，即使是非常著名的品牌也可能陷入危机。

赫赫有名的3M公司在产品开发上总是频频出新，很多人都误以为它是一家单纯的科技创新企业，而与顾客导向型企业不挂钩。事实上，3M的产品开发永远是由顾客需求推动的，只是由于公司的技术基础太强大，以至于人们（包括公司员工自己）常忽略这一点。

3M公司的生产经营活动始终都坚持技术导向与顾客导向相结合的原则。首先公司围绕着33个“技术平台”或基础技术组织经营活动，在此基础上，根据特别需要来生产专门产品，各类产品正是这样源源不断地从公司智力库中涌出。

3M产品开发过程大致如下：一个员工有了新的创意，就用15%的工作时间深化其创意，这就是著名的“15%规则”。然后，他们再去寻求其他领域工程师的帮助，接下来就延伸到制造、市场营销、销售和售后服务等领域。

在强大技术队伍工作的基础上，3M又十分注重顾客的感情需求和理性需求，这就是3M公司技术导向与顾客导向的紧密结合，也是3M公司长期以来一直居于世界同行前列的关键因素。

在21世纪，如何管理和发展品牌成为了品牌创立者的一大挑战。谁能够不断开发有创意的产品和品牌，谁就有可能抢占市场先机。只有整个产品或者服务方案（设计、生产、产品性能）稳定统一，一个品牌才会拥有让消费者着迷的独特风格。

高价定位法则使商店的商品价格高于市场平均价格。商店要实行高价定位法则，必须具有高水平的非价格竞争的优势。例如为顾客提供高水平的服务等，尽管顾客购买同样的商品付出了更高的价格，但是顾客仍会觉得物有所值。

1. 从顾客角度进行的高价定位。许多顾客所追求的是自己独占某些奢侈品，所以高价是需求增加的重要原因之一，而削价则会导致需求的下降，因为削价意味着有社会声誉的物品的贬值。当顾客去某家商店购买某种商品是为了显示与众不同的地位和财富，换句话说，当商店的目标顾客是那些社会阶层比较高的人士时，商店必须高价定位商品，这就是凡勃伦效应。

2. 标志商品高品质而进行的高价定位。在商品价格与需求的关系中，还存在一种质价效应，即消费者通常把高价看作是优质商品和优质服务的标志，因而在商品价格较高的情况下，也能刺激和提高需求的效应。在许多情况下，消费者往往以“一分价钱一分货”，“好货不便宜，便宜无好货”的观念去判断商品的质量，因此，高价能使人们产生高级商品、优质商品的印象。

3. 标志服务高水平而进行的高价定位。如同商品高价位能显示商品高品质一样，高价位同样能显示服务的高水平。对于以高价定位的商店，除了要时刻注视消费者对商品的反应，不断提高商品质量，增加商品功能，创造更新的款式外，还要搞好服务工作，增强消费者对商品使用的安全感和依赖感。高价位所标志的高水平服务，也能满足一些人的需求，因而也是企业定位的一个空隙。

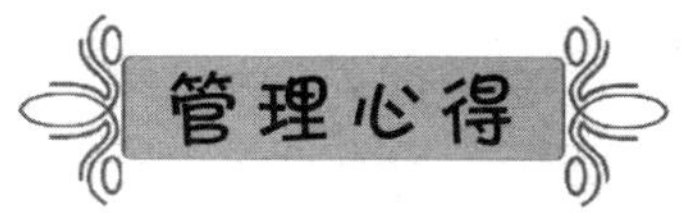

◆没有顾客就没有创新。

◆做好消费者需求的研究，营销战略以消费者为先导。

◆要抓住感性消费趋势。

项链定律：
坚持一百年不动摇——持续的传播

单个的传播活动，如果没有一根统一的主线串起来，即使做得再好也只是一个单位。只有将所有的传播行为都串起来，才能组成一条闪闪发亮的“链子”。这就是“项链定律”。

我们为企业作诊断时会发现，一个企业，它的广告、促销等行为没有一个统一的章法，好像不是一个企业做的，这样每一次宣传都变成了一种独立的行为，没有连续性，不能产生互动，这实际上是一种传播的浪费。

品牌的核心价值是品牌的精髓，它代表了一个品牌最中心且不具时间性的要素。一个品牌最独一无二且最有价值的部分通常会表现在核心价值上。如果把品牌比作一个地球仪，核心价值就是中间的那根地轴，不管地球仪如何旋转，轴心是始终不动的。

对品牌核心价值的设定，不是要去向消费者解释我们的产品是多么的好，能够满足消费者的多少需求，因为这一点，对手也能做到。如果一种食品其核心价值的设定主要还是停留在品尝后的感觉上，比如“味道鲜美、纯正，让人产生快感”，这虽然十分贴切地表现了品尝食品后的美妙感受，对产品本身也有较大的促进作用，但缺乏感召人内心深处的力度，这只能是卖产品的定位，没有达到传播品牌精神与文化的境界，品牌的核心价值缺乏包容性，对长远的发展也极为不利。

持续而统一的传播是国际品牌成功的法则之一，品牌 Esprit 一直强调其个人选择与自然的精神境界。20 世纪 60 年代后期，Esprit 在美国创立时，就确立了以世界和平和自我表现作为品牌的主要宗旨，并一直坚持了下来。当其他公司的促销还仅仅流于形式时，Esprit却强调时装界必须对社会及生活时尚负责。Esprit踊跃参与地球日的宣传活动，把印有“绿色环保”口号的产品发给职员，在店内张贴环保海报，并鼓励顾客在市区种植树木及进行清扫活动。Esprit的一大创举是把“大自然”引入店内。春天，亚洲的各分店中都洋溢着花园的气息，店内放置着很多人工植物、盆景等。夏季则是倡导健康生活方式，它在海报中说道：“每天一苹果，大夫远离我。”在过季减价时，Esprit也颇不寻常，它将所有旧的陈列道具都涂上一层白油，或者盖上净色的棉布，此举给顾客以Esprit是沙漠中绿洲的感觉，使它在乱哄哄的场面里既做了生意又似乎独享安逸。Esprit的室内陈列注意宣传人的价值和社会责任感，在一个广告中，Esprit问道：“你会做些什么来改变世界?”一个手持拐杖的女孩子回答：“我希望人家去评定我之所能而不是我的不能。”除了上述口号，还有他们更关心这个世界的口号：“所有国家都应该归还本不属于他们的东西”及“在每个人决定要孩子之前，应该先上一堂为人父母的课程”，这些语句在不经意间征服了千千万万人，也更凸显了品牌卓尔不群的形象。

企业在品牌建设中应该注重的几个方面：

1. 品牌应该规划到战略中去。企业在做战略规划时，就应该将企业的品牌塑造与企业宗旨有效结合起来。在企业达到什么阶段，应该让用户对品牌有什么样的认知，品牌的宣传范围应该有多广；当企业达到下一阶段时，又应该如何将品牌与企业的发展结合得更好。

2. 媒体作用不是品牌的全部。综观中国企业品牌成长历程，大家可以发现，能够成为国内外优秀品牌的企业，不单纯是靠宣传成名的，最重要的是依靠服务、质量、价格起家的，媒体只是企业展示自己的平台，而不是成功的基础。

3. 让品牌融入到企业员工中去。在国内，一些企业把品牌的推广放在了广告部或者宣传部，而这些部门的职责往往被片面地孤立于对外合作，没有意识到对内的重要性。当企业的员工在和同行的人聊天时，无法夸夸其谈自己企业的品牌和宗旨，这样也就不能使大众接受本企业的品牌。

4. 品牌建设需要一个过程。品牌的信誉不是短时间能够累积起来的，它是一个循序渐进的过程。但是目前国内的一些企业家在做品牌建设时，盲目地认为通过事件的炒作，就可以创造出品牌的效应，这是完全错误的。

5. 诚信是品牌建设的一个关键。品牌标示着企业的信用和形象，是企业最重要的无形资产。在市场经济下，环境在不断的变化，谁拥有了品牌，谁就掌握了竞争的主动权，就能处于市场的领导地位。

6. 多品牌战略的发展。每个企业都拥有自己擅长和不擅长的东西，在品牌营造方面，首先要认准自己的长处和短处，要依据自身的特点，打造出自己的核心竞争力。

◆寻找企业核心价值——品牌传播的主线。

◆寻找一种最适合自己，最能体现自身品牌的价值的方式。

堆土效应：注重品牌积累

大坝要在波浪的冲击中矗立不塌，就需要不断加固：推土，夯实；推土，夯实……市场环境波涛汹涌，品牌欲在市场竞争中任凭冲击而不倒，靠的是品牌积累——每一次新品推出、每一个促销活动、每一次广告，都是在统一的品牌主题下，不断积累品牌资产的努力。

这就是品牌经营中著名的“堆土效应”。

定位工作时常是短期工作的重点，一旦定位完成，很容易被放在一边。但是，品牌定位却是一项长期的工作，它需要不断去传播，去强化。全力维护和宣扬品牌核心价值已成为许多国际一流品牌的共识，是创造百年金字招牌的秘诀。耐克的核心价值观是“Just do it”（想做就做），表达了人们把前途和命运操纵在自己手中的乐观情绪，这一价值观已经坚持了将近20年，从无改变。今天，我们提起耐克，能马上联想到其核心价值主张，与其长期始终如一、坚持不懈的传播密不可分。而力士一直定位于以国际影星作形象代言人，诠释其“美丽的”承诺，达70年之久而不变。

始终坚持一种风格、一个面孔，有时管理者会走进一个误区，认为如此下去，品牌将变得枯燥，这些管理者习惯了过几天就换一种想法，觉得那样才能使品牌新鲜而充满创意。但是，消费者不是你，你每天都生活在这个品牌的包围中，而他也许根本就没有见过你的品牌，广告太多了，他从来不会刻意去关注哪个品牌。实际上，当你觉得单调的时候，才是消费者开始注意你的时候，这时候消费者才真正意识到你的存在。只有在各种不同的媒体上不断重复相同的信息，才能累积消费者的注意力及记忆度。因此，坚持才能胜利。

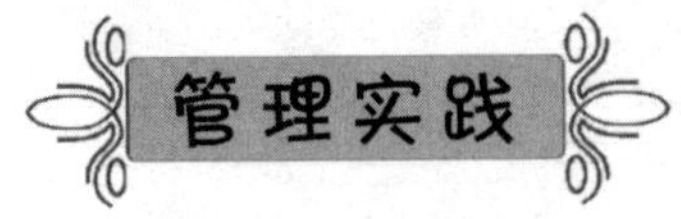

管理实践

积累品牌资源的途径——建立消费者和品牌的关系，凸现品牌个性：

1. 在品牌传播过程中建立关系。企业巧妙地把对品牌的宣传同培养消费者对品牌的情感结合起来，使创造品牌的知名度围绕着建立品牌与消费者之间的关系进行，从而使企业在宣传品牌的同时，就开始着手积累品牌资产。

2. 在共同创造价值中密切关系。这是建立关系最直接、最有效的方式。“为顾客创造价值”是当今最流行的经营理念，然而它并非是最先进的经营理念，最先进的经营理念应该是“企业与顾客共同创造价值”。

3. 让使命营销强化关系。一个企业拥有使命，表示一家企业在拓展业务与赚取利润的同时，尚有一个更值得追求的社会义务方面的目标。对这种目标的追求，可以使消费者对企业和品牌产生强烈好感，会加强消费者与品牌之间的关系。

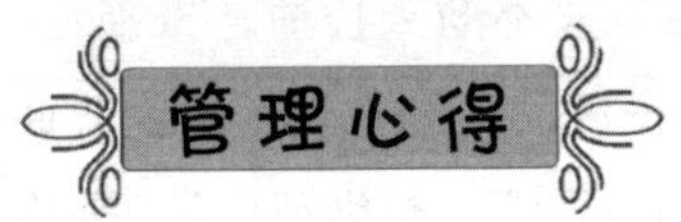

管理心得

◆品牌创新也是品牌积累的一种手段。

◆消费者对品牌的忠诚也是对企业对消费者忠诚的回应。

蚁群智能：组织协作

蚂蚁在动物界中是那么的渺小，人们常说像捏死一只蚂蚁一样如何如何，不言而喻，捏死一只蚂蚁是那么的轻而易举，不费吹灰之力。蚂蚁的生命是如此的脆弱，然而就是如此脆弱的生命却在残酷的动物界的你死我活的厮杀中，顽强地生存了下来。想想那些令人生畏的恐龙家族，它们要个头有个头，要力气有力气，到了现在，人们只能在博物馆里看见它们的化石了。再回头看看这些分布在世界各地的蚂蚁们，不能不说是一个奇迹。

正因为如此，蚂蚁的世界一直为人类学家和社会学家所关注。研究表明，蚂蚁有严格的组织分工和由此形成的组织框架。在蚂蚁社会里，工蚁负责外出寻找食物。当一只工蚁发现食物源时，就释放出一种信息，吸引附近的伙伴向它聚拢。据统计，第一批携带食物回巢的蚂蚁，总会走最短的路线，其他的蚂蚁会根据留下的信息，沿着相同的路线搬运食物，同时会留下更多的信息素。由此，一条从食物到巢穴的最佳路线形成了，越来越多的蚂蚁加入其中。

更令人惊讶的是，蚂蚁的分工具有弹性的。一只蚂蚁搬食物往回走时，碰到下一只蚂蚁，会把食物交给它，自己再回头；碰到上游的蚂蚁时，会将食物接过来，再交给下一只蚂蚁，蚂蚁要在哪个位置换手不一定，惟一固定的是起始点和目的地。

弱小的蚂蚁正是凭着严格的组织分工，在残酷的自然环境中生存下来。蚂蚁本身来说是一个弱势群体，在严格的分工下，它们实现了整体的高效运作，它们根据环境变化不断地进行调整，无须太多的自上而下的控制或管理，就能自我完成工作，蚂蚁的这些特点，是现代企业在组织发展中所梦寐以求的。

在现实生活中，群体作用的例子很多。美国芝加岛曾经举办了一个驴子结队拉重竞赛，就被经常用来说明群体作用：在这次比赛上，获得第一名的驴队能拉9000磅，第二名稍次于这一重量，当把两个驴队合在一起时，却拉动了30000磅。这说明，两个以上个体的协作生活所产生的效果会超过各个单独活动时的效果总和。它创造了一种集体的力量，在某些条件下甚至会发生质的变化。日本民族对群体作用看得很重，他们认为单个日本人的力量好比一条虫，而十个日本人合在一起却能成为一条龙。所以在日本的企业中，重视群体协作，培养团队精神和对企业的忠诚，最终创造出让全世界瞩目的经济奇迹。

团队作为群体的一种形式，必然具备群体的各项特征。群体动力学说可以说是建立高效工作团队的理论基础。群体动力学认为群体的行为不等于群体中各个成员个人行为的简单的算术和，群体与个人的关系是总体大于部分之和，即群体绩效大于各个成员的绩效之和，因为群体的行为包含有集体的行为，能够产生一种新的行为形态。

创造和维持一个高效的团队是一项挑战性的任务。毫无疑问，群体的首要任务是完成工作计划，但是团队在建设过程中，还有一个极其重要的目标：培养团队精神。一个团队是否高效就看这个团队有没有团队精神。日本企业十分重视团队精神的培养，他们要求每个团队成员都具有那一团体所特有的团队精神。日本企业重视团队精神，培育员工和团队成员对公司的忠诚，对工作团队要具有归属感、一体感和团结感等。这也是日本企业在管理和生产上取得重大突破的十分重要的方面。所以团队精神是一种团结协作、奋发向上的精神，是齐心协力，共同完成团队任务的必不可少的精神。

培养良好的团队精神有一个因素必须要考虑：那就是团体内成员的感受。团体内的每个成员都有不同的教育背景，各自不同的为人处世的方法，根据斯艾康（S. Allcom）等人的研究发现，团队成员的各种感受中，“信任”、“开放”、“自由”、“协调”四种感受，会对团体运作产生重要影响。这四种感受，犹如润滑剂，能有效提高成员的工作绩效。

团队成员之间的信任，有助于去除不必要的怀疑，拉近成员间的距离，并减少因猜忌而造成的勾心斗角。阿建是某个广告公司的创意总监，自从他担任这个职位以来三个月的时间，他一直怀疑他手下的资深创意员小林在和他对着干，在想办法排挤他，于是阿建看小林是越来越不顺眼，一有机会便攻击小林，弄得整个部门气氛十分不好，导致整个部门的工作效率低下，一直拿不出什么好的作品来。

开放的意思是使团体的成员听得进他人的声音，他愿意走出固执己见的樊笼，能够认真听取其他成员的意见。最重要的是，开放的态度可以避免尚未深入了解情况，即站在本位的立场恶意批评。董小姐平日主见甚强，看很多事情都不顺眼，若同事提出一些建议或构想，她总是不加细想便加以否绝。久而久之，便没有人愿意与她亲近或讨论问题。一个团体如果类似董小姐的成员居于多数，想要产生理想的数章往往很难。

自由的感受是指一个团体中的成员享有顺利地自我成长的空间，与团体一起进步。来自团体的约束或者是压抑与成员的自由感受成反比。很多讲求现代化管理的团体，为成员设定目标，但尽量避免干涉他们的执行过程，以使其发挥最大的潜力。

工作上的合作关系，如果没有协调作为前导，通常无法形成，即使形成也难以持久。协调并非退让，而是从分歧中找出一个大家都能接受的平衡点，并基于平稳点逐渐酝酿达成共识。团体成员为追求业绩所产生的竞争，是团队向前迈进的动力。但是，一旦成员的竞争演变为一味地你争我夺，则竞争已丧失应有的功能，只会因成员的你争我夺抵消对团体的贡献，削弱组织的凝聚力。

达美家电企业销售部经理老卜自认为善于利用人性的弱点，在掌管销售部业务之后，鼓励员工相互竞争，以对方为假想之敌，以促进业绩。老卜除鼓励业务员相互竞争外，还故意与个别属下接触，引发属下之间的敌视。他以为这样会让业绩提高，谁知道半年后的结果显示，老卜挖掘人性黑暗面、摒弃团体成员间协作的做法，根本提升不了销售绩效，反而使业绩大幅下滑。

攘外先安内，一个组织只有先练好“内功”，让企业拧成一股绳，才能具有强大的动力。内耗只会削弱自身的力量，阻碍前进的步伐。

那些勤劳的小蚂蚁们，天生就知道团结协作的重要性。为了生存，它们会自然地进行分工合作，协调配合，合理地分配资源，发挥团结的力量，顽强地生活在地球的各个角落。一个公司、一个企业就是一个团体，这个团队能否在市场竞争中屹立不倒，团队成员间的分工协作能否发挥出巨大的能量起着至关重要的作用。

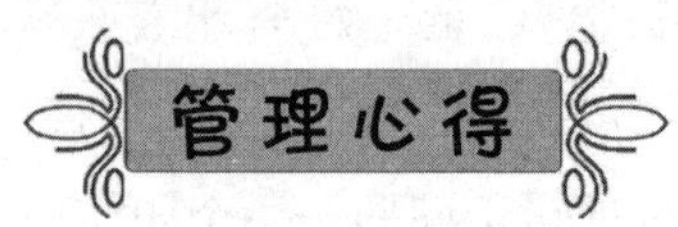

◆像蚂蚁学习团队协作精神。

◆挖掘人性黑暗面，根本提升不了管理绩效。

第六章

管理必须学会的 12 种方法

跳蚤效应：管理需要正面的、积极的激励

生物学家做过一个试验：把跳蚤随意向地上一抛，它能从地面上跳起一米多高。但是如果在一米高的地方放个盖子，跳蚤碰几次壁之后，它就只能跳起 90 厘米的高度，直至结束生命，它再也不会跳过一米的高度。

这种“跳蚤效应”说明一个道理：挫折唤起的不总是勇气，潜能也不是自然而然就可以发挥出来的，没有正面的、积极的激励，动物也好，人也好，也许就会“知难而退”，逐渐丧失进取和超越的动力。人在成长阶段，对待外界评价比较敏感。他们身上固然还存在着各种各样的缺点和不足，对他们严格要求是必要的，但是如果对他们总是一味怀疑、指责、批评，使他们四处碰壁，难觅知音，创造的热情就会冷却，上进的勇气就会消失。

在美国企业界，有一个深受众望的奖项——美国国家品质奖，它象征着美国企业界的最高荣誉。赢得此奖的企业，必须是能生产全美国最高品质产品的企业。

为赢得该奖项，摩托罗拉公司从 1981 年就开始了竞争。它派了一个侦察小组，分赴世界各地表现优异的制造机构进行考察。目的不仅是看他们怎么做，也要看他们如何精益求精。所有摩托罗拉的员工都面临着挑战，力求大幅度降低工作中的错误率。摩托罗拉没有把注意力过多地放在如何对那些已经出现的错误进行惩罚，而更多地从正面去激励所有员工谨小慎微、精益求精。他们不仅致力于提高所有员工的责任感，要求他们以主人翁的态度确保每一件工作的正确无误，还专门组织了一批以时计酬的工人，负责指出错误并有奖赏。与反面惩罚可能造成的人心惶惶、怨声载道

相反，采用这种正面激励的策略，结果是产品错误率降低了90%，但摩托罗拉仍不满意。公司又设定了新的目标：所生产的电话合格率达到99.997%。所有摩托罗拉员工，都收到一张皮夹大小的卡片，上面标示着公司的目标。公司还制作了一盒录像带，解释为什么99%的产品无故障仍嫌不足。这盒录像带指出，如果这个国家的每一个人，都以99%的品质来工作，那每年就会有20万份错误的医药处方，更别说会有3万名新生儿被医生或护士失手掉落地上。试问，99%的品质，对于将其性命托付给摩托罗拉无线电话的警察而言，是否足够？1988年，66家公司开始竞夺美国国家品质奖。大部分参赛单位实际上都是一些像IBM、柯达、惠普等大公司的某一部门，但摩托罗拉却以整个公司为单位参加竞赛，并以绝对的优势轻松夺魁。1988年，摩托罗拉因减掉了昂贵的零件修复与替换工作，而节省了2.5亿美元，收入增加了23%，利润提高了44%，达到前所未有的记录。这样的盈余回报是令人欣慰的，也出乎原先的预期。一名主管声称："得美国国家品质奖，有一种金钱买不到的奇效。"

这就是设立目标的效力，目标激励员工，使员工产生积极性。在实施激励方法时，应该像摩托罗拉一样，注重正面激励，当奖则奖。同时，摩托罗拉采用这种奖励方法会一举数得。它既使创新者追求成功的心理得到满足，也是一种经济奖励，它还可以以此留住人才，并促使他们为公司效益不断提高而更加努力地去进行新的创新。

有效激励下属的12条经验：

1. 不要简单地发号施令。好的管理者很少发号施令，他们尽量让员工参与决策，共同研究工作，引导员工开动脑筋，找出好的方案，让员工感到好方案的提出，自己也有份，在执行中既能正确理解，又有很高的积极性去开展工作。

2. 对员工作出明确的授权。明确员工在哪些工作范围内具有决定权，哪些需要请示，这样做可以提高工作效率和员工的工作积极性。但授权并非倾倒工作，如果没有明确的授权，只是一股脑儿地将工作全部交给员工去做，那就是倾倒，员工会认为上司滥用职权，将来可能会揽功委过而失去积极性。

3. 为员工工作设立目标。设立目标是最有效地改善员工表现的方法之一，但目标必须十分明确，而且能够量化考核，要注意各个员工工作目标的平衡，避免鞭打快牛。

4. 加强与员工的沟通。建立定期的聚会，让员工有机会表达他们的意见和想法，管理者要认真记录谈话的内容，对合理的意见和建议要尽量明确地表示赞成或肯定，对不合理的意见要予以否定与解释，不能当场解决的要在日后给予答复。员工会因为上司的尊重与关心，更加努力地工作。

5. 对员工一定要信守诺言。好的管理者一定要记得自己的承诺，并采取适当的行动。如果答应员工的事却没有做到，将损害员工对上司的信任和依赖感。因此，管理者要及时将自己对员工的承诺记录下来，随时检查执行的情况，不要当面承诺，转身就忘了，短期内无法达成的，最好让员工知道已经着手进行，以及所遇到的困难。

6. 不要经常中途变卦。员工的工作需要连贯性，他们最讨厌上司朝令夕改，让他们感到无所适从，或者不能及时开展工作，等待着上司的再次变卦，员工的工作质量会因此受到极大影响。

7. 及时检查员工工作。管理者布置工作后，要根据员工不同的性格，采取不同的措施，了解工作进度和遇到的困难，帮助解决问题，指导开展工作，保证任务及时地高质量地完成。

8. 正确开展批评。要公平对待员工，对错误要大胆指出，要求改进，对违反规章的要严格处罚，切忌当和事佬，但要注意方式，避免当众责骂员工，要就事论事，切忌以事论人。

9. 不要轻率地下结论。每个人的处事方式都不同，管理者的方法未必是唯一正确的方法，不要轻率地说员工的做法是错误的，更不要随便对员工的为人处事、道德品质下结论，也不要因为某一件事而以偏概全，如果稍有不慎都会影响员工的工作情绪和积极性。

10. 适当地奖励员工。每当员工圆满完成工作时，应该立刻给予奖励或肯定，及时地奖励与赞美往往比日后的其他任何奖励方式都更为有效。在日常工作中，赞美与批评的比例应该是4∶1，当然，日常的赞美绝不能代替应该给予的奖金、增资和晋级等。

11. 关心员工的身体健康和家庭生活。要注意关心员工的健康，对其生活中遇到的困难，要给予理解、帮助，让他感到上司不仅仅关注工作，还像对待自己的家人一样关注员工的健康、生活，感受到团队的亲情和温暖。

12. 与员工一起规划未来的发展前景。要尽量为员工创造升迁的机会，指导员工通过学习、锻炼获得更快的成长。

◆绩效＝能力×激励。

◆设定合理的目标是最有效的激励方法之一。

期望激励定律：激励要讲求实效

一个人看见猎人用网捕鸟，觉得有趣。他研究了一阵，发现最后把鸟卡住的不是整张网，而是一个小网眼，这使他感到奇怪：既然最后把鸟卡住的只是一个小网眼，那为什么还需要一张大网呢？于是他用绳子做了一个小圆圈，用它来代替网。结果，这个“聪明人”一只鸟也没有捕到。

举网提纲，振裘持领，纲领既理，毛目自张。事实上，每一种激励法就像个网眼，而各种方法一起才构成一张激励之网。单靠一种方法是难以产生作用的，只有各种方法综合使用，才不至于掉入“聪明人”的思维陷阱之中。

讲求实效、综合激励是期望激励理论的核心内容，这一理论是美国行为科学家爱德华·劳勒和莱曼·波特在 1968 年他们合著的《管理态度和成绩》一书中提出来的一种激励理论。其主要观点如下：

1. 激励导致一个人是否努力及其努力的程度。

2. 工作的实际绩效取决于能力的大小、努力程度以及对所需完成任务理解的深度。

3. 奖励要以绩效为前提，不是先有奖励后有绩效，而是必须先完成组织任务才能导致精神的、物质的奖励。当员工看到他们的奖励与成绩关联性很差时，奖励将不能成为提高绩效的刺激物。

4. 一个人在做出了成绩后，得到两类报酬。一是外在报酬，包括工资、地位、提升、安全感等。外在报酬往往满足的是一些低层次的需要。另一种报酬是内在报酬，即一个人由于工作成绩良好而给予自己的报酬，如感到对社会做出了贡献，对自我存在意义及能力的肯定等等。内在报酬对应的是一些高层次需要的满足，而且与工作成绩是直接相关的。

5. 奖惩措施是否会产生满意度，取决于被激励者认为获得的报偿是否公正。如果他认为符合公平原则，当然会感到满意，否则就会感到不满。满意将导致进一步的努力。

期望激励理论提供了许多启示，它告诉我们，不要以为设置了激励目标、采取了激励手段，就一定能获得所需的行动和努力，就一定会使员工满意。要形成激励——努力——绩效——奖励——满足，并从满足回馈努力这样的良性循环，取决于奖励内容、奖惩制度、组织分工、目标导向行动的设置、管理水平、考核的公正性、领导作风及个人心理期望等多种综合性因素。

拿破仑一次打猎的时候，看到一个落水男孩，一边拼命挣扎，一边高呼救命。这河面并不宽，拿破仑不但没有跳水救人，反而端起猎枪，对准落水者，大声喊道："你若不自己爬上来，我就把你打死在水中。"那男孩见求救无用，反而增添了一层危险，便拼命地奋力自救，终于游上岸。

对待自觉性比较差的员工，一味地为他创造良好的软环境去帮助他，并不一定让他感受到"萝卜"的重要，有时还离不开"大棒"的威胁。偶尔利用你的权威对他们施加压力，会及时制止他们消极散漫的心态，激发他们发挥出自身的潜力。自觉性强的员工也有满足、停滞、消沉的时候，也有依赖性，适当的批评和惩罚能够帮助他们认清自我，重新激发新的工作斗志。

在管理激励中，设定激励目标和采用激励措施时应该注意：

1. 设置的目标要考虑到被激励者的能力，让他经过努力是可以达到的。

2. 要考虑组织目标和被激励者的需要，被激励者对自己看重的目标会努力奋斗。

3. 激励目标和措施要因人而异，因此要经常注意员工需求和能力的变化。

4. 目标实现后要予以一定的强化，如应有的奖励等，让其对出自上级的目标保持较高的吸引力。

管理心得

◆物质激励和精神激励要综合使用，物质激励是基础，精神激励是根本。

◆激励方法需要合理操作，要适度、适人、适时。

◆要形成激励——努力——绩效——奖励——满足，并从满足回馈努力这样的良性循环。

皮格马利翁效应：用人不疑，疑人不用

皮格马利翁是古希腊神话中的塞浦路斯国王。相传，他性情非常孤僻，喜欢一人独居，擅长雕刻。他用象牙雕刻了一座他理想中的美女像，并天天与雕像为伴，把全部热情和希望都放在自己雕刻的少女雕像身上，爱神阿芙狄罗忒被皮格马利翁的爱和痴情所感动，他赋予了雕像以生命，少女雕像从架子上走下来，变成了真人。皮格马利翁娶了少女为妻。

这一法则本来是一个著名的教育心理学术语，意思是对受教育者进行心理暗示：你很行，你能做得更好，从而使受教育者认识自我，挖掘潜力，增强信心。

两名保龄球教练分别训练各自的队员。他们的队员都是一球打倒了 7 只瓶。教练甲对自己的队员说："很好！打倒了 7 只。"他的队员听了教练的赞扬很受鼓舞，心里想，下次一定再加把劲，把剩下的 3 只也打倒。教练乙则对他的队员说："怎么搞的！还有 3 只没打倒。"队员听了教练的指责，心里很不服气，暗想，你怎么就看不见我已经打倒的那 7 只。结果，教练甲训练的队员成绩不断上升，教练乙训练的队员则打得一次不如一次。

从上面的故事中我们可以看到"皮格马利翁效应"的影子，它告诉我们承认和否定他人能力带来的截然不同的效果。希望得到他人的肯定、赞赏，是每一个人的正常心理需要。而面对指责时，不自觉地为自己辩护，也是正常的心理防卫机制。一个成功的管理者会去努力满足下属的这种心理需求，对下属亲切，鼓励部下发挥创造精神，帮助部下解决困难。相反，专爱挑下属的毛病，靠发威震慑下属的管理者，也许真的能够击败他的部下，但是，一头暴怒的狮子领着一群绵羊，又能创造出什么业绩呢？

“皮格马利翁效应”告诉企业管理者，感受到被信任和重视的员工往往会更充分认识自我，挖掘个人潜能，增强信心。因此，在管理核心员工的过程中，表明企业对他们的信任和重视，相信他们可以获得巨大的成功非常重要，得到这样暗示的员工将更加努力地工作以报答管理者的知遇之恩。

日本东芝株式会社社长士光敏夫就始终坚持“有十分之才，给予十二分重担”的用人原则；而素有“经营之神”之称的松下幸之助更是把“皮格马利翁效应”应用到了企业人力资源管理的每一个方面。他首创的“电话管理”就是利用电话时刻与员工沟通，传达他对员工的信任和鼓励。接到总裁亲自打来的电话，员工们总是能够从中得到鼓舞和力量。而松下公司在员工招聘和选择中更是把这个理念发挥得淋漓尽致。松下一般只选中才，而不选高才和所谓的聪明人。松下幸之助认为，企业应当选择能够完成岗位要求 70% 的人而不是 100% 的人。因为，很快就能达到岗位全部要求的高才肯定不愿意埋头苦干，而要求企业给予他们更具有挑战性的工作，如果他们得不到满足往往会选择离开，而这样的机会在企业中并不是非常多的。所以，为了避免这种情况的出现，还不如一开始招聘时就选择那些中才，他们会更加珍惜来之不易的工作和升迁机会，在“皮格马利翁效应”的作用下，他们的潜能会被大大开发出来，这样一来他们创造的业绩往往会大大高于那些所谓的聪明人。

1. 不要吝惜你的赞美和激励。对一个组织来说，感情留人，事业留人，待遇留人，三者缺一不可，感情尤为重要。要维系和谐融洽的感情纽带，赞美和激励是不贰法门。赞美和激励让员工感到他的努力获得了回报，赋予他们一种成就感、认同感、责任感和自信心。

2. 要勇于承担风险和责任。如果下属把事情办砸了，应勇于为其承担责任，而不要推诿。下属的错误就是你的错误，下属的缺陷就是你的缺陷，下属的失败就是你的失败，至少用人不当就是你的责任。

3. 不要惧怕下属“功高盖主”。激励他人成功是自己最大的成功，促使他人进步的喜悦是自己最大的喜悦。

4. 对下属要有信心，不要怕下属犯错误。

5. 给员工以“甜蜜的负担”，激发他们的积极性和潜能，不仅在语言上给员工以赞美和激励，还要用实际行动来表示对员工的肯定和重视。在员工力所能及的范围内，赋予他们富有挑战性的任务，会使员工清醒地认识到自己的不足，从而发愤图强，不断进取，企业的效率也会在这个过程中逐渐得到提高。

◆一旦去掉自卑感，人的绝大多数潜力都能挖掘出来。

◆成就感可引出更大成就，自信心能激发更高自信。

◆企业的成就来自对员工的信任。

不成熟—成熟定律：协调组织与员工之间的矛盾

有七个人住在一起，每天共喝一桶粥，显然粥每天都不够。一开始，他们抓阄决定谁来分粥，每天轮一个。于是乎每周下来，他们只有一天是饱的，就是自己分粥的那一天。后来他们开始推选出一个道德高尚的人出来分粥。但强权就会产生腐败，大家开始挖空心思去讨好他，贿赂他，搞得整个小团体乌烟瘴气。然后大家开始组成三人的分粥委员会及四人的评选委员会，互相攻击扯皮下来，粥吃到嘴里全是凉的。最后想出来一个方法：轮流分粥，但分粥的人要等其他人都挑完后拿剩下的最后一碗。为了不让自己吃到最少的，每人都尽量分得平均，就算不平，也只能认了。大家快快乐乐，和和气气，日子越过越好。

由此可见，管理的真谛在“理”不在“管”。正因为公司会与员工之间存在矛盾，所以管理者的主要职责就是建立一个像“轮流分粥，分者后取”那样合理的游戏规则，让每个员工按照游戏规则自我管理。游戏规则要兼顾公司利益和个人利益，并且要让个人利益与公司整体利益统一起来。责任、权力和利益是管理平台的三根支柱，缺一不可。缺乏责任，公司就会产生腐败，进而衰退；缺乏权力，管理者的执行就变成废纸；缺乏利益，员工就会积极性下降，消极怠工。只有管理者把“责、权、利”的平台搭建好，员工才能“八仙过海，各显其能”。

公司与员工之间存在的这种矛盾正是“不成熟—成熟定律”要解决的问题。这一定律是由美国著名的行为学家克里斯·阿吉里斯提出的，该定律认为：组织行为是由个人和正式组织融合而成的，组织中的个人作为一个健康的有机体，无可避免地要经历从不成熟到成熟的成长过程。在这个成长过程中主要有以下7方面的变化：

1. 从婴儿的被动状态发展到成人的主动状态。

2. 从婴儿的依赖他人发展为成人的相对独立。相对独立指在自立的同时又和其他人保持必要的依存关系。

3. 从婴儿有限的行为方式发展为成人多种多样的行为方式。

4. 从婴儿经常变化和肤浅、短暂的兴趣发展为成人相对持久、专一的兴趣。在这方面趋于成熟的标志是：成年人在遇到挑战时是专心一意从整体上深入研究某一问题的全部复杂性，并在自己的行动中得到很大的满足。

5. 从婴儿时期只顾及当前发展到成人时期有长远的打算。

6. 从婴儿时期在家庭或社会上属于从属地位发展为成年人与周围的人处于基本平等的地位甚至支配他人的地位。

7. 从婴儿时期的缺乏自觉发展为成人的自觉自制。

然而对于一个正式组织而言，其传统的原则是众所周知的专业化分工、等级层次结构、集中统一领导等完全理性的纯逻辑化的原则。这些原则希望能消除独立于个人之间的性格差别给工作带来的影响，希望个人能够循规蹈矩，严格遵从组织的规章制度行事。可见，正式组织的这些原则所要求的是员工一直处于依赖、被动、从属的地位。阿吉里斯以这样的组织原则为前提，自然而然地得出结论：正式组织与成熟个性之间存在矛盾。

以上的矛盾在现实生活中常常表现为：员工频繁地离开组织；有些不择手段地往上爬；普遍产生对组织目标的漠视或抵触情绪，例如精力不集中，侵犯他人，工作拈轻怕重、集体限制产量、对明显不利于组织目标实现的事件袖手旁观、极端重视物质利益等等。

成立于1812年的美国花旗银行，历经两个世纪的潜心开拓，已成为当今世界规模最大、声誉最响的全能金融集团。花旗之所以取得长盛不衰的奇迹，除了它始终奉行开拓创新的发展战略外，还和它卓越的企业文化所产生的“文化生产力”分不开。花旗的经验很值得我国金融业学习和借鉴。

以人为本：花旗银行自创业初始就确立了“以人为本”的战略，十分注重对人才的培养与使用。它的人力资源政策主要是不断创造出“事业留人、待遇留人、感情留人”的亲情化企业氛围，让员工与企业同步成长，让员工在花旗有“成就感”、“家园感”。花旗银行CEO森地威尔的年薪高达1.52亿美元，遥居美国CEO的前列；再以花旗银行上海分行为例，各职能部门均设有若干副经理职位，一般本科毕业的大学生工作3年即可提升为副经理，硕士研究生1年就可提升为副经理，收入则是我国同等“职级”的几倍甚至几十倍。

目前，我国金融业一方面要营造优厚的政策环境吸纳优秀人才，另一方面要努力提炼金融企业的核心价值观，让“为企业献身的精神成为行业主体的价值观”，积极推行“以激励机制为核心”的职业经理人制度、员工薪酬市场化与持股制度以及积极的期权制度，依靠制度激励人才。

由花旗银行的成功经验可以看出：良好的企业文化对于解决个体成长和企业发展之间的矛盾是至关重要的，它是管理者长期面对的挑战，管理者的任务之一就是努力减少这种不协调。

员工参与式管理有以下几种方法：

1. 订立公司目标时邀请员工参与。

公司在设定整体目标的时候，最好邀请员工尤其是那些老员工也参与其中，可以把他们抽样组成一个小组来参与决策。公司最高的管理层，甚至董事在设定目标时都要认真听取他们的意见。因为员工处于公司的底层位置，他们反映的就是来自市场的最近距离的信息，这样能够有效避免公司高层脱离实际为员工强定目标，这是员工最反感的。

2. 设立员工意见箱。

用一个大箱子或者是邮件的形式来收集传递员工的意见。这种形式是定期的，主要用来鼓励员工勇于发表自己的意见，以这种比较含蓄的方式会让员工备感轻松。同时，公司要对其中可行性很强、被采纳的建议给予重奖。

3. 邀请员工参加质量控制小组。

质量控制小组就是用来负责控制公司质量的一个机构，这是一个经常性的质量管理小组。这个小组的成员包含公司的各个阶层，而普通员工更是不可或缺。

邀请员工参加质量控制小组会增强员工对公司考核结果的信赖感，并且有利于培养员工的主人翁意识，有利于员工改进工作。

4. 成立员工俱乐部。

员工俱乐部为员工提供了承担管理任务的机会，是一项非常好的激励手段和培训手段。

让员工自己组成俱乐部，让他们尽情发挥个人所长，踊跃为自己的俱乐部献计献策。通过参与管理，可以帮助员工提升管理技能，为其赢得可能被提升的机会，同时通过这种形式的内部沟通也在一定程度上帮助员工做好职业生涯规划。

5. 邀请员工家属的参与式管理。

参与式管理做到极至的时候甚至可以邀请员工家属来参与公司的管理，因为他们来自各行各业，尤其是对于直销公司而言，各行各业反馈来的信息是最准确、最有代表性的。

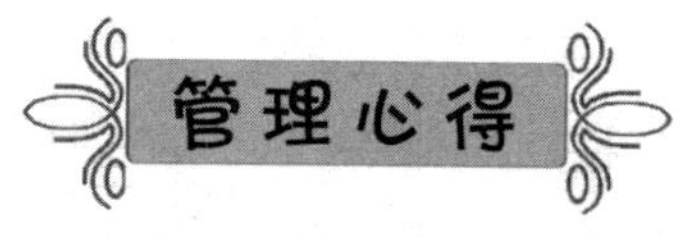

◆更多依靠员工自我指挥和自我控制。

◆加重员工的责任，激发责任心和创造性。

◆工作扩大化。

◆实行参与式的以员工为中心的管理方式。

马太效应：贫者越贫，富者越富

马太效应来自于《圣经》中的一个故事。《新约·马太福音》有这样的记载：一个国王远行前，交给三个仆人每人一锭银子，吩咐他们："你们去做生意，等我回来时，再来见我。"国王回来时，第一个仆人说："主人，你交给我的一锭银子，我已赚了10锭。"于是国王奖励了他10座城邑。第二个仆人报告说："主人，你给我的一锭银子，我已赚了5锭。"于是国王便奖励了他5座城邑。第三个仆人报告说："主人，你给我的一锭银子，我一直包在手巾里存着，我怕丢失，一直没有拿出来。"于是国王命令将第三个仆人的那锭银子赏给第一个仆人，并且说："凡是少的，就连他所有的，也要夺过来。凡是多的，还要给他，叫他多多益善。"这就是马太效应的故事。它的寓意是贫者越贫，富者越富。

20世纪60年代，著名社会学家罗伯特·莫顿首次将"贫者越贫，富者越富"的现象归纳为"马太效应"。他认为，在"赢家通吃"的社会里，游戏规则往往都是赢家制定的。任何个体、群体或地区，一旦成为竞争的优胜者而占据了有利的位置，就会产生一种累积优势，以后就有更多的机会获取所需。

有人用"滚雪球"这一形象的比喻来表述马太效应：如果你是幸运的，你的雪球会越滚越大；如果你是不幸的，你的雪球总会滚到热带去。那么，是什么决定了我们的雪球的大小呢？简单地说，就是"资源"。资源可以解释为做某事所须具备的某些条件。资源包括金钱、设备以及你所拥有的任何看得见的物质财富；也包括创意、理念、知识、技能以及其他素质；还可表现为人际关系、某种资格或特殊的机遇。其实，马太效应中所谓“强”与“弱”，就是指其可掌握和使用的资源的多与寡。

日常生活中的例子比比皆是：朋友多的人，会借助频繁的交往结交更多的朋友，而缺少朋友的人则往往一直孤独；名声在外的人，会有更多抛头露面的机会，因此更加出名；容貌漂亮的人，更引人注目，更有魅力，也更容易讨人喜欢，因而他们的机会比一般人多，有时一些机会的大门甚至是专门为他们敞开的，比如当演员、模特；一个人受的教育越高，就越可能在高学历的环境里工作和生活。

金钱方面也是如此：如果投资回报率相同，一个本钱比别人多10倍的人，收益也多10倍；股市里的大庄家可以兴风作浪，而小额投资者往往血本无归；资本雄厚的企业可以尽情使用各种营销手段推广自己的产品，而小企业只能在夹缝里生存。

可以说，无论是在生物演化、个人发展等领域，还是在国家、企业间的竞争中，“马太效应”都普遍存在。

对于搜索引擎来说，马太效应是一条暗规则。10年的发展期过后，Google、Yahoo等已经成为市场的绝对主流，利润的分享趋向于这些超大型的搜索引擎，而不是中小型的搜索引擎。

由此我们可以看出，在激烈的市场竞争中，要想保持优势，必须加速发展，把事业做大做强。如果能在某个方面成为领跑者，即使回报率与别人相同，你也能更轻易地获取比弱小的竞争者更大的收益。而若没有实力迅速在某个领域保持超人的优势，就要不停地寻找新的发展领域，只有这样，才能保证获得较好的回报。需要记住的是，千万不能停止、等待、观望和固守，因为别人也许正在觊觎你手中的那锭银子。

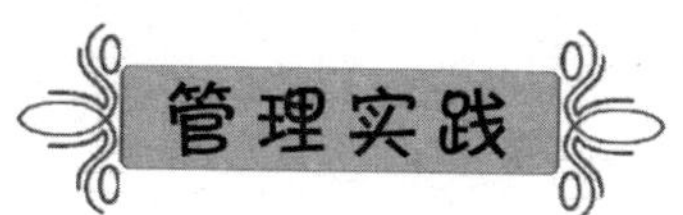

对于管理者而言，怎样才能更好地应用马太效应呢？正确的做法应该是：

1. 要想在某个领域保持优势，就必须在此领域迅速做大。当你成为某个领域的领头羊的时候，即便投资回报率相同，你也能更轻易地获得比弱

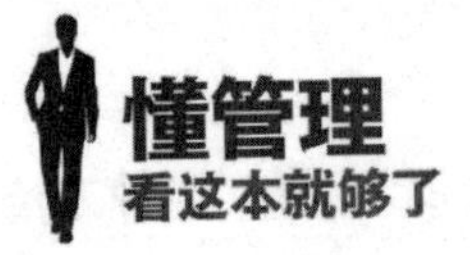

小的同行更大的收益。而若没有实力迅速在某个领域做大，就要不停地寻找新的发展领域，才能保证获得较好的回报。

2. 发挥规模效应，进一步扩大生产和市场占有率；发挥领先效应，持续深入地开拓创新，一步领先，步步领先；发挥光环效应，用现有品牌的光环把新产品也引入市场的通途。

3. 资源分配上“劫贫济富”、“抑弱扶强”，裁减那些消耗大、收益小的产品、项目，好钢用在刀刃上，走出一条能源消耗少、技术含量高、经济效益好的生产经营之路。

4. 保持优势，激发活力，不故步自封。发挥马太效应的秘诀就在于充分利用已有的优势，去获取更为丰厚的价值增值。须知，良田千顷可能换来家财万贯，也可能坐吃山空。只有永不满足、不懈努力的人才能把雪球越滚越大。当一个品牌在消费者心目中形成一种鲜明的形象，就会因“马太效应”而使品牌资产成几何级数倍增，聚集到更多的与该形象相关的资源和机会，品牌的理性延伸也就顺理成章，而且在新产品推广上可以节约相当的成本和精力。但这种鲜明的品牌文化内涵需要与时俱进，需要开发符合时代个性的产品，才能使品牌长盛不衰，立于不败之地。

管理心得

◆在这个赢家通吃的社会，善用马太效应，赢家就是你。

◆运用目标激励机制，奖勤罚懒，优胜劣汰。

◆要人尽其才，才尽其能，从而使工作效能达到最优。

目标置换效应：让员工牢记目标

民间流传着这样的故事：有一个孩子，他的记性很差，刚刚告诉他的事情过不了多久就会忘得一干二净，因此如果别人让他做事，他只有总是不停地念才记得住。一次，母亲让他去买酱油，他一路念着“酱油”、“酱油”朝商店走，突然摔了一跤，痛得他龇牙咧嘴，等站起来时只记得要买东西，却不记得要买什么了，最后的结局当然是没有完成母亲下达给他的“任务”。

因此，这种实施目标过程中的“偏差”行为和“错位”现象，若不及时发现和矫正，必然影响目标的达成。

目标置换效应讲的就是这个道理，它是由美国管理学家约翰·卡那提出的。所谓“目标置换”，是指在达成目标的过程中，重视“如何完成目标”，渐渐地让方法、技巧、程序、信息等问题占据了一个人的心思，反而忘了整个目标的追求，换言之，“工作如何完成”逐渐代替了“工作完成了没有”。就像中国古代故事中讲的那个买珍珠的人，最后不清楚自己要买的是“珠”还是“椟”。

组织的一切活动都是围绕着既定目标而展开和进行的，但在管理实践中达不成或只达成部分既定目标的情况却比较多，原因当然是多种多样的，而“目标置换”就是其中比较普遍和典型的一种。具体地说，引起这种“目标置换”主要有以下几个原因：一是目标不明确，对目标的完成在数量、质量、时限、标准等方面规定得比较笼统，使目标缺乏方向感；二是目标过高，超出了人们的实现能力，或是目标过低，激不起人们的兴趣，难以起到真正的激励作用；三是目标实现周期长，随着时间的推移和环境的改变，达成目标的现实条件逐渐丧失；四是出现了不可预料的事件，分散了目标实施者的精力和注意力。五是目标实施者对目标的理解出现偏差，无意中使自己的行为偏离了既定目标；六是因循守旧，思维僵化，不敢变通和创新，生怕“越雷池一步”；七是缺乏团队精神，难以得到上级或同事的有力配合与支持；八是实际操作能力低，缺乏达成目标的相关方法与手段；九是缺乏信息意识，不能积极了解目标的实施进展情况并通过反馈来及时调整和纠正偏差。

有一个广泛流传的管理故事，说的是一群伐木工人走进一片树林，开始清除矮灌木。当他们历经千辛万苦，好不容易清除完一片灌木林，直起腰来准备享受一下完成了一项艰苦工作后的乐趣时，却猛然发现，不是这片树林，而是旁边那片树林才是需要他们去清除的！有多少人在工作中，就如同这些砍伐矮灌木的工人，常常只是埋头砍伐矮灌木，甚至没有意识到要砍的并非是自己需要砍伐的那片树林。

这种看似忙忙碌碌最后却发现自己背道而驰的情况是非常令人沮丧的，这也是许多效率低下，不懂得卓越工作方法的人最容易犯的错误，他们往往把大量的时间和精力浪费在了一些无用的事情上。

因此，要避免这种目标置换的错误，一方面需要管理者为目标责任人提供必要的信息支持，并与其经常进行信息交流与沟通，帮助其正确分析形势、研究问题和解决问题；同时对目标责任者所采取的一些行之有效的新方法和取得的新进展、新成果要及时给予肯定和鼓励。另一方面，要定期对目标的进展情况进行检查和考评，并及时将检查和考评的结果反馈给实施者，因为知道干得怎样的人，往往也最易知道怎样干得更好。

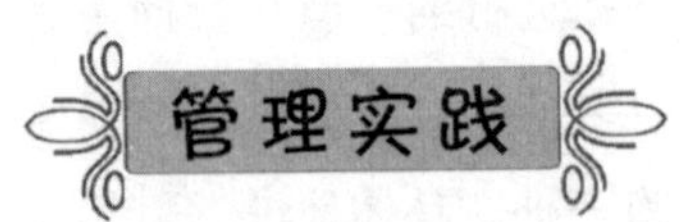

那么，如何避免“目标置换”现象的发生？

1. 要建立动态的目标体系。一方面，在目标的设立、分解、定责等过程中要使诸目标间形成一个相互支持、关联、照应的有机整体，总目标要成为分目标的“标杆”，各分目标要自觉地、主动地、经常地向总目标

“看齐”；另一方面，要使一些目标具有相应的弹性，以便在出现新情况和新问题时能根据具体情况进行调整与完善。

2. 要实施全方位的目标管理。主要应抓好以下各环节：

其一，目标应建立在上下达成共识的基础之上，不能人为地“压任务”、“下指标”，最好由上下级协商确定，否则上下级往往会在目标问题上形成“博弈”关系。管理实践证明，上级亲自参与下级目标的制定过程，生产率的平均改进幅度可达56%，反之则仅达6%。其二，目标要适度，过低则人忽其易，太高则人畏其难，应以“跳一跳够得着”为最好。其三，目标间要建立支持关系，以便于目标承担者之间的积极互动。其四，为目标实施者创造必要的实施条件（设备、技术、培训、资金等）。其五，赋予目标实施者充足的权力，并使目标与权力、责任和利益挂钩，以更好地体现“目标激励”。其六，调整或改革一些有碍于达成目标的规章、制度。其七，鼓励目标承担者在权限以内大胆创新、独立自主。

3. 要解决“信息不对称”问题。从某种意义上讲，达成目标的过程，也是处理信息的过程，能否拥有充分、及时、准确、优质的信息对达成目标起着至关重要的作用，否则就会因信息不对称而导致目标实施者“逆向选择”行为和“道德风险”现象的发生。

◆看准目标，有的放矢。

◆有方向感的人总是会更快地找到目的地。

◆想想您要买的是“珠”还是“椟”！

鲶鱼效应：只有竞争才能发展

挪威人爱吃沙丁鱼，但是当渔民将捕捞的沙丁鱼运回渔港时，却发现大多数的沙丁鱼已经死了，死鱼卖不上价，怎么办呢？聪明的渔民想出了一个办法，那就是将沙丁鱼的天敌——鲶鱼与沙丁鱼放在一起。每当渔民出海捕鱼时，总是先准备几条活跃的鲶鱼，一旦把捕获的沙丁鱼放入水槽后，便把鲶鱼也放入水槽，鲶鱼因其活力而四处游动，偶尔追杀沙丁鱼。沙丁鱼呢？则因发现异己分子而自然紧张，四处逃窜，把整槽鱼扰得上下翻动，也使水面不断波动，从而氧气充分，如此这般，就能保证把沙丁鱼活蹦乱跳地运进渔港。这一现象被称为“鲶鱼效应”。

“鲶鱼效应”这个原理常常被引用到经济活动中去，并逐步演变为一种竞争机制。作为一种竞争机制，“鲶鱼效应”在组织人力资源管理上，抑或领导的方式上，也能充分发挥其作用。管理者就应该像鱼槽里的鲶鱼，必须给团队带来活跃、紧张的气氛，避免使员工都变得死气沉沉。

让员工之间互相竞争是激励员工奋发向上的一种行之有效的方法。当员工没有热情，工作起来没有干劲时，管理者只要告诉他：“你和A先生两个人，成功是指日可待的。”这就等于暗示了他竞争对手的存在，接下来的工作员工就会以高效率完成，这就是管理员工时的“鲶鱼效应”，是一种成功的激励方式。

被动地实施决策目标，带来的结果只能是低效，甚至无效、负效。只有想方设法激励他们主动地去干，才能充分发挥他们的主动性、创造性，获得高效益。

日本大泽之家公司根据“鲶鱼效应”原理发明了一条用人之道，即在企业正常运行过程中，有针对性地从外部“中途聘用”一批年富力强，精明能干，思维敏捷的生力军，充实企业，使原来墨守成规，安于现状，不思进取的平庸者迫于环境的压力，充分发挥各自的潜能。

类似的，有很多国外的企业会固定一个比例，例如企业规定每年必须淘汰 5% 的员工，或者是 2%、3% 的淘汰率，然后再进新人，年年都要这样做。这实际上是给员工一个竞争的压力，企业希望把这些压力变成员工的动力，如果员工在企业不好好干，就会落伍，就会被淘汰，这样才能使员工去思考怎样才能把工作做好。

由此可见，整个组织的架构和企业文化一定要营造这样一种环境，即保护适当数量的“鲶鱼”，利用他们的活力来激发“沙丁鱼”的热情，让他们在竞争中不断成长。

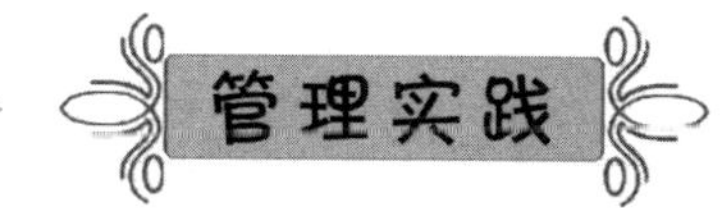

“鲶鱼效应”在组织人力资源管理中的运用具有良好的效果，但同样也有副作用。趋利避害的关键在于领导艺术。

1. 创建学习型组织结构。学习型组织是以信息和知识为基础的组织，这种组织实行目标管理，成员能够自我学习、自我发展和自我控制。由于组织中的信息流是自下而上的，因此要想以信息为基础系统地发挥作用，必须要求每个人和每个部门都为他们的目标、任务和联系沟通承担责任。它建立在组织成员的共同愿景基础上，是以团队学习为特征，对公众负责的一种扁平化的横向网络系统。它以增强组织的学习为核心，提高群体智商，使组织成员活出生命的意义。在这一组织中，领导的职能不再是直接的指挥，而是为组织成员提供服务。因此，服务意识应摆在领导意识的第一位。

2. 当某个部门出现了员工普遍不思进取的现象，就要引进一些一流人才，同时为企业创造有序的人才竞争环境，让其他员工感到紧张和压力，促使他们锐意进取，从而使整个部门也变得生机勃勃充满活力。一旦部门已经形成龙腾虎跃力争上游的“鲶鱼效应”的氛围，就不要再继续引进超量“鲇鱼”，否则就可能造成“能人扎堆”、内讧和矛盾不断、效率低下的状况。

3. 创造批评与自我批评的氛围。领导要首先敢于揭露自己，切忌争功诿过，鼓励员工“什么事都摆到桌面上来说”。领导要与“鲶鱼”推心置腹，尊重其人格，充分合作，水乳交融，没有心理上的距离，完全是出于工作，而没有任何的个人恩怨和成见来剖析成败得失，分析问题产生的原因，提出解决问题的办法。

4. 公正、公平、公开地对待人和事。“鲶鱼”们因其能量的巨大，对“三公”有着特别的要求，他们渴望得到领导和组织成员的认同，有着超强的成就感，希望得到公正的对待。因而，领导要注意“一碗水端平”，要注意沟通，争取“鲶鱼”的理解。

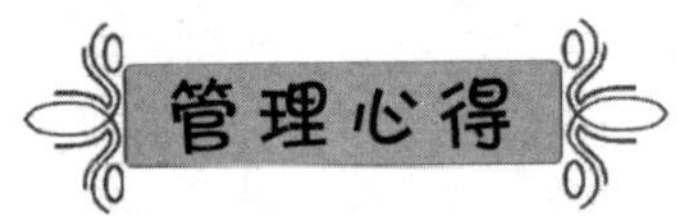

◆物竞天择，适者生存。

◆能者上、平者让、庸者下。

◆对鲶鱼的领导艺术如何，亦即把握对鲶鱼管理的度，成为鲶鱼效应能否充分发挥作用的关键。

层递效应：一步难于上青天

在美国，曾经做过这么一个别致的实验：有两位大学生访问郊区的一些家庭主妇。其中一位首先请求家庭主妇将一个小标签贴在窗户上或在一个关于美化加州或安全驾驶的请愿书上签名，这是一个小的、无害的要求。两周后，另一位大学生再次访问家庭主妇，要求她们在今后的两周时间里在院内竖立一个呼吁安全驾驶的大招牌。该招牌很不美观，这是一个大要求。结果答应了第一项请求的人中有55%的人接受这项要求，而那些第一次没被访问的家庭主妇中只有17%的人接受了该要求。

层递效应是说：一个人一旦接受了他人的一个小要求后，如果他人在此基础上再提出一个更高一点的要求，那么，这个人为了认识上的统一，或为了给人留下前后一致的印象，就倾向于接受这个更高的要求。这样有层次地逐步提高要求，可以有效地达到预期的目的。

为什么会有这种心理效应呢？因为当人们提出一个貌似“微不足道”的要求时，往往对方很难拒绝，否则，就“太不近人情”了，而且这种微不足道的要求人们在心理上完全能承受。一旦接受了这个要求，仿佛跨进了一道心理上的门槛，无抽身后退的可能，另外，更高的要求就和前一个要求有了接续关系，似乎就应顺理成章地接受。总之，一个微不足道的要求，会使人的心理失去戒备，从而容易服从。

其实，人们都有保持自己形象一致的愿望，一旦表现出助人、合作的言行，即便别人后来的要求有些过分，人们也愿意接受。层递效应常被用在教育学上。老师或是家长可根据层递效应的原理确定呈梯级状态的目标，在孩子有了成功的体验后再提出下一个目标，逐步推进。如果要求太高，急于求成，企图毕其功于一役，结果只会挫伤孩子的积极性。

那么在市场营销过程中，同样可以利用这种心理效应。企业也可以先在顾客接受一个小要求的情况下，进而得寸进尺的、循序渐进的、不知不觉当中让消费者接受一个大要求，那么此时的营销目的也就达到了。

对儿童而言，吃什么样的汉堡其实并不重要，价格也不那么重要，关键是要“吃得开心”、“好玩”。于是，麦当劳推陈出新最快的是不断变化的儿童套餐玩具。对于“七个小矮人”这样的成套玩具，有些儿童生怕凑不齐，无形中增加了消费频率，麦当劳还不断推出新光碟，让儿童吃汉堡时看得更开心。每到节假日，麦当劳总不忘推出逗乐儿童的游戏。对于定位于食品巨头的麦当劳，必须推出新的食品品种；对于定位于娱乐业巨头的麦当劳，则必须不断推出把孩子们逗乐的娱乐项目。

一个小矮人很容易得到，而聚齐七个小矮人就无疑提高了消费频率。层递效应就是这样。

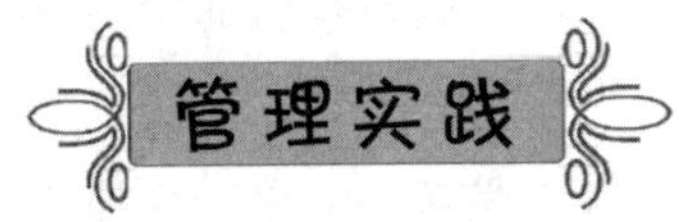

管理实践

在层递效应基础上，经营者们提出了体验式营销的概念：

1. 体验式营销的兴起是由于企业对产品及服务在质量、功能上已做得相当出色，以至于顾客对特色和利益已经淡化，而追求更高层次的“特色和利益”，即“体验”。体验式营销是要站在消费者的感官、情感、思考、行动、关联等五个方面，重新定义、设计营销的方式。此种方式突破传统上“理性消费者”的假设，认为消费者消费时是理性与感性兼具的，消费者在整个消费过程中的体验，才是研究消费者行为与企业品牌经营的关键。

2. 传统的营销理念中，企业强调“产品”，但是合乎品质要求的产品，消费者不一定满意。现代的营销理念强调客户“服务”，然而即使有了满意的服务，顾客也不一定忠诚。未来的营销趋势将崇尚“体验”，企业只有为客户造就“难忘的体验”，才会赢得用户的忠诚，维持企业的长远发展。国内一些非常优秀的企业可以直接转入体验式营销，大多数企业还需要对传统的特色与利益营销进行补课。

管理心得

- ◆要善于提出小要求，用小饵钓大鱼。
- ◆掌握消费者心理是成功营销的关键。
- ◆销售员要善于诱导，循序渐进。

曼狄诺定律：微笑可以换取黄金

飞机起飞前，一位乘客请求空姐给他倒一杯水吃药。空姐很有礼貌地说："先生，为了您的安全，请稍等片刻，等飞机进入平稳飞行后，我会立刻把水给您送过来，好吗?"

15 分钟后，飞机早已进入了平稳飞行状态。突然，乘客服务铃急促地响了起来，空姐猛然意识到：糟了，由于太忙，她忘记给那位乘客倒水了！当空姐来到客舱，看见按响服务铃的果然是刚才那位乘客。她小心翼翼地把水送到那位乘客跟前，面带微笑地说："先生，实在对不起，由于我的疏忽，延误了您吃药的时间，我感到非常抱歉。"这位乘客抬起左手，指着手表说道："怎么回事，有你这样服务的吗?"空姐手里端着水，心里感到很委屈，但是，无论她怎么解释，这位挑剔的乘客都不肯原谅她的疏忽。

接下来的飞行途中，为了补偿自己的过失，每次去客舱给乘客服务时，空姐都会特意走到那位乘客面前，面带微笑地询问他是否需要水，或者别的什么帮助。然而，那位乘客余怒未消，摆出一副不合作的样子，并不理会空姐。

临到目的地前，那位乘客要求空姐把留言本给他送过去，很显然，他要投诉这名空姐。此时空姐心里虽然很委屈，但是仍然不失职业道德，显得非常有礼貌，而且面带微笑地说道："先生，请允许我再次向您表示真诚的歉意，无论您提出什么意见，我都将欣然接受您的批评！"那位乘客脸色一紧，准备说什么，可是却没有开口，他接过留言本，开始在本子上写了起来。

等到飞机安全降落，所有的乘客陆续离开后，空姐本以为这下完了，没想到，等她打开留言本，却惊奇地发现，那位乘客在本子上写下的并不是投诉信，相反，这是一封热情洋溢的表扬信。是什么使得这位挑剔的乘客最终放弃了投诉呢？在信中，空姐读到了这样一句话：“在整个过程中，您表现出的真诚的歉意，特别是你的十二次微笑，深深打动了我，使我最终决定将投诉信写成表扬信！你的服务质量很高，下次如果有机会，我还将乘坐你们的这趟航班！”

曼狄诺定律是美国作家曼狄诺提出的，是微笑公关的黄金法则。

由于社会组织是在极复杂的环境中进行运作的，因此，在向既定目标前进的过程中，有时往往会出现一些意想不到的危机。这类事情的发生，会破坏组织的正常工作秩序，会给组织带来严重的经济损失和形象损害。而微笑公关恰恰是缓解和解决这些危机的“法宝”。

公共关系具有化解危机的职能，有效的公共关系活动对于一个社会组织的顺利发展是极为必要的。一旦发生公关危机，应有的态度是正视危机，认真对待，并采取有效的公关手段消除危机，从而化“危”为“机”。

管理实践

公关人员在与公众的交往中，应提倡微笑待人，让微笑成为人际关系的净化剂，为组织赢得更多的公众。

1. 微笑人人都会，它是人愉悦心情的自然流露，但是微笑待人却并非人人都能做到，而且要做到亲切、自然就更是不易。微笑待人是需要训练的，它当属职业训练内容之一。微笑时应目光柔和，神情友善、愉悦。微笑很重要的一点是：自然、真挚。

2. 微笑服务，这种以客户为本的服务理念已经深深扎根在我们心中。提倡微笑服务，是使消费者满意的良方。以诚为先，微笑相对，这是任何公关人员应有的态度。要赢得消费者，就要懂得做一个温柔的“杀手”。

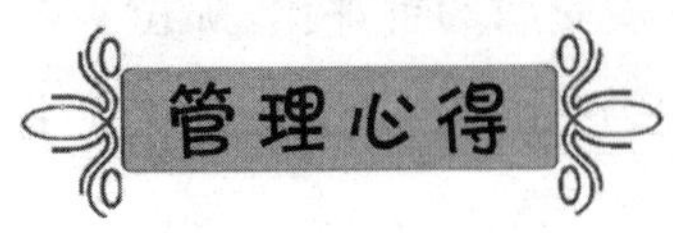
管理心得

◆有效的公关能化“危”为“机”。

◆以诚为先，微笑相对，这是任何公关人员应有的态度。

鸬鹚定律：安定内部，才能一致对外

一群鸬鹚辛辛苦苦跟着一位渔夫十几年，立下了汗马功劳。但随着年龄的增长，它们腿脚不灵便，眼睛也不好使了，捕鱼的数量越来越少。后来，渔夫又买了几只小鸬鹚，经过简单训练，便让新老鸬鹚一起出海捕鱼，由于渔夫的精心调教，加之老鸬鹚的“传帮带”，新买的鸬鹚很快学会了捕鱼的本领，渔夫很高兴。

新来的鸬鹚很知足：只是干了一点微不足道的工作，主人就对自己这么好，便下定了知恩必报的决心，一个个拼命地为主人工作。而那几只老鸬鹚因为老得不能出海了，主人便对它们冷淡起来，吃的住的都比新来的鸬鹚差远了。日子一久，几只老鸬鹚瘦得皮包骨头，奄奄一息，另几只老鸬鹚干脆被主人杀掉炖了汤。

一日，几只年轻的鸬鹚突然集体罢工，任凭渔夫如何驱赶，再也不肯下海捕鱼。渔夫抱怨说：“我待你们不薄呀，每天让你们吃着鲜嫩的小鱼，住着舒适的窝棚，时不时还让你们休息一天半天，你们不思回报，却闹起了情绪。怎么这么没良心呀！”这时，一只年轻的鸬鹚发话了：“主人呀，你对我们越好，我们越害怕。你想想，现在我们身强力壮，有吃有喝，但老了，还不落个老鸬鹚一样的下场?!”

鸬鹚从最初希望“有吃有喝”，到企盼“年迈体弱时也有小鱼吃”，这些要求都是合情合理的。倘若管理者忽视了这些，最终只能导致“鸬鹚”罢工，从而使组织蒙受更大损失。其实，看一个组织，不只是看其对年轻员工的态度，更要看其对待老年员工的态度。世界知名企业里面，还真没有“亏待”老年员工的。因此，企业管理者在注重外部公关的同时，也要兼顾内部公关，做好内部人员的稳定工作。

说起公共关系，大多数人想到的就是：企业组织的“外交”，企业与外部各类公众的沟通协调，建立良好的外部公众关系。其实，这个认识少了一半的公关内涵。因为，公关的一半在内部，在于企业组织与内部公众的沟通协调，从某种意义上说，内部公关更为重要，因为一个企业组织对外的公关活动需要建立在“全员公关”的基础之上，而“全员公关”的良好环境只有靠连续不断的、卓有成效的内部公关才能达到。企业内部公关一般包括员工关系、部门关系和股东关系三个方面，鸬鹚定律涉及的就是其中的第一个方面。

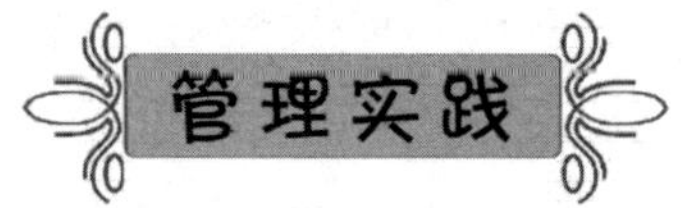

对于管理者而言，如何才能迅速提高竞争力呢？在现代管理中，内部协调越来越受到人们的重视。员工是企业的真正财富，缺少了积极主动的员工，再精良的设备也无法发挥其应有的效率。员工是组织的主体，他们的一举一动都影响着组织的正常运转。良好的内部关系可以使上下同欲同求、荣辱与共。然而，组织机构是个复杂的结合体，由于目标的不同、利益的冲突，相互间亦可能产生隔阂、不信任甚至剧烈的矛盾冲突，导致许多负面效应，必须及时进行沟通调解，才能缓冲淡化冲突。企业内的冲突，从性质上来看，可以分为两大类：一类是建设性冲突，一类是对抗性冲突。

1. 建设性冲突。凡是由于双方目的一致，而手段（或途径）不同所产生的冲突，大都属于建设性冲突。这类冲突有如下几个特点：双方对实现共同的目标都十分关心，彼此乐意了解对方的观点、意见，大家以争论问题为主，互相交换情况不断增加。

2. 对抗性冲突。凡是由于双方目的不同而造成的冲突，往往属于对抗性冲突，这类冲突的特点是：双方对赢得自己观点的胜利十分关心，不愿听取对方的观点、意见；由问题的争论，转为人身攻击，互相交换情况不断减少，以致完全停止。

无论哪一种性质的冲突，如果不进行及时的妥善的处理，就会给企业带来不利的影响，甚至造成严重的事端。即使出现了这样的情况，那也不是冲突本身的责任，而应归咎于公关经理人的处理不及时，或者处理不妥当。因为就冲突的本身而言，它是组织运动的一种特殊表现形式，只要公关经理人能够正确及时地处理，就会产生积极的结果。

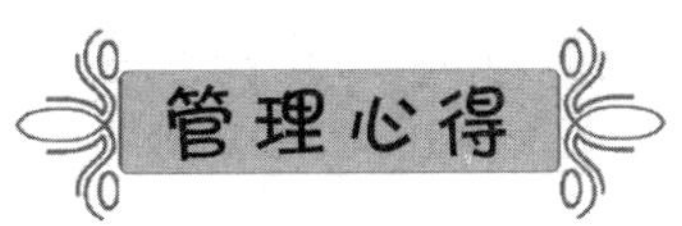

◆良好的内部关系可以使上下同欲同求、荣辱与共。

◆老年员工是组织的财富，绝不能“亏待”。

猎狗与兔子理论：对员工的职业生涯管理

一条猎狗将兔子赶出了窝，一直追赶它，追了很久仍没有抓到。牧羊犬看到此种情景，讥笑地对猎狗说："你们两个之间小的反而跑得快很多。"猎狗回答说："你不知道我们两个的跑是完全不同的！我仅仅为了一顿饭而跑，而它却为了性命而跑呀。"

猎人想，猎狗说的对。我要想得到更多的猎物，就得想个好办法。于是，猎人买来几条猎狗，凡是能够在打猎中抓到兔子的，就可以得到几根骨头，抓不到兔子的就没有饭吃。这一着果然奏效，猎狗们纷纷努力去追兔子，因为谁也不愿意看见别人吃骨头，自己没的吃。过了一段时间，问题又出现了，大兔子非常难抓，而小兔子好抓，抓到了大兔子得到的奖赏和抓到小兔子得到的骨头差不多，猎狗中善于观察的发现了这个窍门，专门去抓小兔子，慢慢的，大家都发现了这个窍门。猎人对猎狗们说："最近你们抓的兔子越来越小了，为什么？"猎狗说："反正抓大抓小不会有太大区别，为什么费那么大的劲去捉大的呢？"

猎人经过思考后，决定不将分得骨头的数量与是否抓到兔子挂钩。而采用每过一段时间，就统计一次猎狗抓到兔子的总重量；按照重量来评价猎狗，决定其在一段时间内的待遇。于是猎狗们抓到兔子的数量和重量都增加了，猎人很开心。但是，过了一段时间，猎人发现猎狗们抓的兔子的数量又下降了。而且越有经验的猎狗，抓的兔子的数量下降的越厉害。于是猎人又去问猎狗。猎狗说："我们把最好的时间都奉献给了您，主人，但是我们随着时间的推移会老，当我们抓不到兔子的时候，你还会给我们骨头吃吗？"

猎人决定，论功行赏，分析与汇总了所有猎狗抓到的兔子的数量与重量，规定如果抓到的兔子超过了一定的数量后，即使抓不到兔子，每顿饭都可以得到一定数量的骨头。猎狗们都很高兴，大家都努力达到猎人规定的数量。终于，一些猎狗达到了猎人规定的数量。这其中，有一只聪明的猎狗对猎狗们说："我们这么努力，只是得到了几根骨头，而我们抓的猎物却远远超过了这几根骨头，我们为什么不能给自己抓兔子呢?"于是，猎狗们纷纷离开了猎人，自己抓兔子去了。

猎人的狗力资源管理的失败和企业的人力资源管理有着异曲同工之妙。企业能否赢得员工的献身精神，关键问题在于能否为他们创造条件，使他们有机会获得一个有成就感和自我价值实现感的职业生涯。计件工资、奖金、绩效评估、员工持股计划……管理者希望通过有效的管理技术，来鼓励员工的工作激情。

一个被发现的真相是，真正的工作激情并非来自于金钱，而是来自员工对工作的喜爱。每一位员工在潜意识中，都希望能够从事自己喜欢的工作，并因此而有所发展。

职业生涯管理是一种新兴的管理技术，它一方面可以帮助员工明确自己在企业中所处的位置和职业发展方向，实现员工个人能力的提升，达成人与工作的完美结合；另一方面也可以保证企业获得人力资源的有效开发，以满足现在和未来的需要。

职业生涯是指一个人在其一生中所从事工作的历程，包括与工作相关的活动、行为、价值、愿望等。职业生涯管理是指通过员工的工作及职业发展计划的设计，协调员工个人需求和企业组织需求，实现个人和企业的共同发展。职业生涯管理的主要特点是职业生涯发展中员工与公司是合作伙伴。

职业生涯发展的基本内容可归纳为三个方面：一是职务提升。如从科员提升为科长、处长或部门经理等，它是沿着职务等级阶梯的一种垂直方向的职业成长。二是职能领域或技术领域的变动。如一个人开始在生产部门，后被调到管理部门，这是跨职能的横向的职业成长。三是在一个组织内逐渐受到老成员的信任，朝着成为该组织核心的方向移动，进入组织的核心圈。一般来说，按职务等级向上运动与进入核心的运动多少是相关的。但是，一个人完全有可能在职务上停留在某个等级，而由于拥有经验或其他原因而更接近核心，受到更多的信任；而另一种时有发生的情况是虽然职务向上升，但仍处于组织核心的外围。

职业生涯发展按照生理年龄的变化，分为四个阶段：

探索期：处在这一阶段的人刚走出校园，正尝试不同的工作，要分清兴趣与技能，通过学习和培训掌握技术，减少对家庭和学校的依赖。

建立期：成为组织的正式成员，通过交换业绩和反馈信息了解自己的能力、组织及同事，逐步承担起更多的工作，形成职业习惯。

维持期：成为组织中重要的一员，接受关键的任务，成为新员工的指导者。这也是家庭、经济责任出现大的变化的时期，认识你的局限性可能会低估职业选择。很多人在此阶段出现职业滑坡，重新循环到探索阶段。

衰退期：这是职业生涯的最后几年，此时工作参与程序和影响力逐渐衰退，进取心逐渐下降，企图寻找新的满足源，学会不以工作为主的新生活。

从第一份工作的影响，经职业中期的调动到退休前的指导，职业生涯管理对生产率、工作生活质量和企业经营管理的最终成果有直接影响。由于企业对这些因素的日益关注使得职业生涯管理也越来越被关注。企业有许多工作，但个人只有一次职业生涯。企业处于世界范围的竞争，大多数员工为成就、被承认、个人志向和好的生活而奋斗。对于这两者之间的关系，现代社会中有这样一种明显的倾向：没有人的发展就没有企业的发展。

在这样一种趋势下，人的发展应该成为企业人力资源开发与管理的根本方向，而职业生涯开发与管理则是朝这一方面努力和攀登的工具和阶梯。而企业应在这一过程中起到积极作用。

帮助员工管理职业生涯有利于组织保持竞争力。组织通过发展有目标、有自信的员工能提高公司的稳定性。能为员工提供满意工作机会的公司将在拥有忠诚、勤奋的员工方面占有优势。

当今由于员工的流动性加快，组织必须考虑与员工建立比以往更短的雇用关系。雇用双方可以先签订一个固定日期的合同，合同期满后双方再根据自己的需要，通过重新谈判将合同延期。同时组织应该精心做好职务设计和人员配备工作，这样在员工出现流动时，组织就不会处于被动状况，能尽快地进行有效替代。

员工职业生涯管理作为一种新兴的以人为中心的人本主义管理方法，利用这种管理技术，公司可以设计出许多有用的规划工具。通过鼓励他们的进取心，持续不断地提高公司的营业绩效并达到战略目标。

◆真正的工作激情并非来自于金钱，而是来自于员工对工作的喜爱。

◆帮助员工进行职业生涯规划，是最好的人本管理。

白鼠压力试验：压力管理

日前，美国科学家用老鼠做了一次压力试验。

科学家把两只老鼠放在一个仿真环境中，并把其中一只小白鼠的压力基因全部抽取出来，结果那只未被抽取压力基因的灰色的老鼠走路或者觅食时总是小心翼翼的，在那个面积约500平方米的仿真自然环境里面，灰老鼠一连生活了十几天，没有出现任何意外。它甚至开始为自己积蓄过冬的食物，也开始习惯这种没有人类恐吓的空间。而另一只被抽取了压力基因的小白鼠则从一开始就生活在兴奋之中，它的好奇心远远大于那只小灰鼠，它只是惧怕仿真空间所在自然保护区忽然而至的大风把空间里的一些东西刮得东倒西歪。据实验的统计数字表明，小白鼠只用一天时间就把500平方米的全部空间都大摇大摆地观察了一遍，灰老鼠用了近四天的时间才把整个仿真空间全部熟悉一遍。小白鼠爬上了仿真空间高达13米的假山，而灰老鼠最高只爬上了盛有食物的那个仅高2米的吊篮。结果是小白鼠在仿真空间的第三天，因为没有任何压力而爬上了那个高达13米的假山，在试验能不能通过一个小石块时一下子摔了下来，死了。而灰老鼠因为有一定的压力，它鲜活地出来了。

人们常常因为自己的慵懒而埋怨周围的竞争太过激烈，因为自己的能力不够而强调自己的压力太大，事实上没有了压力，我们也会像那只小白鼠一样，从我们实际能够平稳度过的高处摔下来而牺牲。

实验告诉我们，压力必须要适度。适度的压力是一种生活的刺激剂，过度的压力则会导致身心疾病。因此，在当今企业的人力资源管理中，员工的压力管理已成为一个重要的方面。

工作中过度的压力让员工和企业都蒙受了巨大的损失。过度持续的压力严重摧残了员工的身心健康，消耗、破坏了企业的第一资源——人力资源。

据美国一些研究者的调查统计，每年因员工的心理压抑给美国公司造成的经济损失高达 3.050 亿美元，超过 500 家大公司税后利润的 5 倍。

于是，一个全新的管理问题压力管理日益受到企业管理者和社会的关注，员工压力管理有利于减轻员工过重的心理压力，保持适度的、最佳的压力，从而使员工提高工作效率，进而提高整个组织的绩效、增加利润；企业关注员工的压力问题，能充分体现以人为本的理念，有利于构建良好的企业文化，增强员工对企业的忠诚度。

这里所说的压力指的是个体对某一没有足够能力应对的重要情景的情绪与生理紧张反应，当一个人承担不了所受的压力时，通常会出现以下症状或信号：在生理方面，会感觉头痛、恶心或呕吐、掌心冰冷或出汗；在情绪方面，脾气会变得急躁、忧虑、容易发怒、紧张；在行为方面，会出现失眠、过度吸食烟酒、拖延事情、达到缺勤、停止娱乐、厌食；在精神方面，会出现记忆力下降、注意力难集中，持续地对自己及周围环境持消极态度，优柔寡断等。

企业的管理者应对员工身上的种种信号及时应予关注，综合考察各方面的压力源，若发现确实存在过度压力，则应及时采取压力管理。

在进行压力管理时，可以分成两部分：第一是针对压力源造成的问题本身去处理，第二是处理压力所造成的反应，即情绪、行为及生理等方面的纾解。

因此，企业管理者尤其是人力资源管理人员在实施员工压力管理活动时，首先要弄清楚导致员工压力的起因即压力源。

压力源从形式上可分为工作压力源、生活压力源和社会压力源三种。

企业领导者和人力资源管理者充分关心、关注、调查、分析员工体会到的压力源及其类型，从组织层面上拟定并实施各种压力减轻计划，配合科学有效的管理，减轻员工压力。

首先，企业应从组织制度、程序上帮助员工减轻压力，加强过程管理。在选拔人才时，力求选拔与工作岗位相符合的人员，避免上岗后因无法胜任而产生巨大的心理压力现象。同时，加强对员工的素质的培训，提高员工的业务水平，减轻员工来自工作岗位上的压力。在员工的职业生涯规划中，要帮助员工改善思维，抛弃不切实际的期望值太高的目标。各级主管应与下属积极沟通，真正关心下属的生活，全方位了解员工在生活中遇到的困难并给予尽可能的安慰、帮助，减轻各种生活压力源给员工带来的压力。企业要不断完善其保障制度，向其提供社会保险及多种形式的商业保险，增强员工的安全感和较为稳定的就业心理；向员工提供有竞争力的薪酬，并保持企业内部晋升渠道的畅通等，有利于帮助减轻或消除社会压力源给员工带来的压力。

其次，企业的工作环境和条件的改善，有助于减轻和消除工作条件差给员工带来的压力。企业应尽量给员工提供一个赏心悦目的工作空间，有利于达到员工对工作环境的适应，提高员工的安全感和舒适感，以减轻压力。企业要确保员工拥有良好的工作设备、工具。

最后，企业要培育良好的企业文化，从企业文化氛围上鼓励并帮助员工提高心理保健能力，让员工学会缓解压力、自我放松。企业可开设宣传专栏，向员工提供压力管理的信息、知识，有条件的企业还可开设有关压力管理的课程或定期邀请专家作讲座、报告，让员工筑起“心理免疫”的堤坝，增强心理抵抗能力。

要让员工受到的压力变为前进的动力，而不至于变成摧残身心的凶手，企业必须提供一个最具创造力、最有生产力、充满挑战的环境。很久以来，英特尔的新成员都是立刻投入职场，视重要的工作为在职训练的一部分。每个人都在开放的环境里头，快速学习别人的经验，以迅速解决自己手上的问题。工作与学习激发了无限的动力，今天英特尔的环境依然如此。

在英特尔，不论个人是否已经为晋升做好了准备，他们往往直接授予更高的位置，让有能力的人迎向更高的挑战。葛洛夫的看法是，重点在于一个人的学习速率，而非他的经验。学习速率快的人，一旦授予更高的职位，给予更大的挑战，他便会以更快的速率学习，往往就能达到目标。举例来说，当拔擢盖尔辛格负责 486 晶片开发计划时，他年仅 27 岁，只有些许的管理经验。葛洛夫认为他是合适的人选，因为他有深厚的科技知识作背景，同时他有一颗不停学习的心，会主动吸收所需的新知。他成功地带领 486 开发团队完成计划，在后来的岁月中，他也以这样的特质完成了更多的挑战。盖尔辛格很快地往上升，在 1997 年，他已经成为桌上产品部门的副总裁了。

另一个例子是辛格，一位 Pentium 微处理器开发团队里优秀的工程师。他对设计新的开发工具有绝佳的贡献，于是葛洛夫让他管理设计技术组。虽然他并没有多少管理经验，但是他学得很快，不仅在技术上将设计工具的品质大幅推进，对这个组织的数百人的管理也有超乎预期的表现。

你也许可以说，他们所做的，是不断给予员工在职训练。说起来，英特尔有太多的工作，他们需要每个人立刻着手上线，没有停滞的机会。所以，他们提供给员工的是一个随时随地充满挑战的环境，让员工学习、进步。这种环境的负面影响是，人们往往感受到太大的压力和过多的工作量。有一个笑话这么说到："英特尔是一个好地方，你可以在此工作，全力工作，然后有更多的工作等着你去做。"说得不错，英特尔的脚步很快，而这些工作的要求都很高。这样的环境不会适合那些故步自封的人。

这是英特尔文化的表征。也正是在每日不停的运作中，成就了高产值的英特尔。

以上措施是针对压力源进行的管理，企业还应该对压力所造成的反应进行纾解，因为无论问题处理的结果如何，处理过程所产生的压力对身心都会造成明显的反应，因此，如何处理身心的反应，也是压力管理相当重要的一环。

情绪的不恰当表现常会干扰问题的解决，甚至会让问题本身恶化。如果无法有效处理情绪，要认清或解决问题，则变得更加困难，如何有效纾解情绪变得相当重要，否则即使拟好理想的问题解决计划，也可能遇到情绪失控，使成效大打折扣。

管理实践

心理压抑将成为21世纪最严重的健康问题。压力管理愈显其重要性，适度的压力是前进的动力，过度的压力是前进的阻碍，没有压力就会像那只可怜的小老鼠一样。企业的管理者必须深刻认识到压力管理的重要性，并在实践中加以推行，才能拥有一支身心健康、积极热情的员工队伍，才能创造更大的效益。

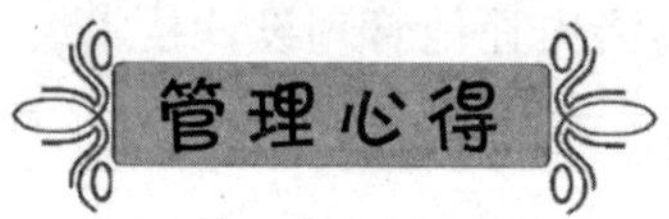

管理心得

◆压力必须要适度。适度的压力是一种生活的刺激剂，过度的压力则会导致身心疾病。

◆管理者要随时对员工进行减压与增压。

第七章

管理必须注意的 12 个细节

蝴蝶效应：失之毫厘，谬以千里

蝴蝶效应是气象学家洛伦兹提出的。1960 年，美国麻省理工学院教授洛伦兹研究“长期天气预报”问题时，在计算机上用一组简化模型模拟天气的演变，经多次计算表明，初始条件的极微小差异，均会导致计算结果的很大不同。洛伦兹用一种形象的比喻来表达他的这个发现，其大意为：一只南美洲亚马孙河流域热带雨林中的蝴蝶，偶尔扇动几下翅膀，可能在两周后引起美国得克萨斯的一场龙卷风。其原因在于：蝴蝶翅膀的运动，导致其身边的空气系统发生变化，并引起微弱气流的产生，而微弱气流的产生又会引起它四周空气或其他系统产生相应的变化，由此引起连锁反应，最终导致其他系统的极大变化。这就是混沌学中著名的“蝴蝶效应”，也是最早发现的混沌现象之一。

蝴蝶效应也被称为“蹄铁效应”：如果丢掉一只铁钉就会丢掉一个蹄铁，丢掉一个蹄铁可能失去一个马蹄，丢掉一个马蹄可能失掉一匹战马，丢掉一匹战马可能会失掉一个将军，失掉一个将军可能就失去一场战争，由于这场战争非常关键，丢掉一场战争就失掉一个国家。一个小铁钉的问题，由于处理不当，可能会导致国家的灭亡。

蝴蝶效应说明，一个极小事件的发生，由于不断引发连锁反应，可能会导致严重的后果或者重大事件的发生。

今天的企业，其命运同样受“蝴蝶效应”的影响，因为消费者越来越相信感觉，品牌消费、购物环境、服务态度……这些无形的价值都成为他们选择的因素。所以，只要稍加留意，我们不难看到一些管理规范、运作良好的公司在理念中出现这样的阐述：

“在你的统计中，你的100名客户里只有一位不满意，因此你骄称只有1%的不合格，但是，对于该客户而言，他得到的却是100%的不满意。”

“你一朝对客户不善，公司需要10倍甚至更多的努力去补救。”

“在客户眼里，你代表公司。”

当人们在21世纪伊始的钟声中展望未来时，美国安然、世通、施乐等一批大公司的会计丑闻接连被曝光，震撼了美国及国际社会，使人们对美国式自由市场经济制度产生了质疑，全球舆论聚焦于美国企业的假账丑闻。

曾受世人仰慕并被极力推崇的“美国模式”为何一下子涌出这么多的乱子？问题的根源应追溯到20世纪90年代下半期，美国经济超潜力扩张，致使股市非理性膨胀；放松管制使首席执行官们有机可乘，贪婪欲望导致道德沦丧；泡沫破灭与经济衰退使假账沉疴最终浮出水面。因此，这是一场由泡沫诱导、松绑过度、经济周期引发的诚信危机。这些危机的爆发使得那些一流的大公司全都中了连环箭，然而迄今曝光的假账丑闻可能只是冰山一角。

据美国《首席财务官》杂志调查，17%的首席财务官被迫做假账。组织者认为，实际数字应该高于调查结果。他们以股票期权获取暴利，与员工收入差距由1985年的70倍上升到目前的410倍。蝴蝶效应还在扩大，影响相当恶劣，市场信心几近崩溃，股市大幅下挫。据美国《商业周刊》报道，仅2002年6、7两个月，美国股市已下跌20%，市值缩水2.1万亿美元，因此拖累经济增长0.5~1个百分点。美国布鲁金斯学会一项研究统计，假账丑闻使2002年美国经济损失370亿~420亿美元。可怕的蝴蝶效应使美国商界坐卧不宁。

今天，能够让企业命运发生改变的“蝴蝶”已远不止“计划之手”，随着企业坐而无忧的垄断地位的日渐式微，开放式的竞争让企业不得不考虑各种影响发展的潜在因素。而企业选择的结果就是：谁能捕捉到对生命有益的“蝴蝶”，谁就不会被社会抛弃。

管理实践

哪些意识才是适合我们用来防范和应对企业危机的呢？

1. “生于忧患”的危机意识。

2. “童叟无欺”的诚信意识。

3. “敢于否定自我”的创新意识。

4. “无所不及”的沟通意识。

5. “顾客利益至上”的公众意识。

管理心得

◆注意每个小细节，否则它很可能酿成大祸。

◆加强防范意识，在日常工作中防微杜渐。

◆设置职能明确的危机管理机构，重在教育和培训。

首因效应：重视第一印象

《三国演义》中凤雏庞统当初准备效力于东吴，于是去面见孙权。孙权见庞统相貌丑陋，心中先有几分不喜，又见他傲慢不羁，更觉不快。最后，这位广招人才的孙仲谋竟把与诸葛亮比肩齐名的奇才庞统拒于门外，尽管鲁肃苦言相劝，也无济于事。

众所周知，人的相貌与才华绝无必然联系，但是礼贤下士的孙权尚不能避免这种偏见，可见第一印象的影响之大。“以貌取人”正是首因效应的缘故。首因效应在人际交往中对人的影响较大，是交际心理中较重要的名词。首因效应是指最初接触到的信息所形成的印象对我们以后的行为活动和评价的影响，实际上指的就是“第一印象”的影响，这一效应由美国心理学家 A. 拉琴斯 1959 年最早提出的。现在的研究认为，人们对最初的信息会付出更多的注意。

由于第一印象主要是指性别、年龄、衣着、姿势、面部表情等“外部特征”。一般情况下，一个人的体态、姿势、谈吐、衣着打扮等都在一定程度上反映出这个人的内在素养和其他个性特征。不管暴发户怎么刻意修饰自己，举手投足之间都不可能有世家子弟的优雅，总会在不经意中“露出马脚”，因为文化的浸染是装不出来的。我们常说的“给人留下一个好印象”，这里就存在着首因效应的作用。因此，在交友、招聘、求职等社交活动中，人们可以利用这种效应，展示给人一种好的形象，为以后的交流打下良好的基础。

首因效应也是一个妇孺皆知的道理，为官者总是很注意烧好上任之初的“三把火”，平民百姓也深知“下马威”的妙用，每个人都力图给别人留下良好的“第一印象”。

上个世纪70年代中期，日本关西地区每年的搬家开支达400多亿日元，其中大阪市就达150亿日元，夺田千代夫妇审时度势办了一家搬家公司。正当夺田千代为如何宣传即将成立的搬家公司绞尽脑汁时，手里的电话号码簿为她带来了灵感。日本的电话号码簿是按行业分类的，同一行业中的排列顺序又是以企业的日语字母为序。于是她便给自己的公司起名叫“阿托搬家公司”，并很快被编入同一行业的首位；同时它还拥有一个好记的电话号码——01234。一般来说，平时人们在号码簿上找搬家公司的电话，排在第一位的公司总是很容易被发现并被记住。夺田千代利用这个规律为自己公司做了一个免费的广告，很快吸引了大批用户，逐渐成为同行业中的佼佼者。

心理学发现，人类对任何堪称“第一”的事物，都具有天生的兴趣和极强的记忆能力，而对“第二”、“第三”等等则往往印象不深，这就是所谓的“首因效应”。夺田千代巧妙地运用“首因效应”为自己的公司赢得先机，这是一种开拓性思维方式。正是这种思维方式的合理运用，才使他们能从人们尚未关注的领域及时发现商机，开拓新的事业领域。

如何才能正确运用首因效应呢？正确的做法应该是：

1. 避免运用首因效应。因为根据第一印象来评价一个人的好坏，往往比较偏颇。在考察员工绩效时，只凭第一印象，就会被某些表面现象蒙蔽。

2. 首因效应在招聘过程中主要表现为两个方面：一是以貌取人。仪表堂堂、风度翩翩的应聘者容易赢得主考官的好感。二是以言取人，那些口若悬河、对答如流者往往给人留下好印象。因此在选拔人才时，既要听其言、观其貌，还要察其行、考其绩。

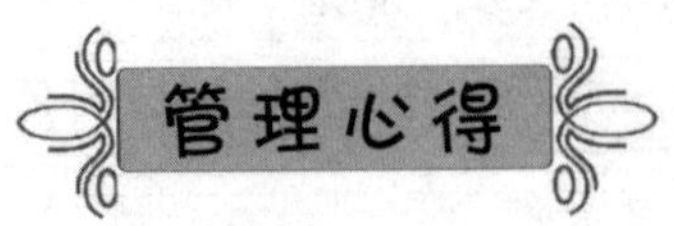

◆在人才任用中避免发生首因效应。

◆外在的东西往往是最不可信的。

◆重视“新官上任三把火”。

五常法则：细节决定成败

1980年7月，美国NBC电视台在黄金档时间播出了一个名为“日本能，我们为什么不能?”的电视专题片，时间长达两个小时，其主题是比较美国与日本的工业。NBC节目主持人说道：日本本国几乎不产原材料，工业原材料的95%依赖进口。这就是说，就天然条件而言，日本可算是赤贫。而在美国的市场上，到处都是日本的产品，汽车、家用电器、照相机等不用说，就是你要买把铁锤，也是日本制造。在二战之前，日本人以制造伪劣产品昭著于世，“日本制造”一词成为取笑劣质产品的口头禅。但时至今日，“日本制造”已经是品质优秀的代名词。

究其原因，则主要得益于“五常法则”的推行。“五常法则”是企业精细管理法则，即“常组织、常整顿、常清洁、常规范、常自律”的简称，因其都以字母“S”打头，亦称“5S”法则。

“5S管理”的思路非常简单朴素，它针对企业中每位员工的日常行为提出要求，倡导从小事做起，力求使每位员工都养成事事“讲究”的习惯，从而达到提高整体工作质量的目的。

“五常法则”的内涵为：

1. “常组织”就是判断出完成工作的必需品并把它与非必需品分开，把必需品的数量降低到最低程度，并把它放在一个方便的地方。如果通俗一点解释的话，那就是把工作场所内不要的东西坚决清理掉。

2. “常整顿”就是研究提高效率的方法，它告诉我们如何以最快的时间取得物品，以及如何以最短的时间把它存放好。也就是说，要使工作场所内所有物品保持整齐有序的状态，并进行必要的标识。杜绝乱堆乱放、产品混淆、该找的东西找不到等无序现象的出现。

3.“常清洁”应该由整个单位所有职员，上至领导者、下至清洁工一起来完成。使工作环境及设备、仪器、材料等始终保持清洁的状态。

4.“常规范”就是连续地、反复不断地坚持“常组织”、“常整顿”和“常清洁”活动。进一步说，“常规范”活动还包括利用创意和“全面视觉管理法”，获得和坚持规范化，从而提高办事效率。

5.“常自律”就是向每一个人灌输按照规定方式做事。这里所强调的是创造一个具有良好习惯的工作场所，教导每个人用得当的方式做事。抛弃坏的习惯养成良好的习惯，这个过程有助于人们养成遵守规章制度的习惯，树立讲文明、积极敬业的精神，如尊重别人、爱护公物、遵守规则、有强烈的时间观念等。

“五常法则”为现代管理提供了一套全面系统的环境管理规范，不仅能使工作环境保持窗明几净和井然有序，更能不断地提高工作质量和效率。最重要的是，还加强了企业内部的沟通，令员工树立积极态度、发扬自律精神，从而使企业知名度提高，不断提升企业形象及竞争力。

一般人认为，企业的高层经营管理者不应管细小的问题，而只需要把握企业的主干——生产、经营和销售等方面的大原则就可以了，各种具体的细节问题应完全放手让部属去干。而美国国际电话电报公司行政总裁哈罗德·吉宁却不这样看，他认为这是一种欠缺的管理方法，卓越的领导人从来不会对细节问题撒手不顾，反而在适当的时候会对它追根究底。

吉宁在美国管理界颇负盛名，他的名字常与天才的、雄心勃勃的、坚忍不拔的、强有力的、苛求的和成功的这样一些词连在一起。苛求的吉宁对细节的执著几乎到了着魔的地步，但这恰恰是他的管理方法的基本内核和他取得成功的关键。他有一丝不差的记忆力和速读能力，喜欢亲手掌握原始数据，不愿让他的职员把材料提得太精炼。他曾经说：有许多事不需要我知道，可是在事后我要知道这是怎么回事。吉宁发现问题时，会很快地行动起来并要求介绍详细情况，以便及时解决。他的一位行政主管说过：“在国际电话电报公司由吉宁一级解决的问题——有许多是小问题——比其他任何一家大公司都要多。”也许有人要说这种管理方法太婆婆妈妈了，其实不然。正是由于吉宁对事实持之以恒的追求，严谨的工作作风和细致的办事原则，才使该公司在他的领导下，规模扩大了10倍，而且变成了一台协调有效的机器。诚然，作为一个公司的领导和管理者，宏观调控固然需要，但微观情况的掌握更不可少。

作为一个公司领导，不需要也不可能事必躬亲，但一定要明察秋毫，能够在注重细节当中比他人观察得更细致、周密，做到能像哈罗德·吉宁那样，在某一细节的操作上做出榜样，使员工有效法的标本，并形成一种威慑力，使每个员工都不敢马虎，无法搪塞。只有这样，企业的工作才能真正做细做实。

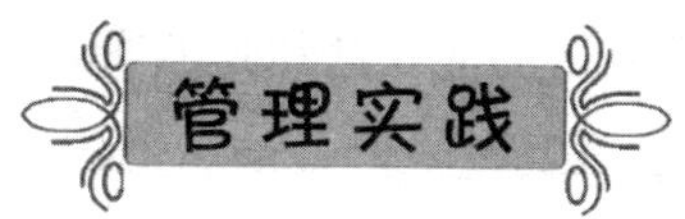

1. 谨小慎微，防患于未然。千里之堤，溃于蚁穴。有些时候，决定成败的往往是那些你本应该想到却忽略的、或者你想到了但未加深究、以为是微不足道的细节。要避免这类失误，就必须以全局性的眼光去看待每一个细节，敏锐地把握住细节与全局之间的复杂关系，运用试错机制设想一下：如果这个问题没处理好，会怎么样？不要马虎大意，也不能抱侥幸心理。

2. 一个人的目光总会有盲点，有的细节问题还隐藏甚深，对一些可能存在问题的地方，既要自己反复推敲，也应该借助群体智慧，多方征求意见，以确保万无一失。

3. 学会查漏补缺。细节带来的影响往往不是天崩地裂，而是细水长流。一旦问题发生，不必惊慌失措，而要沉着冷静，要追根溯源，详推细究，寻找问题产生的原因和解决的办法。要细心对待那些慢工细活，通过对每一个细节的关注去赢得全局性的胜利。

◆狠抓企业内部管理。

◆企业追求成功、保持成功的有效途径就是建设精细管理的工程。

强化法则：奖罚有度

中国古代的治国统兵实践经验中有“赏不可不平，罚不可不均”的说法。这是指管理者、统治者要赏罚严明，善于通过奖赏和惩罚这两种正、负强化激励手段，来达到鼓励先进，鞭策后进，提高绩效的目的。爱护下属不是溺爱，必须有必要的褒扬和处罚，恩威并施。赏罚的关键是：要严明、公正。

赏罚严明就是强化法则的核心内容。强化法则又称行为矫正法则，是由美国哈佛大学心理学教授斯金纳提出来的。

强化法则认为，无论人还是动物，为了达到某种目的，都会采取一定的行为，这种行为将作用于环境，当行为的结果对他有利时，这种行为就会重复出现，当行为的结果不利时，这种行为就会减弱或消失。

强化是对一种行为的肯定或否定的后果（报酬或惩罚），它至少在一定程度上会决定这种行为在今后是否会重复发生。它可分为正强化和负强化。

正强化，不仅能起到正面引导的作用，使本人有成就感，增强保持荣誉的内在动力，也有利于形成学先进、争上游的心理气氛，激励人们上进。例如，企业用某种具有吸引力的结果（如奖金、休假、晋级、认可、表扬等），以表示对员工努力进行安全生产的行为的肯定，从而增强员工进一步遵守安全规程进行安全生产的意识。

负强化，可以起到劝阻和警告作用，使本人及他人不再发生和减少错误行为。惩罚是负强化的一种典型方式，即在消极行为发生后，以某种带有强制性、威慑性的手段（如批评、行政处分、经济处罚等）给人带来不愉快的结果，或者取消现有的令人愉快和满意的条件，以表示对某种不符合要求的行为的否定。

斯金纳认为，强化法则在具体应用中应遵守如下原则：

1. 要依照强化对象的不同采用不同的强化措施。人们的年龄、性别、职业、学历、经历不同需要就不同，强化方式也应不一样。

2. 小步前进，分阶段设立目标，并对目标予以明确规定和表述。对于人的激励首先要设立一个明确的、鼓舞人心而又切实可行的目标，同时还要将目标进行分解，这样不仅有利于目标的实现，而且通过不断的激励可以增强信心。

3. 及时反馈。要通过某种形式和途径，及时将工作结果告诉行动者。

4. 正强化比负强化更有效。在强化手段的运用上，应以正强化为主；同时必要时也要对坏的行为给予惩罚，做到奖惩结合。

强化法则有助于对人们行为的理解和引导。因为，一种行为必然会有后果，而这些后果在一定程度上会决定这种行为在将来是否会重复发生。那么，与其对这种行为和后果的关系采取一种碰运气的态度，就不如加以分析和控制，使大家都知道应该有什么后果最好。

“为了激励员工士气，从即日起，各部门开始做业绩评比，到月底交财务部结算统计，落后的部门全部减薪一半。”H公司的老板突然召集各级干部开会，宣布他的最新整改措施。

H公司是一家中等规模的企业，发展一直很平稳，但这两年受大环境的影响，业绩一直在下降，各部门也都在苦思对策，希望可以化解目前的危机。但大家都没想到，老板会想出这样过激的做法。看到大家不愿接受的神情，老板振振有词地说：“你们没看报纸吗？人家香港公务员不也准备减薪？”

一个月后，绩效较差的三个部门果然被减薪一半。虽然大家事前都知道会有这种结果，但内心还是抱着一丝希望，以为老板故作声势吓唬人。现在看到真的减薪了，公司中下层开始出现一些不满的声音，工作上也普遍出现消极怠工的现象，到最后，连老板“没钱发薪”的谣言也出来了，有些还传到竞争对手那里去了。老板发觉事态严重，重新思考对策，终于收回他的决定，恢复原来的制度，一场风波才平息下来。

许多管理者对于工作不努力、绩效不佳、迟到早退及不守秩序的员工实在很头痛。尤其是一些老员工，他们的能力对公司而言，可能已经没有太大的价值，但却经常倚老卖老地破坏制度。于是H公司想出以扣薪代替责骂的方法，原来是想借此排除管理上的人情压力，惩罚犯错的员工，纠正其不当的行为，可是这种“一竹竿打倒一船人”的做法，却让许多员工的内心产生不平衡，而且员工对公司的不信赖与不满，远比扣薪厉害得多。

利用扣薪来处分员工，在本质上是为了阻止员工继续犯错，改善其工作态度，这种方法本身并没有错，但问题在于这个方法的具体运用上。像H公司的政策，不合理的地方就在于：它以一个部门为单位来扣薪，而每个部门的工作内容不一样，同一部门每个人的工作也是不一样的，最后却“享受”同样的对待，他们能接受吗？

其实，惩罚用得过多，也是管理者的一种无能表现，员工们会认为：我们的管理者除了会惩罚以外，没有什么好的管理方法。惩恶扬善是一种好的激励方式，但惩罚滥用就会失去原有的激励作用。

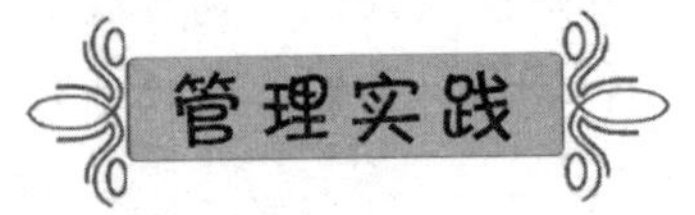

强化法则应用中还应注意的几点问题：

1. 以正强化为主，慎重使用负强化。正强化可以激发员工的主动性。负强化使用不当时，容易使员工产生抵触心理，因此在运用负强化时，应尊重事实，遵循事先警告的原则，讲究方式方法，使人有一定的心理准备，能够接受现实。

2. 因人制宜，采用不同的强化方式。由于人的个性特征及其需要层次不尽相同，不同的强化机制和强化物所产生的效应会因人而异。因此，在运用强化手段时，应灵活运用，随对象和环境的变化而相应调整，不能千篇一律，要不断创新。

3. 掌握强化手段的主动权。“奖”与“罚”不能总是跟在事情的后面就事论事地进行，应该具有超前性和主动性。

4. 注意强化的使用方法。正强化的科学方法是：应使强化的方式保持间断性，以取得更好的效果。负强化的科学方法是：要维持其连续性，对每一次不符合组织目标的行为都应及时地给予处罚。及时地负强化，有助于提高行为的强化反应程度。

5. 利用信息反馈增强强化的效果。信息反馈是强化人的行为的一种重要手段，既可使员工得到鼓励，增强信心，又有利于及时发现问题，分析原因，修正所为。

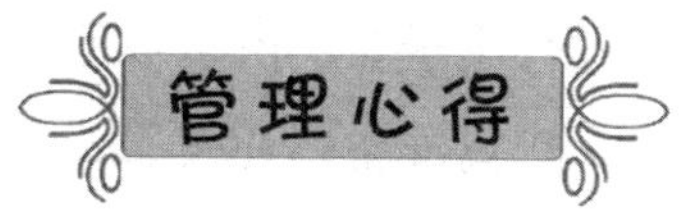

◆奖罚都要以“理”服人，不要以“权”服人。

◆基于强化理论，使员工保持和巩固正确的行为，放弃和减少不当行为。

◆基于需求和动机，奖罚带来需求的满足和不满足，从而引导员工的行为方向。

◆奖要动人心，罚要触人心。

◆赏不可不平，罚不可不均。

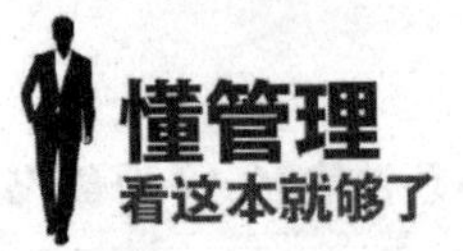

经理角色法则：提高经理的工作效率

春秋时晋国有一名叫李离的狱官，他在审理一件案子时，由于听信了下属的一面之词，致使一个人冤死。真相大白后，李离准备以死赎罪，晋文公说：官有贵贱，罚有轻重，况且这件案子主要错在下面的办事人员，又不是你的罪过。李离说："我平常没有跟下面的人说我们一起来当这个官，拿的俸禄也没有与下面的人一起分享。现在犯了错误，如果将责任推到下面的办事人员身上，我又怎么做得出来。"他拒绝听从晋文公的劝说，伏剑而死。

正人先正己，做事先做人。一个职位就是一种角色，而一种角色则意味着一系列与此相关的权力和责任。管理者要想管好下属，就必须像李离那样，勇敢地承担自己的角色所要求的一切责任，必须以身作则，而不是推诿他人。示范的力量是惊人的。不但要像先人李离那样勇于替下属承担责任，而且要事事为先、严格要求自己，做到"己所不欲，勿施于人"。一旦通过表率树立起在员工中的威望，将会上下同心，大大提高团队的整体战斗力。得人心者得天下，做下属敬佩的领导将使管理事半功倍。

经理角色法则是由经理角色学派提出来的，它细致地分析了经理工作的共同特点、经理的角色、影响经理工作变化的因素，总结介绍了经理工作的科学程序以及提高经理工作效率的一些要点：

1. 经理工作的科学程序。

经理使用一个宏观的程序，即排时间的程序来控制他的一切活动。除此之外，他很可能使用特定的程序来达到特定的目的。管理科学要求将管理工作的各个过程加以区别，明确各个过程的内容，再将各个过程结合起来，做出管理工作的模拟。目前，有少数的管理程序（如日程安排）可能经受全部自动化的检验，但其他的许多程序（如那些与实施领导有关的程序）则要求人们做出灵活的反应，因而编制程序是相当困难的。

一个成功的战略制定体系的程序会将经理的能力（易于获得信息以及对突发事件的灵活反应）和分析者的技能（有时间对战略问题进行全面深入的分析）结合起来。经理和分析家可以在“寻找问题和机会、对于拟建项目的成本和效益作出估价、建造模型、为可能发生的事件做计划、分析真实时间、监视改进项目以及发展适应性计划”诸方面进行合作。

2. 提高经理工作效率的要点。

与下属共享信息；

自觉克服工作中的表面性；

在共享信息的基础上，由两三个人分担经理的职务；

尽可能地利用各种职责为组织目标服务；

摆脱非必要的工作，腾出时间规划未来；

以适应于当时具体情况的角色为重点；

既要掌握具体情节，又要有全局观点；

充分认识自己在组织中的影响。

经理角色理论不仅对我们理解经理人的角色、工作性质、职能和经理的培养具有重要意义，而且还对如何提高经理工作效率具有重要的现实意义。

一位著名企业家在做报告。当听众咨询他最成功的做法时，他拿起粉笔在黑板上画了一个圈，只是并没有画圆满，留下一个缺口。他反问道：“这是什么？”“零”、“圈”、“未完成的事业”、“成功”，台下的听众七嘴八舌地答道。他对这些回答未置可否：“其实，这只是一个未画完整的句号。你们问我为什么会取得辉煌的业绩，道理很简单：我不会把事情做得很圆满，就像画个句号，一定要留个缺口，让我的下属去填满它。”

事必躬亲，是对员工智慧的扼杀，往往事与愿违。长此以往，员工容易形成惰性，责任心大大降低，把责任全推给管理者。情况严重者，会导致员工产生逆反心理，即便工作出现错误也不愿向管理者提出。何况人无完人，个人的智慧毕竟是有限而且片面的。为员工画好蓝图，给员工留下空间，发挥他们的智慧，他们会画的更好。多让员工参与公司的决策事务，是对他们的肯定，也是满足员工自我价值实现的精神需要。赋予员工更多的责任和权力，他们会取得让你意想不到的成绩。

经理一般担任十种角色，这十种角色可分为三类：

1. 人际关系方面的角色，包括挂名首脑的角色、联络者的角色和领导者的角色。

2. 信息方面的角色，包括监听者的角色、传播者的角色和发言人的角色。

3. 决策方面的角色，包括企业家的角色、故障排除者的角色、资源分配者的角色和谈判者的角色。

这十种角色是一个相互联系、密不可分的整体。人际关系方面的角色产生于经理在组织中的正式权威和地位；这又产生出信息方面的三个角色，使他成为某种特别的组织内部信息的重要神经中枢；而获得信息的独特地位又使经理在组织作出重大决策（战略性决策）中处于中心地位，使其得以担任决策方面的四个角色。

十项角色表明经理有六项基本的目标：保证组织有效率地生产出某些产品和服务；设计并维持组织业务的稳定性；使组织以一种可控制的方式适应变动中的环境；保证组织实现控制其人员的目的；担任组织和其环境之间的关键的信息环节；使组织的等级制度运转。这十项角色还表明，经理从组织的角度来看是一位全面负责的人，但事实上却要担任一系列的专业化工作，既是通才又是专家。

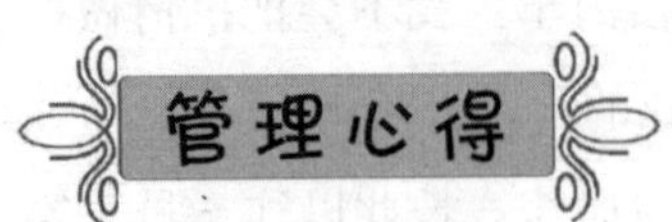

◆科学地安排经理工作。

◆经理既要掌握具体情节，又要有全局观点。

◆经理要摆脱非必要的工作，腾出时间规划未来。

霍布森选择效应：给予更多的选择权

霍布森是一个做马匹生意的商人。他承诺：买或是租我的马，只要给一个相同的低价格，可以随意选。其实这是一个圈套。他把马圈只留一个小门，大马、肥马、好马根本就出不去，出去的都是些小马、瘦马、赖马。霍布森只允许人们在马圈的出口处选。显然，加上这个条件实际上就等于不让挑选。大家挑来挑去，自以为完成了满意的选择，最后的结果可想而知——只是一个低级的决策结果，其实质是小选择、假选择、形式主义的选择。人们自以为作了选择，而实际上思维和选择的空间是很小的。有了这种思维的自我僵化，当然不会有创新，所以它是一个陷阱。对这种没有选择余地的所谓“选择”，后人讥讽为“霍布森选择效应”。

社会心理学家指出：如果陷入“霍布森选择效应”的困境，就不可能进行创造性的管理和工作。道理很简单：好与坏、优与劣，都是在对比选择中产生的，只有拟订出一定数量和质量的方案供对比选择，判断才有可能做到合理。因此，没有选择余地的“选择”，就等于无法判断，就等于扼杀创造。

思维的空间大一些，管理者就会有更大的选择余地，从而突破诸多“霍布森选择”的限制。

比如致富决策，不只是有“愚公移山”一种方法、一种精神，可以有更多的思路和出路。有很多山区的人并没有移山，而是移人，把自己移走了，到全国和世界各地去挣钱、去发展；也有的既不移山也不移人，而是把山外的人们吸引来游山玩水，让人把钱送进山里来。

再比如搞改革开放，不仅仅是请进来，还应该走出去。据某报载，有位村支部书记包机送村民千里迢迢去新疆做生意，利用季节差价销售农产品，赚了很多钱。这就是打开思维空间的好处。还有一个沿海县级市，当地水咸地碱，过去围海造田吃不上饭，后来渔民们养虾养鱼赚了钱，农民们则种植适宜盐碱地生长的冬枣和苜蓿也发了家。可见，符合实际的选择不仅有一种，就看你是否能打开思维的空间去发现。

这样的例子是很多的，但道理只有一个：好的选择都是在限制中逼出来的，就看你愿不愿意换脑筋。换一种想法，多一条思路，正确的决策就找到了。

对于管理者而言，要探寻实现领导目标的新规律、新方法、新举措，离不开领导实践基础上的思维创新；而要实现思维创新，前提是把自己的思维定位于新的深度、广度、高度和速度。作为一个优秀的管理者，应具有以下几方面的素质：

首先是民主。民主就是广泛听取下属的意见，发挥群众的创造性。但是，在现实中，在对重大问题进行决策时，往往是下属们还没有开口，或者虽然提出了意见，但还没来得及进行充分研究讨论，管理者自己就定调拍板了，这就陷入了霍布森选择的陷阱。

其次是放权。任何一位管理者，都不可能事无巨细、事必躬亲。但是有的管理者在给下属布置工作时，并不是放心地让下属去干，而是要求下属应该如何去做，如果发现下属在具体工作中稍有一点自己的想法，没有完全按照他的思路去做，就很不高兴，甚至“不换脑筋就换人”。

最后是组织能力。组织能力就是能够把各种生产要素有机地组合在一起，减少外部的摩擦以及内部的消耗，从而使整个机构相互融合产生高效率。

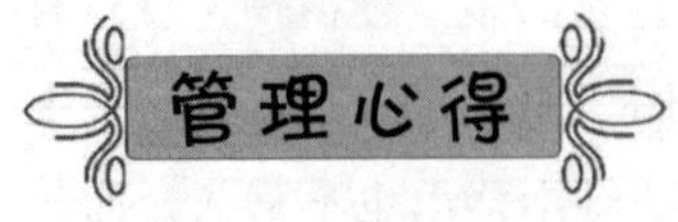

◆在尊重客观实际的基础上，突破思维空间的限制和束缚。

◆避免管理的形式主义。

◆没有选择余地的“选择”就等于无法判断，就等于扼杀创造。

玻璃式法则：开放、公开的经营机制

日本的经营之神松下幸之助在创业初期，工厂只有五六个人的时候采用了这样一种管理方法：他每个月都要叫会计向员工公布账目，收入多少，支出多少，多少钱用于购入原材料，还有多少库存，本月的实际利润等等。也就是说，工厂对于员工来说没有秘密，就像玻璃一样透明。在一般人看来这也许有点幼稚，简直像家庭过日子一样。但松下却看出了这种方法对于激发员工的热情和参与精神是非常有效的。工厂经营的好与坏和每个人都有关系，经营好，利润高，员工们下个月会干得更有劲；出现亏损，员工会与老板共同努力，憋足了劲，下个月给补回来。

由于此种方法的成功，松下在成立股份有限公司以后，仍然采取这种“玻璃式”经营方法，不过在具体操作上更完善，更制度化。只有管理者和员工上下同心，同舟共济，公司才会有光明的前景。

这就是玻璃式法则阐述的内涵：它要求企业对员工，甚而对外部社会增强透明度，强调开放式、公开化的经营原则。其作用在于唤起员工的责任感，消除依赖心。

在企业的经营中，玻璃式法则要求经营者采取民主作风，而不是让部下盲目服从并对上司心存依赖。企业要求每个职员都应以主人翁的心态，负责地独立工作，所以，企业经营者有义务让公司的每一个员工了解经营中所有的实际情况。这样才能激发出员工的工作热情，推动整个事业的发展。

思科系统公司（Cisco Systems，Inc.）是全球生产规模最大的互联网硬件和相应软件提供商，在 2004 年《财富》杂志排名中居美国 500 强企业第 100 位。思科的公司理念是信任和平等，而正是基于这种相互信任的关系，思科把绝大多数公司的信息都向员工开放。在很多公司里，信息是少部分人的权力，而在思科，信息是每一个员工的权利。

平等、自由是互联网的灵魂，自然也成为由网络工程师们组成的思科公司的灵魂。一位管理人员谈到：“思科绝不会因为少数人设立的规矩来限制大多数优秀员工的行动。只要我聘用了一个员工，我就相信只要有正确的信息他就会做出正确的决策。我更相信他一定会为公司的利益做出最大努力。所以我们应该尽力去帮助他们，甚至‘牺牲’我的一部分利益。”

这种信息共享也为交流创造了机会。例如，所有的思科员工都能从员工名录中看到任何一名同事的资料。从 CEO 约翰·钱伯斯的记录中可以看到他所有的联系方式和组织结构信息，这和一位普通工程师的记录没什么两样，这就使思科员工可以在需要时不需经过经理或行政管理系统，直接联络组织内的任何同事。

思科公司的相互信任、平等、自由就是玻璃式法则在经营管理中的应用，它要求领导者增加各项工作的透明度。各项工作有了透明度，领导者的行为就会置于全体下属的监督之下，就会有效地防止领导者滥用权力，从而强化领导者的自我约束机制。同时员工由于相互之间也是透明的，可以了解彼此的情况，这样能够起到激励和监督作用，从而实现提高效率的目的。

1. 把各项工作都放进“玻璃缸”中，目标公开，经营公开，财务公开，营造透明化管理机制，既让各级管理人员接受全体职工的监督，防止权力过分集中、滥用等不良现象，又增强职工的责任心和主人翁意识，调动职工的积极性，把整个企业建设成为一个和谐融洽的大家庭、小社会。

2. 经营实况公开，“报喜也报忧”，绝不把经营实况掩盖起来。好的时候，把喜讯带给员工，请大家分享成功的欢乐；坏的时候，把问题摆在桌面，依靠大家的力量共渡难关。

3. 建立完善的信息传递渠道，加强企业内部沟通，在开放、公开的经营机制下鼓励职工为企业发展献计献策，消除生产、组织、管理、营销各个环节中可能存在的“灰色空间”，既让职工了解企业的一切，又创造条件充分吸取群体智慧，促进企业发展。

管理心得

◆采取民主作风，唤起员工的责任感，消除依赖心。

◆增加各项工作的透明度。

狄伦多定律：把握契机，消解无形

“防微杜渐”这个成语故事可以说是这个定律最古老和最经典的案例。这个成语来源于《后汉书·丁鸿传》，“若敕政责躬，杜渐防萌，则凶妖销灭，害除福凑矣。”这是东汉和帝时期的大臣丁鸿给皇帝的一份上书中的话，意思是说皇帝如果亲手整顿政治，应在事故开始萌芽的时候就注意防止，这样才可以消除隐患，使得国家能够长治久安。原来东汉和帝即位后，窦太后专权。她的哥哥窦宪官居大将军，任用窦家兄弟为文武大官，掌握着国家的军政大权。看到这种现象，许多大臣心里很着急，都为汉室江山捏了把汗。大臣丁鸿就是其中的一个。丁鸿很有学问，对经书极有研究。他对窦太后专权十分气愤，决心为国除掉这一祸根。几年后，天上发生日蚀，丁鸿就借这个当时认为不祥的征兆，上书皇帝，指出窦家权势对于国家的危害，建议迅速改变这种状况。和帝本来早已有这种感觉和打算，于是迅速撤了窦宪的官，窦宪和他的兄弟们因此而自杀。而他所用的“防微杜渐”也就一直流传了下来。

狄伦多定律讲的就是防微杜渐的道理。这一定律是由英国伦敦经济政治学院前董事L·狄伦多提出的，其核心观点是：解决任何问题的办法在于把握问题未发生前的契机，并将它消解于无形之中。我们知道控制是确保组织的所有活动与组织的目标和计划相一致，从而更加有效的管理活动。它包括事前控制、现场（过程）控制和事后控制；又可分为直接控制和间接控制等等。狄伦多定律实际上就是其中的“事前控制”。这种控制最大的特点就是在事情发生之前便预测出各种情况，并对可能出现的不良情况有所防范，以便防微杜渐，防患于未然。

该理论实际上是一种预防机制，而预防比起治疗，好处自不必说。首先在效果上，预防是在没有发生之前就已经把危机消除，其彻底性是再好的治疗也无法比拟的；其次，在效率、成本上，预防只会投入小小的人力和物力，而问题一旦发生，解决起来就不是那么容易了；最后，在控制力上，预防意味着事件的主动权仍掌握在决策者的手中，治疗则不然，事情严重到什么程度，需要采取什么样的方略，会消耗多少成本则完全取决于事件本身。

生于忧患，死于安乐。微软董事长比尔·盖茨说过，微软离破产只有12个月。而这个世界上目前市值最高的软件巨无霸之所以能经历一次次包括来自美国司法部及各同行的围剿而安然无恙，恐怕与各种深刻的忧患意识不无关系。

忧患意识的培养源自开放与负责的企业文化，而开放与负责的企业文化就是从领导者开始建立的。诚信是负责企业文化的外在表现。

企业建立危机预警机制主要可以从以下几个方面入手：

第一：组建危机管理机构。

第二：定期进行企业运营危机与风险分析。

第三：进行风险分级管理。

第四：不定期举行不同范围的危机爆发模拟训练。

第五：确保企业内部对话渠道的畅通。

第六：与外部世界建立良好的互动、协作关系，改善企业外部的生存环境。

只要企业认真做到以上六点，扎扎实实做好基本功，那么等危机突然来临的时候，企业就不会惊慌，也就不会出现那种临时抱佛脚的现象了。

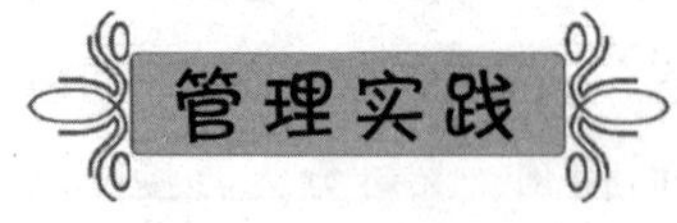

企业要杜绝和减少危机带来的损失，需要做到以下几点：

1. 管理者树立危机意识。

管理者在作出任何一项决定的时候，都要明确它会给企业带来什么样的危害，关注它的优势、劣势、机会和威胁，同时紧盯“威胁”。要确定给企业带来的伤害是暂时的还是潜在的。做到心中明明白白，尽量清楚威胁点在哪里，不要只含糊地知道有威胁，但是不明白究竟会造成什么样的威胁。

构建团队危机意识，也许某个危机的隐藏存在，作为企业的管理者并没有发现，但是某个员工却及时地发现了。要提倡员工敢于将企业内存在的危机大胆讲出来，哪怕他讲的严重违反了管理者的意愿，甚至是错误的，都必须认真倾听，并加以鼓励，树立团队的危机意识。

2. 及时解决危机的意识。

在发现危机以后必须及时将还处在萌芽状态的危机解决、处理掉。不能采取拖的方式让其自由发展逐渐扩大。

3. 理清危机思路的意识。

企业有些危机的出现不是因为发现危机没有及时解决，也不是因为不知道是危机，而是企业因为利润或者其他的原因，自己创造的危机。比如有些企业为了提高市场竞争力，采取不正当的方式盲目降低成本，最后给企业带来的却是致命的伤害，多年的品牌经营在消费者的心目中一朝尽失。

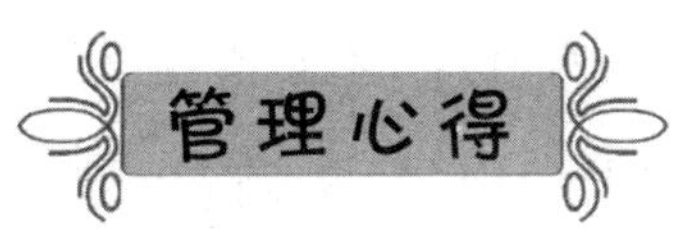

◆善正者正于始，能禁者禁于微。

◆罗马不是一天建成的，企业也不是一夜坍塌的。

◆“量变引起质变”，防患于未然。

多米诺效应：把隐患消灭在萌芽中

“多米诺效应”源于一项普及全球的体育运动，这项运动是由一位意大利传教士多米诺从中国传到欧洲的，它就是全世界人们都喜欢的多米诺骨牌游戏。这种游戏的规则是按点数的大小以相接的方式把骨牌连接起来，其难点在于骨牌一倒则俱倒，一不小心就会前功尽弃。后来，“多米诺”成为一种全球各界通用的术语，无论各行各业，只要出现一倒俱倒的连锁反应，人们就会想到“多米诺效应”或“多米诺现象”。

企业经营管理中的各个环节都是相通的，任何一个环节出了错都有可能波及其他环节，这种扩散只能使企业和经营毁于一旦。这就是企业中的“多米诺现象”。

美国安然公司在《财富》500强中名列第七，拥有近500亿美元资产。所以当安然公司在2001年12月3日申请破产保护时，它无疑成为美国有史以来最大的破产案。刚开始，人们根本预见不到这个大家伙的猝死会造成什么后果，媒体仅是津津乐道于安然的难逃一死。然而，随后在安然公司发现的财务漏洞却引发了美国商业史上最大的一次“多米诺效应”。

2001年12月12日，宝丽来公司申请破产保护；2002年1月22日，凯马特公司申请破产保护；2002年1月28日，环球电讯公司申请破产保护。而在德国，同样弥漫着不乐观的气氛，因为在2002年4月8日、2002年5月8日、2002年6月12日，德国最大的私营传媒公司基尔希集团的四大支柱先后破产。

然而，事情远未结束，安然的财务问题牵出了其独立审计师安达信。随后，经过了2002年上半年的风风雨雨，由于妨碍了司法公正，安达信终于在 6 月 15 日被休斯敦联邦法院判为“死刑”。

2001 年 6 月 25 日，世界通信——安达信的另一个客户——紧接着爆出了 38 亿美元的财务漏洞，三天之后，施乐在其重新公布的近年收入报告中，承认虚报了 14 亿美元的利润。

综观这些不可一世的商界巨头，它们中倒下的或即将倒下的不外乎三种原因：过度扩张、策略失误以及最恶劣的财务欺诈。

环球电讯于 1997 年由加里·温尼克成立于免税天堂百慕大，是世界上第一家自行筹资铺设海底光缆的私营公司。从运作理念上看，环球电讯更像是一家互联网公司。

环球电讯将赌注押在令人激动的互联网上，然后举债大笔投入。随着互联网的兴盛和衰落，也就有了环球电讯这颗电信新星的升起和坠落。1997 年成立，2002 年破产的环球电讯几乎是和互联网公司同生共死。

如果撇开环球电讯涉嫌的财务欺诈，至少我们可以说，温尼克是一个极端理想化的商人，他提出的企业目标是“一个星球，一个网络，一百万种可能性”，而且他的确成功地连接起了大西洋和太平洋两岸的 27 个国家和地区。温尼克的宏伟计划并不可笑，只是他对通信容量的预期发生了重大失误。

换言之，他以为市场上会对某种产品出现大量需求，于是他造出了大量的产品，但是却只有一两个卖了出去，其余的全砸在了手里。其后果就是，海底光缆使用率低下，使得巨额投入无法收回，高达 124 亿美元的债务无法偿付。

与环球电讯高估了市场需求相比，德国人莱奥·基尔希对回报的预期显然是有根据的。基尔希集团以 16.7 亿美元的天价买断了世界杯转播权，而通常，世界杯转播权都以 3 亿美元卖出。基尔希认为这种垄断性资源根本不愁买主，任何一个国家，包括足球事业尚处蛮荒的美国，都会心甘情愿地掏高价成为自己倒手的下家。

但问题在于，基尔希显然过高地估计了下家的接受能力。因为，对每一个市场而言，基尔希实际上只有一个谈判对象。也就是说，一旦某个谈判破裂，基尔希就会损失掉这一部分市场，而不会有别的竞争者补上。

不过，在收费电视市场的投入上，基尔希犯了和环球电讯一样的错误：高估预期。基尔希以为收费电视在德国会得到长足发展，然而，事实恰恰相反，其24075订户远远无法让公司爬上收支平衡线。收费电视公司每运作一天就会损失13075美元，经过一段时间的运转，超过100亿美元的巨额债务最终让基尔希集团分崩离析。

危机的“多米诺效应”从来没有受到人们的欢迎，然而这位不速之客却总是不期而至，使企业陷入困境。如何有效地将其拒之门外呢？具备敏感的防范意识是一个重要条件。

1975年的一天，美国一家报纸登了一则小消息：在墨西哥发现了一种疑似瘟疫的病例。这条消息没有引起世人的注意，但亚默尔公司老板见了这条消息后认为机会来临：墨西哥真的发生瘟疫，一定会从加利福尼亚或得克萨斯州边境传到美国，而这两个州是美国肉食供应的主要基地。到时肉食供应一紧张，肉价就飞涨，这正是自己大做肉食生意的良机。于是，老板集中了公司所有资金，派人去加利福尼亚州、得克萨斯州采购了大量牛肉和生猪，并迅速运到美国东部储藏起来，公司掌握了大量的冻类食品。正如亚默尔公司老板预料的那样，墨西哥的瘟疫很快便蔓延到美国西部边境，为了防止瘟疫扩散，美国政府下令禁止从这几个州外运食品。于是，美国国内肉类奇缺，价格上涨。亚默尔公司不但没有受到损失，反而由于事先加工储备了大量肉食，短短几个月内就净赚了900多万美元。

树立敏感的防范意识，可以有效防止危机的发生，这是从根源上控制危机扩大的办法。

预防危机必须建立高度灵敏、准确的信息监测系统，随时搜集各方面的信息，及时加以分析和处理，把隐患消灭在萌芽状态。

不漠视公共关系的重要性。任何企业都不可能永远不遇到危机，在对全球500强企业的调查中，发现企业被危机困扰时间平均为8周半，一些来自企业外部、内部的大大小小的突发事件，诸如某企业高层突然离职、诉讼或媒体的一篇负面报道等都会给企业带来危机，面对一次不大的危机，有的企业像多米诺骨牌一样垮掉了，有些企业反而更加壮大了。因此，企业经营者、管理者不仅要具备危机意识和一套科学的危机管理机制，同时也要重视与媒体搞好关系，重视媒体的巨大作用，否则当危机来临时，企业就很难取得公众的信任和支持。

远离公共危机的波及。一旦发现了企业外部发生与本企业相关联的危机情况，要坚决与之划清界限，防止公众的猜疑，避免危机发生扩大。

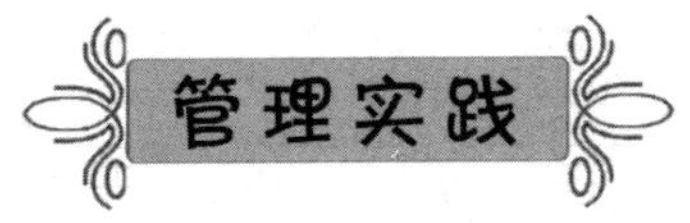

预防危机，需要重点做好以下信息的收集与监测：

1. 随时收集公众的反馈信息，一旦出现问题立即跟踪调查、解决。

2. 了解公众对本企业的组织结构、管理水平、人员素质和服务的评价。

3. 密切关注本行业和企业大客户及重要供应商的动态信息。

4. 研究竞争对手的现状、实力、潜力及策略发展趋势，经常进行优劣对比，做到知己知彼。

5. 搜集和分析本企业的内部信息，进行自我诊断和评价，找出薄弱环节，及时采取措施。

◆不要漠视局部危机，它往往是整体崩溃的开始。

◆把握好每一环，切勿功亏一篑。

破窗理论：不要因小失大

美国有位心理学家进行过这样一项有趣的试验：

将两辆一模一样的汽车分别停放在两个不同的街区，中产阶级社区和相对杂乱的帕罗阿尔托社区，停放在中产阶级社区的那辆车是一辆完好无损的车，而把另一辆摘掉了车牌、打开了顶棚的车停放在帕罗阿尔托社区。

结果怎样呢？

停在中产阶级社区的那一辆，过了一个星期还完好无损；而停放在帕罗阿尔托的那一辆，不到 24 小时就被人偷走了。

后来，这位心理学家敲碎那辆完好无损汽车的一块玻璃，结果仅仅几小时汽车就不见了。

美国政治学家威尔逊和犯罪学家凯林以这项试验为基础提出了一个“破窗理论”。他们认为：如果一栋建筑上的一块玻璃被人打碎了，又没有及时修复，别人就可能受到某些暗示性的纵容，去打破更多的玻璃。如此下去，这些窗户就给人造成一种无序的感觉，在这种麻木不仁的氛围中，犯罪就会滋生、蔓延。

“破窗理论”在企业管理中有着重要的借鉴意义。

在日本，有一种称作“红牌作战”的质量管理活动，主要内容包括以下几个方面：

1. 清理：清楚区分要与不要的东西，找出需要改善的事、地、物。

2. 整顿：将不要的东西贴上“红牌”，将需要改善的事、地、物以“红牌”标示。

3. 清扫：给有油污、不清洁的设备贴上“红牌”，给藏污纳垢的办公室死角贴上“红牌”，给办公室、生产现场不该出现的东西贴上“红牌”，清扫这些有红牌的地方。

4. 清洁：减少“红牌”的数量。

5. 修养：有人继续增加“红牌”，有人努力减少“红牌”。

企业借助“红牌作战”的活动，工作场所变得整洁，工作环境变得幽雅，企业成员做事耐心细致。久而久之，大家都遵守规则，认真工作。

许多管理者认为，这样做太简单，芝麻小事，没什么意义，而且兴师动众，没有必要。但是，一个企业产品质量是否有保障的重要标志，就是生产现场是否整洁。这是“破窗理论”在企业管理领域一个直观的体现。

有一位教师，他的班级接受了一个留级生，在他的记忆中，这是他从事教育工作近十年中惟一碰到过的一个留级生。

这次留级对这位学生的触动很大。进入新的班级后，他处处积极主动、勤奋学习。班里一些原本想混日子的人，看到学校动了真格的，受到震动。在他的带动下，同学们上课开始记笔记了，作业也主动交了。

甚至出现了这样一种情况，老师在上课时反复强调的重点，有的人或许会不以为然，但该生以过来人的身份提醒：“这个内容是要考试的。”他的话能立即引起同学们的高度重视。留级生的话竟然比教师的话还有效，这是许多人都未曾想到的。

这位老师意识到“破窗理论”对良好学风的形成大有裨益。他发现，许多学生一开始就没有形成良好的行为习惯，想要将这些散漫的学生整合起来，使之遵守学校的行为规范，就必须在发现违纪现象时及时加以制止和纠正，修好“第一扇被打破玻璃的窗”，把“破窗现象”扼杀在摇篮之中。

“破窗理论”更重要的在于企业对待“小奸小恶”的态度，特别是触犯企业核心价值观念的一些“小奸小恶”，小题大做的处理是非常必要的。

有一家公司，规模虽然不大，但极少炒员工鱿鱼，因此名声在外。有一天，一位资深车工在切割台上工作了一会儿，就把切割刀前的防护挡板卸下放在一旁。没有防护挡板，收取加工零件会更方便、快捷一些，这样他就可以赶在中午休息之前完成三分之二的零件了。但是这件事情却让他得到了要将他辞退的处罚通知。总裁说："身为老员工，你应该比任何人都明白安全对于公司意味着什么。你今天少完成了零件，少实现了利润，公司可以换个人换个时间把它们补起来，可你一旦发生事故、失去健康乃至生命，那是公司永远都补偿不起的……"

离开公司那天，这位车工很明白，工作了几年时间，他有过风光，也有过不尽如人意的地方，但从没有人对他说不行。可这一次不同，这次碰到的是公司灵魂的东西。

对于影响深远的"小过错"，"小题大做"去处理，才能防止"千里之堤，溃于蚁穴"，正是及时修好"第一个被打破玻璃的窗户"的明智举措。

现实中，每个单位针对自身工作特点出台了各项规章制度，对规范管理工作秩序起到了积极作用。然而，总有第一个怀有侥幸心理的人破坏它。如果是管理者破坏了规则，就为普通群众打开了一个"缺口"，群起仿之；如果是普通群众破坏了规则，而管理者不及时采取有力的补救措施，别人就可能受到某些暗示性的纵容，久而久之，再完整的规章制度都将重覆"破窗户"之辙。

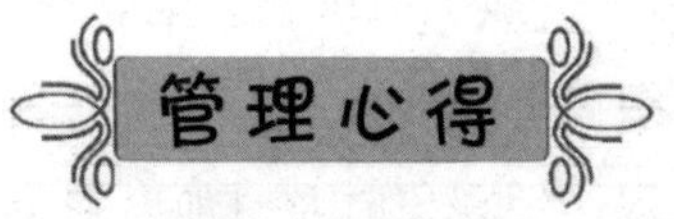

◆管理者要把握环境的暗示性和诱导性。

◆对于触犯企业核心价值观念的一些"小过错"，也须"小题大做"去处理。

晕轮效应：切勿爱屋及乌

有一项实验：让人看一张卡片，上面写着一个人的五种品质：聪明、灵巧、勤奋、坚定、热情。看后让人想象一下这是一个什么样的人，结果普遍想象成一个友善的好人。然后把卡片上的“热情”一词换成“冷酷”，顺序变成：聪明、勤奋、坚定、冷酷、灵巧。再让大家想象一下这是一个什么样的人，结果是人们普遍推翻了原来的结论，变成了一个可怕的坏人。

这说明“热情”和“冷酷”这两个品质产生了掩盖其他品质的晕轮效应。在认识结交朋友时，孤立地以貌取人、以才取人、以德取人、以某一言行取人、以某一长处或短处取人，都属晕轮效应，是不正确的知觉。

晕轮是指太阳周围有时会出现一种光圈，看上去太阳好像扩大了许多。美国心理学家凯利、阿希等人在印象形成实验中由此引申出一个术语，叫晕轮效应，意在指人对某事或某人好与不好的知觉会扩大到其他方面。晕轮效应除了同个人掌握知觉对象的信息较少有关而外，主要是个人主观推断的泛化、扩张和定势的结果。它往往容易形成人的成见或偏见，产生不良的后果。

晕轮效应一般产生在不熟悉的人之间或者伴随有严重情感倾向的人之间，最能产生晕轮效应的是事物外表，外表的美丽往往容易留下美好的第一印象。另外，一个人的气质、性格、能力、才智以及家庭背景、个人修养都会产生晕轮效应。但是，无论你是什么样的人，一个粗俗的举止就会破坏你的形象，而一个美好的举动则可使你光彩倍增。

晕轮效应的最大弊端就在于以偏概全。其特征具体表现在这样三个方面：

一是遮掩性。有时抓住事物的个别特征并不反映事物的本质，可人们却仍习惯于以个别推及一般、由部分推及整体，势必牵强附会地误推出其他特征。

二是表面性。晕轮效应往往产生于自己对某个人的了解还不深入，也就是还处于感觉的阶段，因而容易受感觉的表面性、局部性和知觉的选择性的影响，从而对于某人的认识仅仅专注于一些外在特征上。

三是弥散性。对一个人的整体态度还会连带影响到跟这个人的具体特征有关的事物上。

营销策略中常见的名人效应策略就是晕轮效应的一个特例。出现晕轮效应，是因为当人们在判断人或事物时，总是先把人或事物分成“好”与“不好”两种。当某事物被列为“好”时，一切好的品质便都加在该事物上面；相反的，如果某事物被列为“不好”时，一切不好的品质又都加在这事物上了。企业可以利用这种认识上的偏差来影响消费者的购买行为，甚至使消费者“创造”出一种自我应验的感觉，于是在一个形象的保护伞下，就会出现消费者对企业销售的某种品牌的商品的继续购买。商业企业形象实际上就是商企营造的“光环”，它能有效地影响社会大众对商业企业及其商品的看法和评价。

有一则笑话：

一出版商有一批滞销书久久不能脱手，他忽然想出了非常妙的主意：给总统送去一本书，并三番五次去征求意见。忙于政务的总统不愿与他多纠缠，便回了一句：“这本书不错。”出版商便大做广告，“现有总统喜爱的书出售。”于是这些书被一抢而空。

不久，这个出版商又有书卖不出去，又送了一本给总统。总统上了一回当，想奚落他，就说：“这本书糟透了。”出版商闻之，脑子一转，又做广告，“现有总统讨厌的书出售。”又有不少人出于好奇争相购买，书又售尽。

第三次，出版商将书送给总统，总统接受了前两次教训，便不作任何答复。出版商却大做广告，“现有令总统难以下结论的书，欲购从速。”居然又被一抢而空。总统哭笑不得，商人大发其财。

应当怎样克服偏见，走出晕轮效应的迷宫呢?

1. 注意“投射倾向”。把自己的某些心理特点附加给对方的现象，即“投射倾向”。人们知觉的投射倾向表明，人对他人的知觉包含着自己的东西，人在反映别人的时候常常也在反映着自己，而这种反映又往往是不自觉的。

2. 注意“第一印象”。由于它有先入为主的特点，因而往往比较深刻。冷静、客观地对待第一印象，思想上具有改造甚至否定第一印象的准备非常重要。

3. 注意“刻板印象”。刻板印象就是所谓类化作用，按照预想的类型将人分为不同种类，然后贴上标签，按图索骥。因此是导致失真的一个“误区”。

4. 避免“以貌取人”。这种“由表及里”的推断，含有很大的偏见成分。为此，需要注重了解对方心理、行为等深层结构，才能有效地摆脱外貌晕轮效应的影响。

5. 避免“循环证实”。心理学研究证明，一个人对他人的偏见，常会得到自动的“证实”。这就提醒我们，当你对某个人怀有成见的时候，应当首先理智地检讨一下自己的态度和行为是否受到晕轮效应的影响，自觉走出晕轮效应的迷宫。

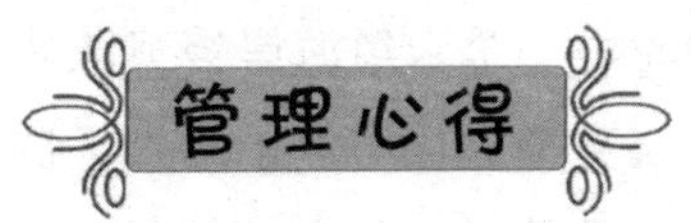

◆不论什么事情，都必须实事求是，从全面着眼。

◆避免“以貌取人”，注重了解对方心理、行为等深层结构。

◆从整体着眼，避免以偏概全。

巴殊尔法则：要关注长远利益

1989年3月24日，美国埃克森公司（美国前500家公司中排名第三）的一艘巨型油轮在阿拉斯加州美加交界的威廉王子湾附近触礁，原油大量泄出达800多万加仑，在海面上形成一条宽约1公里、长达8公里的漂油带。事故发生地点是一个原本风景如画的地方，盛产鱼类，海豚海豹成群。事故发生后，礁石上沾满一层黑乎乎的油污，鱼类大量死亡，附近海域的水产业受到很大损失，生态环境遭受巨大的破坏。

事发后，埃克森公司却无动于衷，既不彻底调查事故原因，也不及时采取有效措施清理泄漏的原油，更不向美加当地政府道歉，致使事态进一步恶化，污染区愈来愈大。到了3月28日，原油泄漏量已达1000万加仑，造成美国历史上最大的一起原油泄漏事故。

美加当地政府、环保组织、新闻界对埃克森公司这种置公众利益于不顾的恶劣态度十分气愤，群起而攻之，发起了一场“反埃克森运动”，甚至惊动了总统，总统于3月28日派出了运输部长、环保局局长等高级官员组成特别工作组，前往阿拉斯加进行调查。

调查结果表明：造成这起恶性事故的原因是船长玩忽职守，擅离岗位。当时，船长饮酒过量，擅离驾驶舱，而油轮由一个未经海岸警卫队认可的三副驾驶。消息传出后，舆论为之哗然，埃克森公司一下子陷入了被动境地。后来埃克森公司为雇人清理海滩油污一项就付出几百万美元，加上赔偿、罚款，总损失达几亿美元。另外，公司形象也受到很大破坏，西欧和美国的一些老客户纷纷抵制埃克森公司的产品，使埃克森公司狼狈不堪。在人们心目中，埃克森公司成了个“破坏环境，傲慢无礼”的公司。

巴殊尔法则是由英国河湾食品公司前总裁巴殊尔提出的，其主要观点是：绝不要贪图眼前的利益，而败坏了长期的信誉。

公共关系追求的是社会的整体效益，以社会成员的长远利益为出发点和归宿，而不是个人或小集团的眼前利益。

埃克森事件引起美国公关界的重视，他们一面分析“埃克森”的原油泄漏事件中公关失败的原因，一面提醒企业管理者要从中吸取教训。

英国公关学者卢卡斯泽威基教授对这一公关危机进行了系统分析，指出埃克森公司犯了以下错误：

反应迟钝；

企业逃脱自己的责任；

事先毫无准备，既无计划，也无行动；

对地方当局傲慢无礼；

自以为控制了事态发展；

不接受任何解决意见；

存在侥幸心理。

这些分析无疑是极为正确的，但是更主要的原因，也就是酿成危机的原因是埃克森公司没有长远意识。石油泄漏，这是极为严重的破坏环境问题，它直接关系到无数海洋生物和沿海居民的生存，但他们却漠然置之，最后付出沉重的代价，正是自得其咎。

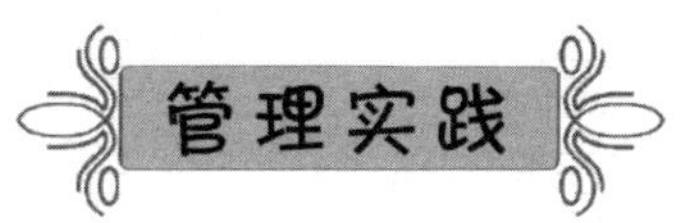

公共关系是一种可持续发展的关系，是一种关注公共利益并有利于社会的长远利益的关系。

1. 企业一定要具有牢固的长远意识，无论在何种情况下都不能牺牲公众的利益。换言之，即使组织不能举办有利于公益的活动，至少不能伤害公众利益，否则一定要受到公众的惩罚。

2. 公关旨在树立良好形象，强调长远利益而不只是追求近期经济效益，良好的公关形象能使企业提升产品和服务的水准，吸引优秀人才，吸纳资本与贷款，从而吸引更多的消费者，对营销起到巨大的推动作用。

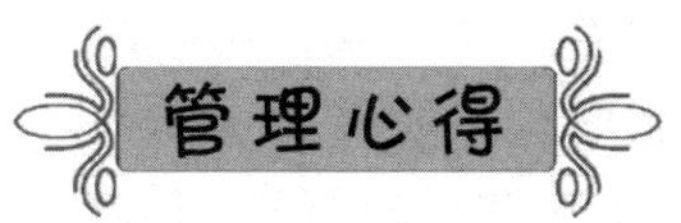

◆绝不要贪图眼前的利益而败坏了长期的信誉。

◆不关注公益必失去效益。